Zum Geburtstag
1984

Heinz

Ab 28.04.2002
in den Besitz
von scharol
geballen
übergangen

Hisako Matsubara

WEG ZU JAPAN

West-östliche Erfahrungen

Albrecht Knaus

© Hisako Matsubara, 1983
Alle deutschsprachigen Rechte
bei Albrecht Knaus Verlag, Hamburg, 1983
Gesetzt aus Korpus Trump Mediäval
Einband und Schutzumschlag: Vilim Vasata
Satz: Alfred Utesch GmbH, Hamburg
Druck und Bindung:
Mohndruck Graphische Betriebe GmbH, Gütersloh
Printed in Germany · ISBN 3-8135-0560-X

Inhalt

Viele Wege führen zum Gipfel
über alle breitet der Mond sein Licht
durch die Zweige und über die Felsenspitzen
sieht man von überall die gleichen Gestirne»

Mein Vater
im Gespräch mit
Papst Johannes XXIII.
am 30. Juli 1962

1   Bambusweisheit

Japan ist um seiner wirtschaftlichen Erfolge willen in den letzten Jahren immer stärker in den Vordergrund weltweiten Interesses gerückt. Überall fragt man sich, wie die Japaner es geschafft haben, mit den westlichen Industrienationen gleichzuziehen und sie in einigen Bereichen zu überflügeln. Überall fragt man sich, was das Geheimnis des japanischen Erfolges sein mag.

In den Industrieländern ist man besorgt wegen der japanischen Konkurrenz und möchte herausfinden, wie man ihr begegnen kann, wie man im Wettkampf der Technologien verlorenes Terrain zurückgewinnen und noch vorhandene Vorsprünge sichern kann. In den sich entwickelnden Ländern versucht man, den japanischen Erfolg zu analysieren, um zu erfahren, ob er übertragbar sei auf die jeweils anderen Gegebenheiten dieser Länder.

Ich verstehe nicht viel von Wirtschaftsfragen, von Kapitalfluß, Subventionen, Investitionen und Produktivitätsgewinnen oder -verlusten, von Verschuldung, Zins, Abschreibung und Steuerpräferenzen, vom Management, Marketing und Produktdiversifizierung. Das sind alles eindrucksvolle Worte für mich.

Was mich interessiert, sind die Menschen, die das geschaffen haben, von denen überall in der Welt geredet wird.

Viele wollen es in die irreführende Formel vom japanischen Wunder pressen. Japan besitzt keine Zauberformel. Der Erfolg auf technologischem und wirtschaftlichem Gebiet läßt sich auch ohne Zauberformel entschlüsseln.

Japaner sind nicht übermäßig intelligent. Sie sind nicht unmenschlich fleißig. Sie sind nicht ausschließlich diszipliniert. Sie sind keinesfalls unemanzipierte blaue Ameisen. Sie sind auch keinesfalls Ich-los. Sie empfinden sich nicht als besonders eingeengt. Die meisten Japaner führen kein frugales Leben. Sie haben einen hochentwickelten Sinn für Luxus. Sie geben viel für Erziehung und Fortbildung aus, aber auch viel für ihre täglichen Belange – für Essen, Mode und Vergnügen. Japaner sind ganz normale Menschen mit einem Hang zu Geselligkeit und Fröhlichkeit.

Was sie zu Erfolgsmenschen in der heutigen Welt gemacht hat, läßt sich aber nicht ohne einen Rückblick in ihre Geschichte verstehen. Die Geschichte ist der Nährboden, aus dem das Heute erwächst. Ich möchte nicht nur historische Fakten aufzählen und mit statistischen Zahlen garnieren. Ich möchte der Frage nachgehen, was ein Inselvolk wie das der Japaner in seiner Geschichte erlebt hat. Ich möchte untersuchen, was die Japaner daraus gelernt haben, denn es ist ja nicht selbstverständlich, daß ein Volk aus seiner Geschichte lernt. Ich will versuchen herauszufinden, wie sich historische Erfahrungen gebildet haben und warum sie sich erhalten konnten.

Ich möchte der Frage nachgehen, in welchen Stufen sich die geistige Entwicklung Japans vollzog. Zu irgendeiner Zeit muß es Fortschritte in Richtung auf die Moderne gegeben haben. Vielleicht wurden Hindernisse, die den Weg in die Moderne erschwerten, frühzeitig erkannt. Vielleicht ist es in Japan gelungen, sie aus dem Weg zu räumen – viel früher, als man gemeinhin denkt.

Ich möchte auch fragen, welche Schatten die Japaner begleiten. Jedes Volk hat seine Licht- und seine Schattenseiten und Grauzonen, in die selten jemand blickt.

Dies ist ein sehr persönliches Buch. Ich habe mich lange mit dem Gedanken getragen, es zu schreiben, den Anfang aber doch immer wieder hinausgezögert. Meine Vertrautheit mit Japan und die von Jahr zu Jahr durch das Leben in westlichen Ländern hinzugewonnene Distanz erzeugten ein Spannungsfeld. Ich brauchte Zeit, um die vielen Teilbereiche zu ordnen, die sich um die zentrale Frage gruppieren: Was hat Japan zu dem gemacht, was es heute ist? Welche große Linie läßt sich durch die Jahrhunderte verfolgen? Wie wurde die Geschichte Japans durch Einflüsse von außen verändert, insbesondere durch Kontakte mit der westlichen Welt, durch wirtschaftliche Beziehungen und menschliche Erfahrungen?

Meine Heimat ist Kyoto, jene Stadt, die tausend Jahre lang Kaiserstadt war und das geistige Zentrum Japans. Dort hat sich Geschichte ereignet, und jede Epoche hat ihre Spuren hinterlassen – in den Bauten und in den Menschen. Dort habe ich meine Kindheit und meine Jugendjahre verbracht. Dorthin kehre ich jedes Jahr zurück – für ein paar Wochen oder für ein paar Monate.

Sicher verdanke ich es dieser Stadt, daß ich die Brücke zwischen alt und neu begehen kann, ohne dabei einen Widerspruch zu empfinden. In Kyoto hat das Alte immer neben dem Neuen gelebt. Für mich ist das Moderne nicht die Widerlegung, sondern die Fortsetzung der Tradition.

Nach dem Zweiten Weltkrieg schien vieles, was bis dahin Geltung gehabt hatte, plötzlich diese Geltung verloren zu haben. Neue Werte kündeten sich an. Zum ersten Mal in seiner Geschichte war Japan besiegt worden. Zum ersten Mal kamen Besatzungstruppen ins Land. Dies war eine für die Japaner ganz neue Erfahrung.

Niemand wußte genau, wie man sich in einem solchen Fall verhalten sollte. Deshalb haben die Japaner vorsichtig und fast instinktiv reagiert – wie sie es als Einzelpersonen immer getan haben, wenn sie sich einer bis dahin unbekannten, aber möglicherweise gefährlichen Situation gegenüber sahen. Sie haben reagiert wie Bambus im Sturm.

Das Haus, in dem ich aufwuchs, liegt auf einem Hügel hoch über der Stadt. Ein Shinto-Schrein, den mein Vater als Priester betreut, erhebt sich vor einem schützenden Wall von hohen Bäumen. Dort oben, in der Abgeschiedenheit des Schreinareals, losgelöst von dem Treiben der Stadt, scheint manchmal die Zeit stillzustehen. Gestern, Heute und Morgen fließen zusammen in einen Strom.

Dort oben auf dem Hügel habe ich oft den Taifun erlebt, der fast jedes Jahr im Herbst von Südosten hereinstürmt und sich im Tal fängt, in dem die Millionenstadt Kyoto liegt. Die Naturgewalt eines solchen Sturmes, der aus den Tropen kommt, ist fast unvorstellbar. Tagelang spürt man sein Kommen, und wenn er losschlägt, biegen sich die Bäume bis zum Brechen. Einmal, während eines besonders starken Taifuns, wurde das Dach unseres Hauses abgedeckt. Die schweren Schindeln wirbelten durch die Luft. Danach konnte der Sturm in das Innere des Hauses greifen, die Wände und Zwischenwände herausreißen, so daß am Ende fast nur noch das Balkenwerk übrigblieb. Wir hatten uns mit Seilen an die Fundamentpfosten gebunden. Ich sah, wie oben am Schrein die ganz alte Eiche sich immer tiefer bog und schließlich mit einem gewaltigen Aufschrei brach. Ich sah die Kiefern, deren knorrige Wurzeln aus ihrer Verankerung im Felsgestein gerissen wurden. Ich sah die Kirsch- und Ahornbäume, die von den Sturmwirbeln erfaßt und deren Stämme in der Mitte abgedreht wurden.

Nachdem der Taifun vorbei war, lagen fast fünfhundert Bäume rund um unser Haus und dem Shinto-Schrein am Boden. Einige waren so alt, daß wir als Kinder ihre Stämme nur zu fünft oder zu sechst umfassen konnten, auch wenn wir die Arme ganz weit reckten und uns gegenseitig an den Händen faßten.

In dem Bambushain, der auf dem Südhang des Hügels an einer feuchten Stelle wächst und dem Taifun am stärksten ausgesetzt ist, war kein einziger Stamm gebrochen.

Die schlanken baumhohen Bambusstangen standen noch da wie vor dem Sturm und raschelten mit ihren Blättern.

Biegsam sein und sich unter dem Ansturm einer Gefahr neigen, ist eine alte Weisheit. Sie ist aus der Erfahrung mit der Natur erwachsen. Sie ist japanische Volksweisheit. Sie ist ein Stück Volksschläue. Was nützt es, wenn man trotzig aufrecht steht und dann bricht? Viel besser ist es, biegsam zu sein und seine Stärke für die Zeit nach dem Sturm zu bewahren. Das ist die Bambusweisheit. Sie hat viele Aspekte.

Verlogen sei es, habe ich Deutsche sagen hören, wenn man nicht immer klar und deutlich für das eintritt, was man für richtig hält und an das man glaubt. Wahrhaftigkeit soll eine deutsche Tugend sein. Man müsse immer aufrecht dastehen, sich selber treu.

Japaner sagen: Es gibt andere Wege, die eigene Willensstärke unter Beweis zu stellen. Mit trotzigem Auftrumpfen ist es nicht immer getan. Es gibt Gewalten, die stärker sind als jeder Widerstand, aber sie sind manchmal durch Zähigkeit zu besiegen. Biegsam und zäh zu sein versuchen die Japaner, wie Bambus im Sturm.

Die Bambusweisheit ist ein tragendes Element im japanischen Leben. Sie prägt den Umgang der Menschen miteinander. Überall, wo Menschen aufeinandertreffen – sei es nur für einen kurzen Augenblick im Leben oder für viele Jahre – ergeben sich naturgemäß Spannungen. Nirgendwo in Japan ist das Verhaltensmuster kodifiziert, durch das Spannungen gemindert werden, die aus den Unterschieden der menschlichen Natur erwachsen. Aber alle akzeptieren das Prinzip: Sanftheit ist Stärke.

Die Japaner haben die während vieler Generationen gemachten Erfahrungen mit der nie endenden Folge von Taifunen, verheerenden Vulkanausbrüchen, unerwarteten Erdbeben- und Seebebenwellen innerlich verarbeitet. Sie haben aus den beiden Komponenten Sanftheit und Macht einen Stoff gewonnen, mit dem sie das Gewebe ihrer Gesellschaft imprägniert haben. Alle Bereiche der zwischenmenschlichen Kontakte wurden mit dieser Substanz durchtränkt.

Solange ich nur in Japan lebte, Europa und Amerika nur vom Hörensagen und aus Büchern kannte, dachte ich, die Bambusweisheit sei doch die natürlichste Sache der Welt und alle Menschen würden in kritischen Situationen so reagieren wie ein Bambushalm. Selbst die Tatsache, daß ich schon in Japan viele Europäer und Amerikaner kennengelernt und sowohl in der Schule in Kyoto als auch an der Universität in Tokyo amerikanische, englische und Schweizer Lehrer gehabt hatte, konne diese Überzeugung kaum verändern. Wie sehr sich die japanischen Verhaltensmuster von denen der westlichen Welt unterscheiden, merkte ich erst, nachdem ich viele Jahre in Amerika und Europa verbracht hatte. Ich mußte die Menschen im Westen erst in ihrer eigenen Umwelt erleben. Ich mußte erleben, wie sie miteinander umgingen.

Im Westen herrscht, so scheint mir, das Prinzip der Härte vor. Dies gilt besonders für Deutschland. Vielleicht liegt es an der Lichtarmut vieler Monate, an dem grauen Wetter, an der feuchten Kühle der Luft. Wahrscheinlicher aber liegt es an jahrhundertealten, allmählich verfestigten Erfahrungen, die die Menschen hart gemacht haben: Ihre Heimat – Mitteleuropa – ist geographisch offen und gegen Feinde schlecht geschützt. Daraus erwuchs ein Verhaltensmuster, in dem die Härte den Umgang der Menschen miteinander prägte. Sanftheit hatte keinen Platz. Statt dessen erhoben die Menschen die Härte zum Lebens- und Überlebensprinzip. Alle glaubten und redeten sich ein, daß sie sich nur durch ständige Härte behaupten könnten.

Deshalb ist es noch heute so, daß viele Menschen in Deutschland geradezu aggressiv reagieren, wenn man ihnen sanft begegnet. Sie halten Sanftheit für ein Zeichen der Schwäche, und Schwäche der anderen löst bei ihnen einen nur historisch verständlichen Automatismus aus, der tief im Unterbewußtsein verwurzelt ist: Sie wollen, ja, müssen sich als die Stärkeren aufspielen. Die umgekehrte Reaktion beobachtet man auch: Falls ihnen jemand mit überlegener Härte entgegentritt, falten sie sich zähneknirschend zusammen.

Japaner verhalten sich in vergleichbaren Situationen in der Regel ganz anders: Sanftheit wirkt auf sie besänftigend. Sie werden eher nachgiebig und zeigen Entgegenkommen, wenn man sanft zu ihnen ist.

Ausländer, die in Japan leben und dort genügend Erfahrungen gesammelt haben, berichten immer wieder, daß es nie zu etwas führt, im Umgang mit Japanern harte, herrische Worte zu gebrauchen, die eigene Stimme bedrohlich anzuheben oder im Zorn – und sei er noch so berechtigt – mit der Faust auf den Tisch zu schlagen. Viele Ausländer, die nach Japan kommen, wissen nicht, daß sie durch ein solches, im Westen durchaus übliches, fast alltägliches Verhalten auf Japaner im höchsten Grade irritierend wirken. Sie erzeugen bei ihnen ein dumpfes Gefühl der Gefahr und lösen eine Reaktion aus, die der uralten Bambusweisheit entspricht: Japaner ducken sich, nicht zähneknirschend und mit erkennbarer Ungeduld, sondern geschmeidig, ausdauernd und zäh. Sie warten ab, bis die unangenehmen Geräusche, die die Ausländer erzeugen, verklungen sind.

Ich kenne viele Menschen im Westen – auch in Deutschland – die unter der Härte leiden, die hierzulande den Umgang miteinander bestimmt. Sie sind zu sensibel dafür. Sie stoßen sich deshalb an dieser Gesellschaft wund, denn ihre eigene Sanftheit bleibt wirkungslos oder wird von anderen rücksichtslos ausgenutzt. Gegen Rücksichtslosigkeit gibt es nur stumpfe Waffen.

Zwar stellt Sanftheit auch den Kern der Botschaft Jesu dar. Er hat durch sein Leben und Sterben gezeigt, daß – auf lange Sicht – Sanftheit stärker ist als Gewalt. Aber diese Botschaft hat wenig Eingang in das tägliche Leben der Menschen im Westen gefunden, obwohl sie alle Christen sind. Als die ersten Missio-

15

nare in der Mitte des 16. Jahrhunderts mit dem Evangelium in Japan für das Christentum warben, trafen sie auf viel Verständnis und große Zustimmung. Die frühen Erfolge der christlichen Missionierung beruhen auf der bereitwilligen Annahme dieser Botschaft, daß das menschliche Leben unter den Zeichen der Liebe und Verzeihung steht.

Warum es anders kam, warum das Christentum am Anfang des 17. Jahrhunderts in Japan verboten und die Christen schließlich verfolgt wurden, ist eine dramatische Geschichte, die ich in diesem Buch anhand der historischen Quellen erzählen will. Aus ihr lassen sich Einblicke in das Wesen der Japaner, in das Wesen der damaligen Europäer und in die Auswirkungen des Christentums gewinnen.

Japan unterscheidet sich grundsätzlich von Europa durch das Fehlen einer mächtigen und alle Macht beanspruchenden religiösen Institution. In Japan gab es seit Anbeginn der geschichtlichen Zeit ständig verschiedene Religionen nebeneinander, die sich gegenseitig ergänzten und durchdrangen.

Nur episodenhaft kam es dann und wann zu Streitereien der verschiedenen religiösen Gruppierungen untereinander oder zu Auseinandersetzungen mit der weltlichen Macht, durch die die Fundamente des Staates gefährdet wurden.

Dieser Frage, der Beziehung zwischen Religion und Staat, zwischen Religion und Gesellschaft, der ich eine zentrale Bedeutung für das Verständnis des japanischen Denkens und Fühlens zumesse, möchte ich besonders nachgehen, denn auch in einer weitgehend säkularisierten Welt bestimmen die religiösen Überzeugungen immer noch die Grundwerte der Gesellschaft. Sie bestimmen das geistige Klima, in dem sich die Menschen bewegen und ihre Entscheidungen treffen.

Ein Aspekt, der sich mir ebenfalls erst in Europa öffnete und dessen Bedeutung ich erst allmählich verstand, betrifft die Erkenntnis, wie gut Japan es – im Vergleich zu Europa –

während seiner zweitausendjährigen Geschichte eigentlich gehabt hat.

Durch Europa, vor allem Deutschland und die slawischen Länder, sind ungezählte Male wilde Horden von Eroberern, brandschatzende, plündernde fremde Heere gezogen. Lange nachdem sich der Rauch der brennenden Dörfer und Städte verzogen hat, nachdem die Lebenden schon die Toten dieser Raubzüge und Kriege vergessen haben, sind noch immer Narben in der Seele der Menschen geblieben. Das Verhältnis der Europäer zu Fremden ist auf einer tiefen Ebene der Seele von Mißtrauen geprägt, von Abwehrbereitschaft, von Feindseligkeit.

Dies berührt auch die Frage, wie sie sich gegenüber fremdem Kulturgut verhalten. Ich meine hier nicht die Übernahme gefälliger Dinge aus fremden Kulturen, die als schmückendes Beiwerk oder als verbales Gewürz den europäischen Alltag etwas anreichern und ihm einen Hauch von Exotik schenken. Ich meine jene bewaffnete Haltung, mit der – besonders in Deutschland – oft der Ausspruch getan wird: «Das ist mir aber fremd.» Danach folgt in vorsichtigen Formulierungen, begleitet von skeptischen Blicken, ein Abrücken von einem solch fremden Gedanken, als ob er die Seele verbrennen würde.

In Japan kenne ich diese Zeichen der instinktiven Abwehr nicht. Japaner sind bei der ersten Begegnung mit etwas Fremdem eher wie Kinder, die alles anfassen möchten, was sie noch nie gesehen haben. Sie wollen das Neue mit ihren Händen und mit ihrem Intellekt begreifen, hin und her wenden, notfalls auseinandernehmen, um zu sehen, ob es wirklich interessant ist. Erst danach entscheiden sie, ob das Neue das hält, was es verspricht. Wenn nicht, dann lassen sie es fallen, wie ein Kind ein Spielzeug fallen läßt. Falls ihnen das Neue aber zusagt, falls es sie reizt oder ihnen nützlich erscheint, hören sie nicht auf, damit zu spielen. Sie bringen viel Phantasie und Energie auf, um das Neue zu verbessern und schließlich «japanisch» zu machen.

Die Lernprozesse, die jedes Kind durchmacht, enthalten als wesentliches Element das Staunen über etwas Unbekanntes. Das Unbekannte lockt. Es regt die Neugier an. Es weckt den Wunsch zur naiven Nachahmung, zur Imitation. Erst danach ist der Weg frei zum wirklichen Begreifen und zur Verinnerlichung.

Europäer wirken auf mich oft wie gebrannte Kinder, die schlechte Erfahrungen gemacht haben. Wenn sie mit etwas konfrontiert werden, was ihnen unbekannt ist, weichen sie zunächst zurück. Sie gehen auf Abstand und setzen eine ablehnende Miene auf. Das Neue mag sie zwar reizen, aber sie wollen dies nicht zugeben. Sie wollen nicht zugeben, daß sie daran interessiert sind und daß sie es sich aneignen möchten. Nachdem sie es sich aber angeeignet haben, fühlen sie sich gedrängt, sich und anderen einzureden, daß das Neue für sie im Grunde gar nichts Neues sei, denn sie hätten es längst in der Tiefe ihres faustischen Ichs verspürt.

Europäer verfügen über ein großes Arsenal von Rechtfertigungen und Selbstrechtfertigungen für den Fall, daß sie sich etwas Nicht-Europäisches angeeignet haben.

Die Japaner kennen keine historisch gewachsene, aus tausend bösen Erfahrungen genährte Abwehr gegen das Fremde, denn ihnen fehlen geschichtliche Erfahrungen mit ungebetenen Gästen, die als Eroberer das Land überfallen hätten. Es gab keine solchen Eroberer. Es gab keine Fremden, die ihnen ihren Willen und ihren andersartigen Lebensstil aufzwangen. Die Japaner brauchten nie in der Konfrontation mit dem Fremden um ihre Identität zu fürchten. Sie empfinden die Annäherung an etwas Fremdes deshalb nicht als Verrat am eigenen Ich und noch viel weniger als Verrat an der eigenen Kultur.

Bei allem, was die Japaner vom Ausland übernommen haben, ging die Initiative von japanischer Seite aus. Dies gilt für die frühen Anfänge im 6. Jahrhundert, als China der große Ideenlieferant war, und für alle nachfolgenden Jahrhunderte. Dies gilt auch für die Zeit nach 1945, als Japan sieben Jahre lang unter amerikanischer Besatzungsherrschaft stand. In diesen sieben Jahren erwies Japan seine Bereitschaft, alles zu lernen, was die Amerikaner ihnen beibringen konnten. Die Philosophie war einfach und klar: Die Amerikaner haben uns im Krieg besiegt, weil sie überlegen waren, also können wir etwas von ihnen lernen.

Jene geistige Widerspenstigkeit, durch die die Europäer sich von den Amerikanern stets abzuheben versuchen, gab es in Japan nicht. Es gab natürlich ein tiefes Gefühl der Unterlegenheit, das alle ergriffen hatte, aber die Japaner wollten nicht lange niedergeschlagen und mutlos dasitzen. Sie konnten nicht lange untätig sein. Das vorherrschende Gefühl im Nachkriegsjapan war eigentlich ein verhaltener Optimismus. Im Kern steckte die Überzeugung, daß alles, was Japan bisher gefehlt habe, hinzuzulernen sei.

Heutige amerikanische Bücher, in denen die besonderen Eigenarten und Vorteile des japanischen Managements analysiert werden, vermerken mit einiger Verwunderung, daß das japanische System eine Weiterentwicklung des amerikanischen Vorbildes sei. Dieses Vorbild war während der frühen Wiederaufbauphase der japanischen Industrie, in den Jahren zwischen 1947 und 1952 aus den USA eingeführt und von den Japanern bereitwillig aufgenommen worden. Sie haben es ausprobiert und geändert, ohne viel Aufhebens davon zu machen.

Die Bereitschaft, etwas hinzuzulernen, ist ein dynamisches Element des japanischen Denkens. Es ist das Gegenteil von zähneknirschender Duldung. Es läßt sich in die einfache Formel fassen: Japaner schämen sich nie, etwas von anderen anzunehmen, was ihnen nützlich und wertvoll erscheint. Weil sie sich nicht genieren, sehen sie auch nichts Ehrenrühriges darin, freimütig darüber zu reden. Sie neigen sogar zu vergnüglicher Übertreibung.

Lange Zeit hat man im Westen den Japanern vorgeworfen, sie seien nichts weiter als Imitatoren, bloße Nachahmer von Dingen und Gedanken, die sie aus Europa oder Amerika bezogen hätten. In den letzten Jahren ist dieser Vorwurf ein wenig verstummt, nachdem es sich herausgestellt hat, daß die Japaner auch mit durchaus originellen technischen Produkten aufwarten können, die in ihrem eigenen Land entwickelt worden sind – und mit originellen Gedanken.

Neuerdings zeichnet sich sogar eine Wende ab: Die Japaner sind auf einigen Gebieten dem Westen um Nasenlängen voraus, und man beginnt im Westen, sich für japanische Errungenschaften zu interessieren.

Oft werde ich gefragt, warum das heutige Japan so schrecklich amerikanisiert sei und ob das die Japaner innerlich nicht krank mache.

Mit der bloßen Tatsache, daß viele Japaner Sandwiches essen, Cocktails trinken, in modernen, klimatisierten Bürohochhäusern arbeiten, Golf spielen und Auto fahren, läßt sich der Vorwurf der Amerikanisierung schwerlich begründen. Er ist ebenso unsinnig, als ob man die Deutschen als teilweise «persianisiert» bezeichnen würde, weil in ihren Wohnungen in der guten Stube meist ein Perserteppich liegt und Persianermäntel zum winterlichen Straßenbild gehören.

Wahrscheinlich denken diejenigen, die von der Amerikanisierung Japans reden, an ein Japan, wie es die alten, farbigen Holzschnitte darstellen. Das, was dort idyllisch schön erscheint, liegt aber einhundertfünfzig Jahre oder länger zurück. Auch in Europa lebt niemand mehr wie zur Biedermeierzeit. Hinzu kommt, daß sich die Gesichter der Städte in Japan schneller wandeln als in Europa, weil häufig die Natur in das Leben der Städte eingreift. Was Erdbeben, Seebeben und Taifune nicht zerstört haben, hat der letzte Krieg ausgelöscht, denn außer Kyoto und Nara waren fast alle Städte verbrannt.

Trotzdem scheinen viele Ausländer, die nach Japan kommen, in der Vorstellung zu leben, sie würden in ein Märchenreich eintauchen, das ihre Augen mit lebenden Bildern erfreut, die an Hokusai oder an die anderen Holzschnittkünstler erinnern. Sie sind enttäuscht, wenn ihr erster Blick auf eine moderne Großstadtszenerie fällt, auf Hochhäuser aus Stahl und Glas, auf den flutenden Autoverkehr in allen Straßen, das sich durchdringende Netz von Untergrund- und Übergrundbahnen in Tokyo und Osaka, die Perfektion und Häufigkeit des Schnellzugverkehrs mit Zweihundertfünfzig-Stundenkilometer-Zügen, die rapide voranschreitende Computerisierung in allen Lebensbereichen, bei der die Japaner offensichtlich überhaupt keine Umstellungsschwierigkeiten empfinden.

Wenn inmitten des Großstadtgewimmels ein buddhistischer Mönch auftaucht oder ein junger Shinto-Priester bei einer traditionellen farbenreichen Prozession mit einem Funkgerät in der Hand Informationen mit einem anderen Priester austauscht, der an der Kreuzung steht, dann fassen europäische Beobachter das Gesehene schnell in die griffige Formel: Alt und Neu – Tradition und Moderne. Dabei vibriert stets ein wenig das Gefühl mit, daß die beiden Antithesen nicht zueinander passen.

Verlieren die Japaner dabei nicht ihre Identität? Werden die Japaner nicht seelisch krank?

Was in Japan fehlt und immer gefehlt hat, ist die kontinuierliche geistige Auseinandersetzung mit dem Ausland. Kontakte zur äußeren Welt konnten sich stets nur sporadisch entwickeln. Sie waren fast immer einseitig. Die Japaner nahmen fremdes Gedankengut aus China, Indien, Europa und Amerika auf. Ein Rücklauf von Gedanken hat kaum je stattgefunden. Lange Zeit waren die Entfernungen einfach zu groß.

Selbst heute, wo die Transport- und Kommunikationsmöglichkeiten so unvergleichlich besser geworden sind als früher, wo japanische Industrieprodukte in der ganzen Welt verkauft werden und Rohstoffe von überall her nach Japan hineinfließen, bleiben die Japaner ein isoliertes Volk. Ihre über einen Zeitraum von zweitausend Jahren entwickelte Art zu denken und zu fühlen baut viele Barrieren auf, die auch heute noch den Rückfluß geistiger Informationen aus Japan zur westlichen Welt, zur Welt überhaupt, erschweren.

Natürlich sind in Japan während der letzten Jahre oder auch Jahrzehnte immer wieder gutgemeinte Versuche unternommen worden, die kulturelle Barriere zu durchbrechen und den Menschen im Westen die japanischen Eigenarten verständlich zu machen. Es gibt sogar so etwas wie ein nationales Programm der Selbstdarstellung, das von seiten der japanischen Regierung gefördert und finanziert wird. Diesem Programm ergeht es kaum anders als ähnlichen Programmen anderer Regierungen: Diejenigen, die dazu auserkoren sind, die nationalen Eigenschaften zu erläutern, haben oft wenig Abstand zur eigenen Kultur. Ihnen fehlt häufig die Fähigkeit, sich selbst zu objektivieren. Vor allem aber verstehen sie selten genügend von den inneren Strukturen jener anderen Gesellschaft, wo sie um Verständnis für ihre nationalen Eigenarten werben sollen.

Ein Austausch von Gedanken kann nur über Worte erfolgen. Worte tragen nicht nur Informationen, sondern enthalten auch Wertungen. Diese Wertungen können in zwei Kulturkreisen sehr verschieden sein, wenn die Geschichte den Mutterboden der Erfahrungen anders gedüngt hat. Worte können deshalb sehr unterschiedliche Assoziationen vermitteln. Daher muß man wissen, was der Sinn der Worte in beiden Kulturkreisen bedeutet, bevor man sie verwendet.

Viele sehr tiefsitzende Mißverständnisse, die Japan betreffen, sind aus dem Nichtwissen der unterschiedlichen Bedeutungen erklärbar, die beim Gebrauch von so zentralen Begriffen wie Freiheit, Verklemmtheit, Individualismus, Autorität, Loyalität, Tradition und Fortschritt entstanden sind. Ich möchte aber nicht akademisch werden, wenn ich versuche, die einzelnen Schritte der japanischen Bewußtseinsbildung nachzuvollziehen.

Ich möchte es tun, indem ich die farbige Bilderrolle der japanischen Geschichte ausbreite. Ich will daraus einige Abschnitte und Szenen auswählen, die zeigen, wie das Fühlen und Denken der Menschen in Japan anders ernährt wurde und sich anders entwickelte als das Fühlen und Denken der meisten Menschen im Abendland. Daraus soll ein Spiegel werden, der den Blick nach beiden Seiten zurückwirft.

Ich weiß, daß viele Leser im Westen klipp und klar Antworten auf eine Reihe von Fragen finden wollen, wenn sie ein Buch über Japan in die Hand nehmen. Sie wollen zum Beispiel erfahren, wie es um das unterentwickelte Ich-Bewußtsein der Japaner steht, warum Japaner ihre individuelle Selbst-Entfaltung nicht in Freizeit und Urlaub suchen, wieviel Prozent der Bevölkerung sich zur alten Shinto-Religion bekennen und wieviel Prozent zum Buddhismus. Sie wollen vielleicht erfahren, wie das religiöse Innenleben der Japaner beschaffen ist, wie sie den Konflikt zwischen der hochtechnisierten Welt und den Bedürfnissen der Seele lösen.

Ich werde auf solche Fragen Antworten geben, wenn auch nicht klipp und klar, denn Fragen dieser Art enthalten in ihrer Formulierung schon vorgegebene Wertungen. Wenn Menschen im Westen vom Ich-Bewußtsein reden, dann hat das Ich, um das es dabei geht, meist schärfere Ecken und Kanten als das Ich der meisten Menschen in Japan. Entsprechend stellt sich im Westen die Frage nach der Selbst-Entfaltung in einer anderen Weise. Mit Begriffen wie Arbeit, Leistung, Freizeit und Urlaub verbinden sich in Japan ganz andere Vorstellungen als in Europa oder Amerika. Genauso ist es mit der japanischen Religionszugehörigkeit. Sie läßt sich nicht einfach mit westlichen Maßstäben messen, weder was die Zahl der Gläubigen, noch was die Glaubensinhalte betrifft.

Andererseits weiß ich auch, daß manche Leser geradezu ärgerlich werden, wenn man ihnen in einem Buch über Japan nicht auch gleichzeitig vieles Mystische bringt. Viele möchten in seelische Höhenflüge starten, bei denen die Realität hinter farbigen Wolkenbändern verschwindet. Sie möchten hören, daß alles in Japan anders sei als in der westlichen Welt – unbegreiflich und geheimnisvoll. Viele Leser möchten dies von mir bestätigt bekommen.

Der Boden dafür ist durch eine lange Reihe von Japanbüchern vorbereitet, in denen selbst das Banalste eine weihevolle Hintergründigkeit erhält. Alltägliche Sitten und Gebräuche erscheinen in einem verklärten Licht. Aus schlichten Gesten leitet sich der größte Tiefsinn ab. Kalligraphische Zeichen sollen den Kosmos und die Unendlichkeit verkörpern. Dahinter versteckt sich unausgesprochen der Gedanke, daß die Menschen in Japan gar keine Menschen wie die Europäer sind, sondern auf unerfindliche Weise anders. Ihre Andersartigkeit soll rational nicht erfaßbar und nicht verständlich sein.

Auch in Japan hängen viele dem Glauben an, daß die spezifisch japanische Art zu denken und zu fühlen von Grund auf für alle Nichtjapaner unverständlich und unbegreiflich sei. Manche Intellektuelle in Japan berauschen sich an diesem, wie sie meinen, elitären Unterschied. So bestärken sie, gewollt oder ungewollt, Rudyard Kiplings Prognose, daß der Osten und der Westen nie zusammenkommen, weil sie sich gegenseitig nicht verstehen können.

Das Reizvolle daran ist, daß dies nicht stimmt.

In vielen Analysen des heutigen Japan wird das Jahr 1868 als jener wichtige, einmalige Moment in der japanischen Geschichte geschildert, in dem die Japaner, die bis dahin in einer mittelalterlichen Feudalgesellschaft gelebt und sich fast ein Vierteljahrtausend lang vor der Welt versteckt gehalten hätten, plötzlich – zum ersten Mal – die Tür ihres Landes aufmachten und mit weitaufgerissenen Augen die Glorie der westlichen Zivilisation betrachteten. Sie seien zutiefst erschrocken gewesen, als sie erkannten, was sie alles während ihrer langen Isolation verschlafen hätten.

Sie, deren bisherige Tätigkeiten sich auf den Ackerbau sowie auf die Pflege von allerlei Kunst und Kunsthandwerk beschränkt haben sollten, hätten sich 1868 einen Ruck gegeben und sich gesagt: «Wir wollen nicht länger Jahrhunderte hinter dem Westen herhinken.»

Dann hätten sie sich fleißig hingesetzt, eifrig gelernt, wie man Spinnmaschinen konstruiert, Hochöfen errichtet, Stahl produziert, Dampfmaschinen und Elektromotore baut, Eisenbahnen über Brücken und durch Tunnels zieht, Schiffe auf Kiel legt, ein Telegraphennetz über das Land wirft, Briefmarken druckt, Banken gründet, Schulen und Universitäten ins Leben ruft. Sie hätten geschickt kopiert und imitiert. So sei den Japanern in anerkennenswert kurzer Zeit der Anschluß an den Entwicklungsstand der westlichen Nationen gelungen.

Es wäre tatsächlich Zauberei, wenn sich dies in Wirklichkeit so abgespielt hätte. Ich vermute eher, daß die, die so etwas über Japan schreiben, die Geschichte ihrer eigenen Nation nicht hinreichend kennen. Sonst würden sie stutzen. Sie würden anfangen darüber nachzudenken, wie lange es in Europa gedauert hat, wieviele Faktoren zusammenwirken mußten, bis sich der Wandel von der geistigen Enge des theokratischen Mittelalters zu der geistigen Offenheit der liberalen Neuzeit vollzogen hat. Sie würden sich fragen müssen, was das überhaupt bedeutet: die geistige Enge des Mittelalters, und welche Kräfte in Europa am Werke waren, die Neuzeit einzuleiten. Sie würden schnell darauf stoßen, daß in jedem Volk große geistige Wandlungen eine lange Vorbereitungszeit brauchen. Sie müßten erkennen, daß eine geistige Disposition vorhanden und im Gedankengut eines Volkes verankert sein muß, bevor es zu einer explosionsartigen technisch-technologischen Entwicklung kommen kann, wie Europa sie in der Neuzeit erlebte. Man kann Völkern, die bisher in Rückständigkeit gelebt haben, nicht befehlen, sie sollten sich in weniger als einer Generation zur höchsten Modernität entwickeln. Atatürk hat es in der Türkei versucht. Der persische Schah im Iran. Die Chinesen unter Mao Tse-tung mit dem «Großen Sprung nach vorn». Die Sowjets versuchen es noch immer in ihrem Einflußbereich.

Leider bieten die Kriege einen Maßstab für die Höhe der technologischen Entwicklung. Kaum fünfundzwanzig Jahre nach der Öffnung ihres Landes haben die Japaner China besiegt. Zehn Jahre später war ihr Heer so stark, daß es die in Port Arthur in der südlichen Mandschurei verschanzten russischen Landstreitkräfte niederringen konnte. Vor der Insel Tsushima in der Meeresstraße zwischen Korea und der japanischen Südinsel Kyushu kam es 1905 zur ersten großen Seeschlacht der modernen Kriegsgeschichte mit stählernen Schlachtschiffen, Kreuzern und Zerstörern, mit weittragenden Schiffskanonen und Torpedos. Die Japaner fügten mit ihren Kriegsschiffen der mächtigen russischen Flotte eine vernichtende Niederlage zu.

Es wäre wenig glaubhaft, daß die Japaner die hierzu erforderlichen technologischen Leistungen in so kurzer Zeit – in sechsunddreißig Jahren – vollbracht haben könnten, wenn sie vor der Öffnung des Landes im Jahre 1868 ein in mittelalterlicher Rückständigkeit dahinvegetierendes Agrarvolk gewesen wären.

Bis 1868 war Japan vor allem ein Agrarland – was oft gleichgesetzt wird mit «Mittelalter» und Rückständigkeit. In der Mitte des 19. Jahrhunderts war auch in Europa noch der größte Teil der Bevölkerung in der Landwirtschaft tätig. Erst im Zuge der Industrialisierung, die in Deutschland nach 1866 – mit der Errichtung des norddeutschen Bundes – einsetzte, begann die Landflucht und mit ihr das rasche Wachstum der Städte. Vorher waren auch die Deutschen – statistisch gesehen

– ein Bauernvolk. Sie waren von Feudalherren beherrscht, von denen viele ein sehr selbstherrliches Regime führen konnten. Japan war zur gleichen Zeit schon längst ein einheitliches Wirtschaftsgebiet ohne Binnenzölle, unter der straffen Führung des Shogunats von Edo, des heutigen Tokyo, eher vergleichbar mit Frankreich unter seinen absolutistischen Bourbonenkönigen im 17. und 18. Jahrhundert.

Edo-Zeit nennt man jene Epoche, während der sich Japan gegen den Rest der Welt isoliert hatte und fast ein Vierteljahrtausend lang hinter verschlossenen Grenzen lebte. Diese Periode ging im Jahr 1868 zu Ende. Typisch für die Edo-Zeit sind die reizvollen farbigen Holzschnitte von Hokusai, Utamaro, Harunobu und anderen Künstlern, die Landschaftsbilder und Portraits in einem unverwechselbaren Stil geschaffen haben. Diese Holzschnitte wurden wichtig für die Entwicklung der impressionistischen Maler, für van Gogh, Gauguin, Degas, Manet, Toulouse-Lautrec und andere.

Sie zeigen, daß – in verblüffendem Gegensatz zu der naturalistisch geprägten und von der Perspektive bestimmten europäischen Malerei – Schönheit auch in linearen Konturen und schattenfreien Farbflächen eingefangen werden kann.

Man weiß vielleicht auch, daß die Edo-Zeit die Blütezeit des Kabuki-Theaters war. Hier wurden mit hohem Aufwand an Schminkkunst, an Kulissen- und Bühnentechnik sowie mit Tanz und extravaganten Kostümen populäre Volksdramen gespielt. Man hat vielleicht auch Vorstellungen von blutrünstigen Samurai, die mit ihren Schwertern herumfuchteln, Leuten die Köpfe abschlagen und selbst Harakiri begehen, indem sie sich mit einem Dolch den Bauch aufschlitzen.

Die Geschichte eines fernen Landes ist für die meisten Menschen nicht interessant. Höchstens ein paar Farbtupfer von der Palette der Kultur und ein paar exotisch anmutende, ein angenehmes Gruseln erzeugende Anekdoten prägen sich ein. Im übrigen fehlt meist das Bedürfnis, eine Beziehung herzustellen. Es fehlt der räumliche und zeitliche Bezug, vor allem dann, wenn es über lange Perioden der geschichtlichen Entwicklung keine oder fast keine Kontakte gegeben hat – so wie zwischen der Welt und Japan während der Edo-Zeit. In den Augen der Welt gab es Japan nicht.

Eine andere Frage ist, ob es in den Augen der Japaner die Welt nicht gegeben hat.

2 Silberland Japan

Japan ist klein, eine fast verloren wirkende Inselgruppe am
östlichen Ende der gewaltigen eurasischen Landmasse. Es
besteht aus vier größeren Inseln und fast viertausend kleineren,
die das Meer schmücken. Die japanischen Inseln sind vom
asiatischen Kontinent durch eine Meeresstraße getrennt, die an
ihrer schmalsten Stelle – gemessen zwischen Korea und der
südlichen Hauptinsel Kyushu – immer noch einhundertfünfzig
Kilometer breit ist. Eine Insel, Tsushima, liegt auf dem halben
Weg. Das Meer dort ist unruhig und gefährlich. Es war nie
einfach, es zu überqueren. Im Sommer lauern Gewitterstürme.
Im Herbst brechen vom Südosten die Taifune herein, die jedes
Segel zerreißen können. Im Winter wehen eisige Winde aus
Sibirien und der Mandschurei. Das Wasser ist kalt. Es strömt
langsam an der sibirischen und koreanischen Küste vorbei und
vermischt sich im Süden mit den warmen Meeresströmungen
des offenen Pazifik.

Dank der isolierten geographischen Lage, die die Natur
schenkte, blieb Japan während seiner langen Geschichte von
Überfällen und Eroberungsversuchen fast völlig verschont.

Selbst das mächtige China, das seine Grenzen oft über die
Gebiete seiner Nachbarvölker hinausschob und mehrere Male
Korea jahrhundertelang zum Vasallen gemacht hat, ließ Japan
in Ruhe. Nur gegen Ende des 13. Jahrhunderts, als die kriegerischen Mongolen gerade den chinesischen Kaiserthron erobert
hatten, drohte Gefahr. Kublai-Khan, der Enkel des Mongolen-
fürsten Dschingis-Khan, forderte Japan zur Unterwerfung auf.
Der Shogun aber, der damals in Kamakura an der Pazifikküste
südlich des heutigen Tokyo residierte, lehnte ab. Daraufhin
entsandte im Jahre 1274 Kublai-Khan eine Flotte, von der es in
den geschichtlichen Quellen heißt, sie sei mächtig und groß
gewesen.

Marco Polo, der venezianische Kaufmann, der als erster Europäer China bereist und zwanzig Jahre am Hofe des mächtigen Kublai-Khan gelebt hat, berichtete von den Inseln im Osten weit draußen im Meer, die er Zipangu nannte. Dort lebe ein Volk, das niemandem unterworfen sei, ein Volk von klugen und schön gekleideten Menschen, die Götzenbilder anbeteten und große Reichtümer besäßen. Auf ihren Inseln gebe es unermeßlich viel Gold, große runde Perlen und ungezählte Edelsteine. Der Palast des Herrschers über die Inseln Zipangu sei mit purem Gold überzogen, der Boden der Räume mit Gold ausgelegt und die Straßen davor mit zwei Finger dicken Goldplatten gepflastert.

«Mein Herr Kublai-Khan», berichtete Marco Polo nach seiner Rückkehr nach Italien, wo niemand ihm Glauben schenken wollte, «hatte von dem unermeßlichen Reichtum der Inseln Zipangu gehört. Er wollte sie deshalb erobern und besitzen.»

Die Landung der chinesischen Invasionsflotte wäre trotz des Widerstandes der Japaner, die sich auf den Angriff vorbereitet hatten, fast gelungen, wenn nicht ein plötzlich aufkommender Sturm geholfen hätte, die meisten chinesischen Schiffe zu zerstören, die schon vor der Küste ankerten und Truppen entluden. Ein Invasionsheer von sechsundzwanzigtausend Mann soll es gewesen sein, ausgerüstet mit dem damals neuesten Kriegsgerät: pulvergefüllten Wurfgeschossen, die beim Aufprall mit lautem Getöse, mit Flammen- und Rauchentwicklung explodierten.

Nachdem der Angriff abgeschlagen war, ließ das Shogunat von Kamakura die Küsten, die Korea und China gegenüberliegen, noch stärker befestigen, vor allem auf der südlichen Hauptinsel Kyushu. Wachttürme wurden in Sichtweite voneinander errichtet. An allen Häfen und möglichen Landeplätzen wurden Festungen angelegt mit hohen Mauern und breiten Gräben. Das Nachrichtennetz wurde ausgebaut.

Wie erwartet, kamen die Chinesen nach sieben Jahren wieder, 1281. Sie kamen in zwei Angriffswellen mit viertausendvierhundert Schiffen, auf denen sie einhundertvierzigtausend Soldaten, Tausende von Pferden, Waffen, Munition und schweres Kriegsgerät transportierten. Fast gelang ihnen die Bildung eines Brückenkopfes, aber wie durch ein Wunder erhob sich plötzlich wieder ein Sturm. Die mit den örtlichen Meeresströmungen und Untiefen nicht vertrauten Chinesen waren diesen Naturgewalten nicht gewachsen. Viele ihrer Schiffe zerschellten an der Felsenküste, die anderen trieb der Sturm hinaus aufs wilde Meer. Die Japaner konnten die bereits gelandeten Truppenteile besiegen.

Kamikaze – göttlicher Wind –, dieses Wort wurde damals, im Mittelalter, geprägt.

Für die japanische Geschichtsschreibung endet das Mittelalter um das Jahr 1568. Damals begann die Frühmoderne, der Aufbruch in eine neue, geistig gewandelte Zeit.

Damals wurde das Fundament gelegt, auf dem sich das moderne Japan heute erhebt. Es war eine faszinierende Zeit, in der Ereignisse von großer Bedeutung dicht aufeinander folgten, ja, sich überstürzten. Das Besondere an dieser Epoche ist, daß es ab 1550 zwei unterschiedliche Kronzeugen gibt – die Japaner selbst und die jesuitischen Missionare, die damals gerade nach Japan gekommen waren.

Die Europäer sagen, ihre Neuzeit beginne mit dem Ende der Regierungszeit des Kaisers Maximilian, der liebevoll oder herablassend als der letzte Ritter bezeichnet wird, oder mit der Entdeckung Amerikas durch Columbus oder mit dem Beginn der Reformation, nachdem Luther seine Thesen an die Schloßkirche zu Wittenberg angeschlagen hatte. Alle diese Geschehnisse ereigneten sich nur wenige Jahrzehnte vor dem kalendarischen Beginn der Frühmoderne in Japan – aus geschichtlicher Sicht ein verschwindend kleiner Unterschied.

Japan wurde nicht von den Europäern entdeckt.

Als die Portugiesen sich um 1510 in Indien, in Goa und an anderen Stellen festgesetzt hatten und ihre Schiffe weiter ostwärts schickten, um die sagenhaften Inseln Zipangu zu suchen, von deren Goldreichtum Marco Polo gesprochen hatte, trafen sie bald auf japanische Handelsschiffe, die die Gewässer Südostasiens befuhren. Um 1511 legten die Portugiesen Stützpunkte auf Sumatra und auf der Halbinsel Malakka an, unweit der Stelle, wo später Singapur entstand. Dann stießen sie entlang der Küste nordwärts vor.

Die Handelsbeziehungen zwischen Japan und China, Südchina und den südostasiatischen Regionen waren schon jahrhundertealt. Seit Mitte des 14. Jahrhunderts ermöglichte der Fortschritt im Schiffsbau und in der Navigation den japanischen Schiffen immer weitere und immer längere Fahrten. Das Piratenunwesen nahm ebenfalls zu. Die Piraten operierten vorzugsweise von versteckten Buchten der japanischen Südinsel Kyushu aus oder kamen von dem langgezogenen Inselbogen, der sich von Kyushu aus südwärts über Tanegashima, Okinawa bis nach Miyakojima erstreckt.

In Japan selbst, auf den Hauptinseln, fochten zu jener Zeit die Feudalfürsten, die Daimyo, viele Kriege untereinander aus, denn die Macht des Shogun aus der Ashikaga-Familie, der in Kyoto residierte, war im Schwinden begriffen. Die Streitigkeiten hatten ihre Ursache zum großen Teil in der Änderung des bestehenden Gleichgewichts durch den expandierenden Handel. Zu dieser Zeit begann man auch mit dem Bau großer Deichprojekte, um neues Land in flachen Küstenregionen zu gewinnen. Flüsse wurden reguliert, um der Überschwemmungen Herr zu werden, die infolge der herbstlichen Taifune oft katastrophale Ausmaße annahmen. Manche Städte und manche Daimyo wurden durch Handelsgewinne und Landzuwachs reich, reicher als ihre Nachbarn und reicher sogar als der Ashikaga-Shogun in Kyoto.

Besonders reich und mächtig wurde die Hafenstadt Sakai, deren altes Stadtgebiet heute mit dem der Sechsmillionenstadt Osaka verschmolzen ist. Sakai blühte als Handelsstadt auf, denn es war der offizielle Hafen für den Handel mit China und Korea. Dort entstand eine reiche, stolze Kaufmannschaft, ähnlich wie in bedeutenden Handelsstädten Europas, in Nürnberg oder Augsburg, in Hamburg, Lübeck, Bremen, Brügge oder Gent, in Genua und Venedig. Sakai war politisch unabhängig. Die Herrschaft der Daimyo über die Stadt besaß höchstens symbolischen Charakter. Die Bürgerschaft war stark und ließ sich nicht gern befehlen. Sie umgab ihre Stadt an der Landseite mit Wassergräben und regierte sich selbst.

Wenn man heute von Japan als von einer bedeutenden Wirtschaftsmacht spricht, dann klingt dies oft so, als habe Japan zum ersten Mal in seiner Geschichte wirtschaftliche Bedeutung erlangt. Die historischen Quellen wissen anderes zu berichten. Das, was Marco Polo über den sagenhaften Reichtum der Inseln Zipangu berichtet hatte – goldene Paläste und mit Gold belegte Straßen –, war nicht reine Phantasie. Die Chinesen, auf die er sich berief, haben ihm keine falschen Informationen gegeben. Japan bezahlte damals, wie aus den japanischen Quellen hervorgeht, ausländische Waren vorzugsweise mit Gold. Daher müssen jene chinesischen Händler, die nach Japan Waren brachten, den Eindruck gewonnen haben, Gold sei dort im Überfluß vorhanden.

Immerhin hatte Marco Polos Bericht vom Goldschatz auf den Inseln Zipangu auch Columbus beflügelt, von Spanien aus nach Westen zu segeln. Als er auf den Antillen im Karibischen Meer landete, glaubte er, er habe Indien erreicht und brauche jetzt nur noch nordwärts, an China vorbei, zu steuern, um Zipangu zu finden. Daß er sich irrte, ging letztlich auf Ptolemäus zurück, den griechischen Naturforscher und Philosophen des ersten nachchristlichen Jahrhunderts im ägyptischen Alexandria, der den Umfang der Erde falsch berechnet hatte.

Auch die Portugiesen haben sich, als sie nach der Umsegelung Afrikas schließlich in Indien angelangt waren, nur kurz – ein Jahr – mit der Errichtung ihres Stützpunktes in Goa aufgehalten. Sie drängten weiter ostwärts, um Zipangu zu suchen.

Gab es aber in Japan wirklich goldene Paläste und Straßen, die mit massiven Goldplatten ausgelegt waren, wie Marco Polo es berichtet hat?

Die Antwort lautet: Ja und nein. Damals, als die Sucht nach Gold die Europäer zu Entdeckungsfahrten über die Ozeane trieb, stand schon seit über 150 Jahren in Kyoto der Goldene Pavillon, als Sommerresidenz des dritten Ashikaga-Shogun errichtet, ein dreistöckiger Bau, dessen gesamte Außenfläche mit Blattgold belegt ist. Im Gegensatz zu den Völkern des Mittelmeerraumes, der Antike und des christlichen Abendlandes hat es aber in Japan nie jene maßlose Bewertung des Goldes gegeben. Man schätzte in Japan den Schimmer des Blattgoldes, wenn es auf Holz oder Bronze aufgetragen war. Man schätzte den Glanz, den eine dünne Goldschicht den Buddhastatuen verlieh, benutzte Blattgold zur Ausschmückung der Innenräume buddhistischer Tempel, zur Dekoration der Decken und Wände, zur Verschönerung der Altäre.

Im Bereich der Shinto-Heiligtümer war die Verwendung von Gold völlig unbekannt. Die Unvergänglichkeit des Goldes widerspricht dem Wesen des Shinto-Glaubens, daß alles, was göttlich ist, sich ständig wandelt und sich – wie das Leben – in nie endenden Zyklen erneuert. Der Palast des Tenno war nie mit Gold überzogen, und die Straße davor war nie mit Goldplatten belegt. Dort herrschte schlichte Schönheit, gerade, einfache Linien, naturbelassenes Holz, dazu kontrastierende einfarbige weiße Flächen, Steine in ihrer natürlichen Form und höchstens hier oder da eine Zwischenwand, die ein Rautenmuster aus Blattgold trug.

Erst verhältnismäßig spät, nach dem Bau des Goldenen Pavillons, begann Gold auch den profanen Bereich zu erobern. Lackarbeiten mit eingestreutem Goldstaub kamen in Mode. Gegenstände aus massivem Gold jedoch haben sich in Japan nie einer besonderen Wertschätzung erfreut. Man trug keine goldenen Halsketten, Armreifen, Spangen, Broschen, Ringe, Ohrgehänge. Höher bewertet als Gold waren ausgesucht schöne Keramikschalen, schöne seidene Stoffe, Lackgegenstände, bemalte Faltschirme und vor allem Schwerter mit zarten, eingeschmiedeten Wellen- oder Wolkenmustern auf den Stahlklingen.

Gold war also in Japan geschätzt, es wurde aber nicht begehrlich angesammelt und festgehalten. Deshalb lag es den Japanern locker in der Hand, und sie benutzten es schon früh ausgiebig als Zahlungsmittel im Handelsverkehr mit dem Ausland. Die Goldvorkommen im eigenen Land müssen beträchtlich gewesen sein, vor allem Flußgold, das sich durch Sandwaschen gewinnen ließ.

Der eigentliche Reichtum Japans aber lag in seinen Silberminen, aus denen das glänzende Metall in großen Mengen gewonnen wurde. Ich möchte einige Zahlen aus der zweiten Hälfte des 16. Jahrhunderts nennen. Die Silberproduktion Europas und der von Europäern kontrollierten Länder wird für die zweite Hälfte des 16. Jahrhunderts auf rund 420 Tonnen pro Jahr geschätzt. In dieser Zahl sind die gewaltigen Silbermengen enthalten, die damals nach der Zerschlagung des Aztekenreiches aus den reichen Silberminen Mexikos und nach der Vernichtung des Inkareiches aus den südamerikanischen Silberminen in die spanische Königskasse flossen, durch die Spanien für einige Zeit die mächtigste Nation Europas wurde. Japan war aufgrund seiner landeseigenen Silbervorkommen so reich, daß es in einem einzigen Jahrzehnt, von 1580 bis 1590, rund eintausendsiebenhundert Tonnen Silber zum Einkauf ausländischer Waren ausgeben konnte – etwa 170 Tonnen pro

Jahr. Davon gingen allein an die Portugiesen jährlich mehr als ein Drittel, etwa 60 Tonnen. Schätzungen, die sich auf das Jahr 1600 beziehen, sprechen sogar davon, daß der Silberstrom, der aus Japan herausfloß, etwa der Hälfte der Gesamtmenge des Silbers entsprach, die damals in der Welt produziert wurde.

Solche Zahlen zeigen, welche bedeutende Rolle das Silberland Japan zu jener Zeit gespielt haben muß, als die ersten europäisch-japanischen Handelskontakte geknüpft wurden. Die europäischen Geschichtsbücher schweigen darüber beharrlich. Warum?

Vielleicht liegt es daran, daß Japan mächtig und stark genug war, sich dem Zugriff europäischer Kolonialmächte zu entziehen.

Lange bevor die ersten Europäer ihren Fuß auf japanischen Boden setzten, waren die Japaner darüber unterrichtet, daß im südlichen Meer fremde schwarze Schiffe aufgetaucht waren, die man bis dahin nie gesehen hatte. Die Handelsleute brachten die Kunde nach Sakai und in andere Hafenstädte. Sie berichteten, diese fremden Schiffe trügen eine besondere Art von Bewaffnung, wie man sie im asiatischen Raum bis dahin noch nicht kannte: Pulverwaffen, mit denen Kugeln aus Rohren über große Entfernungen geschleudert würden.

Die japanischen Handelsleute, die mit ihren Schiffen den südostasiatischen Raum befuhren und Handelsbeziehungen mit dem Königreich Annam, dem Königreich Siam und den Gewürzinseln Java, Bali und Sumatra unterhielten, hatten schon davon gehört, daß die Fremden, die auf den schwarzen Schiffen kamen, gefährlich waren. Diese Fremden setzten ihre überlegenen Waffen nicht nur zur Selbstverteidigung bei Piratenüberfällen ein, sondern auch gegen Küstenstädte und Küstendörfer, wenn sie sich an irgendeiner Stelle festsetzen und einen Stützpunkt bauen wollten.

1543 strandete vor der Insel Tanegashima, nahe der Südspitze von Kyushu, eine chinesische Dschunke, die eine portugiesische Besatzung und einen Chinesen als Dolmetscher trug. Aus dem Wrack retteten sich etwa hundert Menschen.

Scheußlich anzusehen sollen sie gewesen sein, diese fremden Barbaren, so berichten die Chroniken, mit bärtigen Gesichtern, mit Haaren auf den Armen und auf der Brust, mit großen Nasen, großem Mund und abstoßenden Eßmanieren. Sie griffen mit bloßen Händen ins Essen und schoben es sich zwischen die Zähne. In der Benutzung von Eßstäbchen waren sie vollständig ungeübt.

Aus der gestrandeten Dschunke wurden auch zwei Gewehre geborgen, samt Pulver und Kugeln. Zum ersten Mal konnten die Japaner solche Schußwaffen, von denen sie schon gehört hatten, mit eigenen Augen sehen und mit eigenen Händen anfassen – lange, schlanke, eiserne Rohre, an einer Seite geschlossen und mit einem hölzernen Kolben versehen. Der Gouverneur und die Einwohner von Tanegashima waren neugierig zu erfahren, wie man die Gewehre bediente, wie man sie lud und wie man damit schoß. Mit Hilfe des Chinesen gelang die Verständigung, indem sie ihm ihre Fragen in chinesischen Schriftzeichen malten, die die gemeinsame Basis der chinesischen und japanischen Schriftsprache bilden. Der Chinese übersetzte den japanischen Wunsch.

Die Portugiesen stellten eine weiße Zielscheibe auf einen Felsen am Strand, stopften zuerst Pulver in das Rohr, dann eine Bleikugel und schossen die Zielscheibe mit dem ersten Schuß herunter. Dabei habe es Donner und Rauch gegeben wie bei einem Vulkanausbruch. Der Gouverneur bot den Portugiesen an, die beiden Gewehre gegen Silber aufzuwiegen. Dann ließ er ein seetüchtiges Schiff bauen, auf dem die Schiffsbrüchigen wieder südwärts segeln konnten.

Inzwischen war die Kunde vom Stranden der fremden Barbaren und der Bergung ihrer bis dahin nur vom Hörensagen bekannten Feuerwaffen nach Sakai gelangt, mehr als fünfhundert Seemeilen von Tanegashima entfernt. Sofort wurde von dort ein Schiff entsandt. Gleichzeitig kamen Schiffe auch aus anderen Häfen Japans, wohin die Nachricht ebenfalls gedrungen war. Alle wollten die Feuerwaffen sehen. Die Abgesandten eines zur damaligen Zeit mächtigen und in viele Kriegshandlungen verwickelten buddhistischen Ordens, des Shingon-Ordens in Negoro, machten das Rennen: Es gelang den Shingon-Mönchen, eines der beiden Gewehre zu erwerben und zu ihrer Tempelfestung zu bringen, die in den schwer zugänglichen Bergen südlich von Sakai lag. Dort fingen die Mönche sofort an, die Feuerwaffe nachzubauen, nachdem sie die Funktionsweise des Zündschlosses enträtselt hatten.

Auch auf der Insel Tanegashima begann man, Gewehre in großen Mengen herzustellen. Die Bürgerschaft von Sakai entsandte Schwertschmiede, damit sie dort lernten, wie man eiserne Rohre herstellt und daraus Gewehre baut. Der Name Tanegashima wurde eine Zeitlang zum Synonym für Feuerwaffen.

Was kennzeichnend war für die Japaner des 16. Jahrhunderts, gilt auch heute noch: Es ist die Schnelligkeit, mit der Neuerungen aufgegriffen werden. Japaner brauchen nicht lange, um zu erkennen, ob irgend etwas für sie von Bedeutung oder von Nutzen ist. Sie greifen zu, bevor andere zugreifen können. Sie sind ständig wachsam, ständig auf der Hut. Sie beobachten, was in ihrer unmittelbaren Umgebung und auch, was in größerer Entfernung geschieht.

In einem der frühen jesuitischen Berichte aus Japan kann man nachlesen: «Überall herrscht rege Betriebsamkeit, ein ständiges Eilen und Hasten, ein Gewimmel in allen Straßen und Gassen von frühmorgens bis zur Nacht. Überall wird gearbeitet und eifrig gelernt. Jeder versucht, alle anderen an Leistung, an Geschicklichkeit und an Wissen zu übertreffen...»

China war im Vergleich zu Japan ganz anders. Die Chinesen

betrachteten ihre große Kultur und ihr großes Reich als die Mitte der Welt. Sie waren fleißig, trieben Handel, waren auf Vorteile bedacht, aber es fehlte ihnen jene entscheidende Wachsamkeit, die Neugier, wie sie für die japanische Gesellschaft charakteristisch ist. Die Chinesen lebten in einer gewissen Selbstzufriedenheit. Sie fühlten sich anderen Völkern überlegen und sahen keine Notwendigkeit, wachsam zu sein. Wachsamkeit wurzelt in der Angst vor Bedrohungen. Der chinesische Koloß dämmerte vor sich hin. Die Chinesen haben jahrhundertelang nicht erkannt oder nicht wahrhaben wollen, daß die Europäer, die ihren Fuß auf chinesischen Boden setzten – Portugiesen, Spanier, später Engländer, Holländer, Franzosen –, ihnen gefährlich werden könnten.

Die Japaner aber hatten die europäische Waffentechnik schon in der Hand, bevor die Portugiesen so weit waren, daß sie einen gezielten Vorstoß auf die japanische Küste unternehmen konnten.

3　Die Großen Wirren

Ich möchte noch ein paar Seiten in der japanischen Geschichte zurückblättern – in jene Zeit, bevor die ersten europäisch-japanischen Beziehungen geknüpft wurden –, denn ohne diesen Rückblick ist es kaum möglich, das zu verstehen, was danach geschah.

Die inneren Spannungen in Japan waren groß in jener Zeit. Das Land und das Volk waren zerrissen. Während sich in einigen Städten, in Sakai insbesondere, großer Reichtum anhäufte, lebte die Landbevölkerung in weiten Gebieten in Armut. Pracht und Elend lagen dicht beieinander. Während mehr und mehr Menschen in den Handelsstädten Selbstvertrauen in die eigene Leistung gewannen und sich in immer stärkerem Maße dem Leben, dem Diesseits zuwandten, schuf die Not unter großen Teilen der Landbevölkerung die Voraussetzung für die Ausbreitung jener Lehre des Buddhismus, die alle Hoffnung auf das Jenseits richtet. Es kam zu einer Polarisierung zwischen den einander widerstreitenden Kräften.

Diese Periode umfaßt die hundert Jahre vor dem Beginn der Frühmoderne. Es war die farbige und schreckliche Zeit der Großen Wirren. Diese Großen Wirren bereiteten den Wandel vom Mittelalter zur Frühmoderne vor.

Jene Zeit liefert heute Stoff für Filme und mehrteilige Fernsehserien, in denen die Kämpfe zwischen eindrucksvoll mutigen Samurai heroische Dimensionen annehmen. Treue und Verrat, Liebe und Haß, Großzügigkeit und Geiz, Edelmut und Neid sind die immer wiederkehrenden tragenden Elemente. Die Helden siegen oder sterben. Das Volk leidet oder flieht. In diesen Filmen und Serien werden historische Stoffe verarbeitet und dramatisch überhöht. Manchmal gelingen Meisterwerke filmischer Gestaltung. In ihnen entwickelt sich die Handlung mit einer durch die Psychologie der Figuren vorgegebenen inneren Zwangsläufigkeit. Die Figuren selbst gewinnen im Verlaufe des Dramas unverwechselbar individuelle Züge.

Begonnen hatten die Großen Wirren mit einem Zwist innerhalb der Familie der regierenden Ashikaga-Shogune, die ihren Sitz in Kyoto hatten. Der Anlaß war ein Erbstreit, wie so oft in der Geschichte der Dynastien.

Der achte Ashikaga-Shogun besaß keinen männlichen Nachkommen. Er bestimmte daraufhin seinen Bruder zum Erben des Titels und der Macht. Doch danach wurde dem Shogun noch ein Sohn geboren. Nun brach der Streit los. Die Gemahlin des Shogun suchte mit Unterstützung ihrer Familie die getroffene Erbregelung zugunsten ihres spätgeborenen Sohnes rückgängig zu machen. Der Bruder des Shogun und designierte Nachfolger hingegen versuchte dies zu verhindern. Jede Seite sammelte Verbündete. Der Streit teilte die Berater des Shogun in zwei Lager.

Die Berater waren mächtige Daimyo, die ihre jeweiligen Samurai-Heere mobilisierten und sie bei Kyoto aufmarschieren ließen. Im Nordwesten der Stadt lagen die Stützpunkte jener Partei, die die Sache des spätgeborenen Sohnes und seiner Mutter vertraten. Auf der anderen Seite des Tals, am Fuß der östlichen Berge, sammelte der Bruder des Shogun seine Kräfte.

Japanische Städte waren eigentlich nie befestigt, waren nie von Mauern und Gräben umgeben – außer jener Hafenstadt in Kyushu, Hakata, wo zur Zeit der Kamakura-Shogune der chinesische Invasionsversuch zweimal abgewehrt wurde, und Sakai, der selbstbewußten reichen Hafenstadt unweit von Osaka. Aber selbst Sakai besaß lange kein Grabensystem, sondern legte sich diese Befestigung erst während der Zeit der Großen Wirren zu. Auch anderswo entstanden während dieser geschichtlich gesehen kurzen Zeit Befestigungsanlagen um die Wehrburgen der Daimyo, die von hohen Mauern und breiten Wassergräben umgeben waren. Sie dienten jedoch nur dem Daimyo und seinen Truppen als Festung im Falle eines Angriffs. Sie schlossen nicht die Siedlungen der einfachen Leute ein, die am Fuß der Wehrburgen wohnten, auch wenn diese Siedlungen die Größe von Landstädten erreichten.

Diese offenen Städte und Siedlungen zeigen anschaulich, wie friedlich die Japaner während der längsten Zeit ihrer Geschichte zusammengelebt haben. Fremde Truppen, die vom Ausland über das Land herfielen, Städte und Dörfer verwüsteten, wie es in Europa so oft geschah, brauchte man in Japan nicht zu fürchten. Es gab sogar über sehr lange Zeiten keine innerjapanischen Kriege, die das Leben der einfachen Leute unmittelbar bedroht hätten. Während der Nara-Zeit, die von 710 bis 794 dauerte, herrschte Friede. Auch die nächsten zweihundert Jahre, die erste Hälfte der Heian-Zeit, die insgesamt fast vierhundert Jahre umspannte, blieben friedlich. Erst als die Macht des Kaiserhauses, das während der Nara-Zeit und der Heian-Zeit Japan regierte, verfiel und gleichzeitig die neue Kaste der Samurai entstand, kam es zu kriegerischen Auseinandersetzungen. Das Kaiserhaus zog sich daraufhin aus dem aktiven politischen Leben zurück.

Daraus ergab sich eine sehr eigentümliche und für Japan charakteristische Konstellation: Gerade weil der Tenno keine Macht mehr besaß, konnte er zu einer geistigen Autorität werden. Er verkörperte ein auf die Mythologie gegründetes Geschichtsbewußtsein, das seit jeher auf das japanische Volk eine einigende Wirkung ausgeübt hat. Der Tenno war das Symbol für die Kontinuität. Er brauchte keine greifbare, auf Waffengewalt beruhende Macht. Der Tenno lebte in Kyoto, umgeben von einem friedlichen Hofstaat von Adeligen, oft über lange Zeit fast vergessen, aber nie der Gefahr ausgesetzt, abgeschafft zu werden.

Die eigentliche Macht im Lande war auf die Kaste der Samurai übergegangen, aus deren Kreis sich der jeweils Mächtigste als Shogun etablierte. Die Shogune konnten verjagt und gestürzt werden. So kam es während gewisser Zeiten zu heftigen inneren Auseinandersetzungen, wenn das Gleichgewicht der Kräfte sich verschoben hatte. Dann brachen Kriege aus, die die Samurai untereinander ausfochten – Ritterkriege, die nach vereinbarten Regeln und meist sogar an einem vereinbarten Ort, in den Bergen oder am Meeresstrand, ausgetragen wurden. Auch sie bedrohten die Sicherheit der Städte und Dörfer nicht direkt. Die Bürger und einfachen Leute brauchten daher keine Befestigungen als notwendige Verteidigungs- und Schutzmaßnahme für ihr Leben. Japanische Städte lagen offen und ungeschützt da.

So stürzte Kyoto in ein entsetzliches Chaos, als die Erbstreitigkeiten des Ashikaga-Clans zum Krieg innerhalb der Stadt führten. Die Bürger, sogar der Tenno und der kaiserliche Hofadel flüchteten. Kyoto wurde völlig verwüstet. Alle Gebäude, der Palast des Shogun und auch der damalige Kaiserpalast, brannten nieder. Elf Jahre lang dauerten die Kämpfe und ließen von der Stadt nichts als verbrannte Ruinen zurück.

Als Kind habe ich oft mit anderen Kindern in dem Wald, der sich an das Areal des Shinto-Schreins meines Vaters anschließt, verrostete Pfeilspitzen und Speerspitzen gefunden, wenn wir an einem Fuchsbau in der frisch aufgeworfenen Erde suchten. Manchmal hingen die verrosteten Zeugen früherer Kriege an den Wurzeln der vom Taifun gefällten Bäume oder wurden vom Sturzregen aus der Erde gewaschen. Der Hügel, auf dem der Shinto-Schrein und unser Haus stehen, lag damals außerhalb des eigentlichen Stadtgebietes. Hinter dem Hügel breiteten sich Felder aus. Dort steht, ein wenig versteckt in einem Tal, das zu den nördlichen Bergen führt, der Goldene Pavillon, der unversehrt die Großen Wirren überstanden hatte. Er fiel im Jahr 1950 einem Brandanschlag zum Opfer. Ein Novize des buddhistischen Tempels, auf dessen Areal der Goldene Pavillon stand, hatte ihn angezündet, um durch diese Tat die Öffentlichkeit darauf aufmerksam zu machen, daß der Abt des Tempels und manche Mönche ein – seiner Meinung nach – verderbtes Leben führten, daß sie mit Geishas im Gionviertel und anderen Frauen verkehrten. Inzwischen ist der Goldene Pavillon wieder aufgebaut worden, aber viele Japaner sagen, der Glanz des Blattgoldes, das ihn umhüllt, sei noch zu grell und brauche wieder fünfhundert Jahre, um den Schimmer der Ehrwürdigkeit zurückzugewinnen.

Vier widerstrebende Kräfte charakterisieren die Zeit der Großen Wirren. Da waren einmal die Daimyo, etwa zweihundertfünfzig im ganzen Land, zwischen denen nach dem Niedergang des Ashikaga-Shogunats Streitigkeiten und Kriege losbrachen. Alle hofften, vom Machtvakuum in Kyoto profitieren zu können, und manche rechneten sich eine Chance aus, selbst die Shogunatsgewalt zu übernehmen. Sie griffen benachbarte Daimyo an, falls diese eine Blöße erkennen ließen. Sie schlossen politische Ehen. Sie schlossen Bündnisse, die bald wieder zerfielen. Sie übten Verrat, sie nahmen Geiseln. Sie ließen Nebenbuhler ermorden. Das Ausmaß der Großen Wirren wird durch einige Zahlen deutlich: Von den rund zweihundertfünfzig Daimyodynastien überstanden nur fünf oder sechs die hundertjährige Umbruchszeit. Alle anderen wurden von ihren Nebenbuhlern besiegt, verjagt oder von ihren eigenen Untergebenen verdrängt, gestürzt, ermordet. Einige Daimyo wurden auch durch Volksaufstände hinweggefegt.

Da war, zum anderen, die Kaufmannschaft. Unruhen und Kriege wirkten sich störend auf ihre Geschäfte aus, verhinderten den friedlichen Austausch von Waren, den Fluß von Geld.

Da waren die Bauern, die, ungeschützt und schwach, nur leiden konnten. Ihnen wurden von den Daimyo höhere Abgaben abgepreßt, denn die Daimyo brauchten Geld, um ihre Heere vergrößern zu können und um Waffen einzukaufen. Sie brauchten Reis für ihre Soldaten. Die Bauern mußten mehr schuften als je zuvor. Gleichzeitig nahm das Räuberunwesen im Lande zu. Dörfer wurden geplündert, Felder verwüstet,

Bewässerungsanlagen zerstört. Die verwahrlosten Felder der Bauern brachten nur mehr geringe Ernten.

Da waren schließlich die großen buddhistischen Orden, die Vertreter des religiösen Lebens, die in Japan seit langem eine bedeutende Rolle spielten.

In Europa, im christlichen Abendland überhaupt, weiß man nicht viel über den Buddhismus. Für manche ist er nur eine exotische Attraktion. Die kahlgeschorenen Mönche, die man zwischen Sri Lanka und Japan mit etwas Geduld vor die Kamera bekommen kann, bestechen oft durch die farbigen Gewänder, durch die Gleichmäßigkeit ihrer Bewegungen und durch den fotogenen Ernst ihrer Mienen. Andere sehen im Buddhismus eine esoterische, geheimnisvolle, von Mystik umwitterte Lehre. Sie wissen wahrscheinlich, daß im Buddhismus der Meditation eine bedeutende Rolle zugemessen wird, daß es um die Erleuchtung geht, um das Wissen von einer kosmischen Existenz.

Geht man zurück zum lateinischen Ursprung des Wortes «Religion», dann bedeutet es: Die Wiederherstellung der Bindung. Die Bindung zwischen dem Irdischen und dem Überirdischen, zwischen dem Sinnlichen und dem Übersinnlichen, zwischen dem Begreifbaren und dem Unbegreifbaren, zwischen dem Ich und dem Göttlichen. Die Menschen aller Länder und aller Zeiten haben eine Sehnsucht verspürt, etwas über das Göttliche zu erfahren. Sie haben Ehrfurcht empfunden und Furcht, Hoffnung und Unsicherheit. Sie haben Vorstellungen entwickelt, wie das Göttliche beschaffen sein kann, welche Kräfte von ihm ausgehen.

Die Menschen des antiken Griechenland haben eine Vielfalt von Göttergestalten geschaffen, deren Namen für die Europäer einen vertrauten Klang haben. Sie haben viele menschliche Eigenschaften auf ihre Götter projiziert, um sich mit ihnen vergleichen zu können. Sie wollten im Alltag ihre Nähe spüren.

Die griechischen Götter waren zwar unsterblich, besaßen aber keine Allmacht und keine Unfehlbarkeit.

Auch den Japanern sind viele Gottheiten vertraut, die das Pantheon des Shinto bevölkern. Sie sind wie die griechischen Götter unsterblich, aber nicht unfehlbar. Viele sind hilfreich, andere lästig. Einige sind fröhlich, andere sind ernst. Manche sind gefährlich. Sie sind – wie die griechischen Götter es waren – der Sonne, dem Mond, den Sternen und der Erde zugeordnet, dem Meer, den Flüssen, den Quellen, den Bergen, den Vulkanen, dem Sturm, dem Regen, den Wäldern und Feldern. Sie sind Hüter und Überwacher der Häuser, in denen die Menschen leben, der Tätigkeiten, die sie ausüben, und der Gedanken, die sie insgeheim hegen.

Die Menschen ihrerseits empfinden eine Art Vertrautheit mit diesen Göttergestalten. Sie sind ihnen nahe. Sie können zu ihnen sprechen, ihnen eine ganz persönliche Bitte vortragen, sich bei ihnen beklagen. Sie können sie auch beschimpfen und mit ihnen hadern.

Niemand in Japan zieht ernsthaft in Zweifel, daß das Götterpantheon des Shinto-Glaubens ein Ausdruck der Ehrfurcht ist, entstanden in einer mythologischen Zeit, als die Menschen – wie zu Homers Zeiten in Griechenland – die Nähe des Göttlichen sehr unmittelbar empfanden und an die reale Existenz solch höherer Wesen glaubten. Auch heute noch leben ungezählte Göttergestalten in der Glaubenswelt der Japaner.

Dagegen wurden in Europa, gemäß der monotheistischen christlichen Lehre, alle Vorstellungen, die mit dem Höheren zu tun haben, einzig und allein auf einen Gott projiziert, der als allmächtiger Herrscher die Welt regiert. Der Glaube an ihn wurde mit dem Begriff Religion an sich gleichgesetzt. Gott, selbst unerschaffen, ist der Schöpfer, den es schon gab, als noch nichts anderes existierte, der durch seinen heiligen Willen die Welt aus dem Nichts geschaffen hat, auch den Menschen.

Alles, was existiert, ist im christlichen Denken nur der

Abglanz des göttlichen Seins. Als Geschöpf von Gottes Gnaden erschaffen, fällt dem Menschen die Aufgabe zu, den Willen des allmächtigen Schöpfers, der in den Worten des Alten und des Neuen Testaments offenbart ist, zur Kenntnis zu nehmen und auszuführen. Den christlichen Menschen muß ewige Demut erfüllen. Seine Dankbarkeit soll grenzenlos sein, denn der Mensch ist nichts und Gott ist alles. Die Vollendung der religio liegt in der Theokratie, der Gottesherrschaft auf Erden.

Der Buddhismus hat eine andere Auffassung von religio, der Verbindung mit dem Höheren. Das Höhere ist der unendliche geistige Raum, der über und jenseits aller konkreten Gottesvorstellungen liegt. Begriffe wie Strenge, Liebe und Gerechtigkeit, die die Christen als offenbarte Eigenschaften des biblischen Gottes kennen, versagen vor dieser Unendlichkeit.

Das Wesentliche kann oft nur noch durch paradoxe Wortgegenüberstellungen ausgedrückt werden. Der geistige Raum, in dem sich das Denken bewegt, wird zur Leere. Alles, was existiert, wird zum Nichts. Das menschliche Leben umgreift nur einen verschwindend kleinen Abschnitt im Koordinatensystem des unendlich weiten Raumes und der unendlich ausgedehnten Zeit. Nichts ist von Bedeutung. Niemand hat diese Unendlichkeit als Schöpfer erzeugt.

Die Menschen sind – wie alles, was auf Erden lebt – eine vorübergehende Erscheinung. Sie kommen und vergehen. Niemand weiß wirklich, woher und wohin. Das unendlich Große braucht keine gesonderte Begründung dafür, daß es da ist. Es beherrscht die Menschen nicht und fällt kein Urteil über sie. Es beeindruckt sie höchstens durch seine Größe und seine Fähigkeit, unendlich fern und gleichzeitig unendlich nah zu sein.

Buddhas Lehre besteht im wesentlichen in der Erkenntnis, daß in jedem Menschen ein Teil der Unendlichkeit umschlossen liegt. Dieses Quantum ist religio, die Verbindung mit dem Großen, ist Religion an sich, getragen von dem Wissen um die Flüchtigkeit des Lebens.

Nach Buddhas Lehre können die Menschen innere Ruhe, Ausgeglichenheit und Selbstsicherheit finden, wenn sie dieses Quantum der Unendlichkeit in sich erkennen.

Buddhas Lehre enthält keine Aussagen über den Anfang und das Ende der Welt oder über den Schöpfer allen Seins. Es ist überliefert, daß seine Jünger ihn bedrängten, sich zu diesen Fragen zu äußern. Aber er schwieg. Ich habe christliche Theologen hämisch sagen hören, Buddha habe zu diesen Fragen schweigen müssen, denn er sei nur ein sterblicher Mensch gewesen – kein Sohn Gottes, der den Willen des Schöpfers kannte.

Doch nicht der Anfang und das Ende der Welt standen für Buddha im Zentrum des Denkens, sondern die Frage, wie die menschliche Seele beschaffen sei, was die Menschen empfinden, was sie fürchten, was sie suchen. Er hat darüber nachgedacht, wie man den Menschen helfen kann, sich selber zu finden, sich zu läutern und zu öffnen für das Gefühl, ein Quantum der Unendlichkeit in sich zu tragen.

Buddhas Grundgedanke war, daß es niemandem leichtfällt, sich selbst zu erkennen, daß aber alle Menschen die Fähigkeit in sich tragen, einen Weg aus den Verstrickungen des Lebens zu finden, die den klaren Blick ins eigene Ich verschleiern. Da die Menschen so verschieden sind, kann es nicht für alle den gleichen Weg geben. Jeder muß die seiner Begabung und Veranlagung gemäße Richtung einschlagen können. Niemand darf sich in der Sicherheit wiegen, daß sein Weg der absolut richtige ist.

Vor allem wollte Buddha vermeiden, daß es zu der dogmatischen Festlegung einer bestimmten Lehrmeinung käme, denn jedes Dogma ist ein Gefängnis für die Seele.

Der Buddhismus kam im 6. Jahrhundert über China nach Japan und breitete sich bald am Kaiserhof und unter den Adeligen aus. Es war ein schon vielfältig aufgefächerter Buddhismus, wie er sich im Laufe von tausend Jahren auf dem friedlichen Wanderweg von Indien über Kaschmir, Karakorum und Tibet, entlang der alten Seidenstraße, entwickelt hatte.

Zu den ursprünglichen Seins-Gedanken hatten sich Boddhisatwas gesellt, die gleich den Engeln die Menschen beschützen. Unterwegs hatte der Buddhismus viele andere religiöse Elemente aufgenommen, darunter Vorstellungen vom Paradies und von der Hölle. Auch in Japan setzte sich die Diversifizierung des Buddhismus fort. Es entstanden verschiedene Lehren, die von einzelnen Orden getragen wurden und die jede für sich eine Variante des buddhistischen Heilsweges darstellten.

Die Palette reichte von den frühen Schulen des Nara-Buddhismus, die sich in eher akademischer Weise um die Auslegung der Schriften, der Sutren, bemühten, über den strengen Zen-Buddhismus, der durch Meditation die Selbsterkennung sucht und vielleicht der ursprünglichen Lehre Buddhas am nächsten kommt, bis hin zu ausgeprägten Pilger- und Betgemeinschaften, die an einen Erlöser glauben.

Alle diese Orden besaßen eigene Tempel – viele Tausende über ganz Japan verstreut – und eigene Anhängerschaften. Sie besaßen Zentren, wo der jeweils höchste Abt seinen Sitz hatte. Viele waren durch Landschenkungen, Landerwerb und Landgewinnung reich geworden. Sie brauchten keine Steuern zu zahlen. Sie waren mächtig, nicht nur, weil sie eine starke religiöse Autorität verkörperten, sondern auch, weil seit alters her viele Kaiser und Adlige sich ins Mönchsleben zurückgezogen hatten. Dadurch waren einige der Orden besonders eng mit der höchsten geistigen Autorität im Lande, mit dem Kaiserhaus, verknüpft.

Aber auch religiöse Organisationen werden nur von Menschen getragen. Menschen sind anfällig für die Versuchung der Macht. Wenn eine Religion im Laufe der Zeit zu einer festen Institution wird, mit vielen Ämtern, mit Besitz und Vermögen, dann verlassen ihre Amtsträger oft jenen Weg, den die Gründer oder Stifter einer Religion vorgezeigt und vorgelebt haben. Sie finden Gefallen an der Macht, die ihnen ihr religiöses Amt gibt. Sie suchen nach Möglichkeiten, ihre Macht zu vergrößern.

Von dieser Entwicklung sind die großen buddhistischen Orden nicht verschont geblieben. Während der Zeit der Großen Wirren, als die eigentliche weltliche Macht verfiel, haben sie versucht, sich an ihre Stelle zu setzen. In Negoro, im Süden von Sakai, war es der Shingon-Orden, jene Bruderschaft von gutbewaffneten Mönchen, die sich als erste in den Besitz eines portugiesischen Gewehres gebracht hatten. Sie bildeten ein schlagkräftiges Heer und übernahmen die Kontrolle über das Gebiet, in dem sie stark waren.

Kyoto geriet unter die Kontrolle der Mönche des Tendai-Ordens, deren Tempel auf dem Berg Hiei lagen. Diese kriegerischen Mönche wurden vom Volk als Übelmönche bezeichnet – ich werde später darauf zurückkommen, denn den Übelmönchen vom Berge Hiei wäre es fast gelungen, das Ende des Mittelalters in Japan hinauszuzögern und den Beginn der Frühmoderne zu verhindern.

Eine besondere Rolle spielte jedoch ein buddhistischer Orden, der sich den Traum vom Paradies auf seine Fahnen geschrieben hatte. Am Beispiel dieses Paradies-Buddhismus zeigt sich, welch geringe Verschiebungen in der Auslegung der Lehre oft ausreichen, um eine an sich friedliche Vorstellung zu einer politischen Gefahr werden zu lassen. Und dies war die Vorstellung:

Auch wenn Buddha nicht direkt davon gesprochen habe, müsse es doch ein Paradies geben, in dem ewige Glückseligkeit herrscht. Milde Boddhisatwas und Amida-Buddha als gnadenspendende Erlöserfigur warten dort auf die Seelen der Menschen. Das ist das «Reine Land», in das die Seelen der Toten eingehen – eine schöne, trostreiche Idee, die sich früh im Buddhismus entwickelt hat. Sie weist eine gewisse Ähnlichkeit mit den Paradiesvorstellungen auf, wie sie die biblischen

Religionen kennen, die jüdische, das Christentum und auch der Islam.

In Japan entstand im 12. Jahrhundert ein buddhistischer Orden, der Jodo-Orden, der diese Paradiesvorstellungen aufgriff und zum Mittelpunkt seiner Lehre machte. Alle Menschen dürfen, so sagte sein Gründer, auf die Erlösung nach dem Tod hoffen, wenn sie im Leben aufrichtig und gut gewesen sind, wenn sie täglich ihre Gebete gesprochen und andere Übungen durchgeführt haben.

Einer der Schüler des Gründers aber sagte, daß die einfachen, meist schwerarbeitenden Menschen, die diesen tröstlichen Gedanken an eine gnadenvolle Erlösung am dringendsten brauchen, überfordert seien, wenn man von ihnen verlange, sie sollten jeden Tag eine bestimmte Anzahl von Gebeten sprechen und zeitraubende Übungen durchführen. Deshalb wies er auf die absolute Gnade hin, die von Amida-Buddha ausgehe und so groß sei, daß alle Menschen, auch die schlechten und schlechtesten, Eingang ins Reine Land finden könnten. Sie brauchten nur, so sagte er, wenn der Tod nahe, Amida-Buddha in ehrlicher Reue und mit ihrer ganzen Glaubenskraft anzurufen. Dann strecke er seine gnadenreiche Hand aus und geleite auch den größten Sünder zur ewigen Glückseligkeit.

Der Jodo-Orden spaltete sich daraufhin in eine Schule, die nach wie vor «Gutsein» von den Menschen verlangte, und in jene Schule des Neuen Jodo-Glaubens, in dem die Gnade alle Verfehlungen auslöscht. Die letztgenannte Schule, die ich im folgenden der Einfachheit halber als Jodo-Orden bezeichnen werde, gewann während der Zeit der Großen Wirren eine rasch wachsende Anhängerschaft, unter ihnen viele arme Fischer und Bauern, die in jenen schweren Zeiten von dem Gedanken an die grenzenlose Gnade des Amida-Buddha in Scharen angezogen wurden. Durch sie wurde der Jodo-Buddhismus zu einer Massenbewegung, die vor allem in den ländlichen Gebieten Anhänger fand.

Gleichzeitig aber bot diese Lehre ein Auffangbecken für entwurzelte Existenzen, labile Charaktere, rücksichtslose Glücksritter und echte Schurken. Sie konnten sich die Jodo-Lehre als Mantel umhängen, konnten beliebig schlecht sein, zügellos ausschweifen und Verbrechen begehen. Sie konnten trotz allem in der bequemen Sicherheit leben, daß ihnen am Ende das Paradies winkt.

Die Führung des Jodo-Ordens, die in der Hand eines Hohen Abtes lag, des mächtigen Hossu, ließ sich die Gelegenheit nicht entgehen, Vorteile aus dieser dramatischen Situation zu ziehen. Die verschiedenen Hossu verstanden es, die Organisation ihres Ordens straff auszubauen. Der Haupttempel lag in Osaka auf dem gleichen Gelände, auf dem sich heute das Osaka-Schloß erhebt. Von dieser Zentrale aus schickten die Hossu ihre oft zwielichtigen Priester und Mönche über das Land zu den Jodo-Gläubigen. Die Priester verfügten kraft ihres Amtes über die Möglichkeit, die Gnade des Amida-Buddha auszuteilen oder zu verweigern. Daraus wurde rasch eine fast diktatorische Herrschaft über die große Masse der Jodo-Gläubigen. Alle mußten befolgen, was die Priester vorschrieben, denn wer sich ihnen entgegenstellte, wurde von der Glaubensgemeinschaft ausgeschlossen und aller Rechte der religiösen Gemeinde beraubt. In ländlichen Gegenden, in denen die Position der Jodo-Buddhisten stark war, konnte dies ein Todesurteil bedeuten, denn wer auf diese Weise exkommuniziert wurde, verlor den Schutz der Gemeinde, galt als geächtet, mußte verhungern oder fliehen.

Ich finde es faszinierend zu sehen, wie aus einer solchen religiösen Lehre, die anfangs nur das Beste für die Menschen wollte, in verhältnismäßig kurzer Zeit, in kaum hundert Jahren ein geistiges Joch wurde. Ein Wandel in den sozialen und wirtschaftlichen Bedingungen reicht aus, um diese Entwicklung einzuleiten. Nachdem sie eine gewisse Eigendynamik gewonnen hat, ist die Umkehr fast unmöglich, denn die Träger der religiösen Institution, die Geschmack an der Macht gefunden haben, werden sie mit allen Mitteln zu halten suchen. Ich finde das Beispiel der Entwicklung des Neuen Jodo-Glaubens in Japan deswegen so aufschlußreich, weil sich durchaus Parallelen zu ähnlichen Entwicklungen in anderen Religionen erkennen lassen.

In der christlichen Kirche des späten Mittelalters waren es beispielsweise die Ablaßbriefe, die dem Mißbrauch Tür und Tor öffneten. Die katholische Kirche benutzte sie, um gegen Bezahlung Jenseitsversprechungen an die Gläubigen auszugeben, und die Drohung der Exkommunikation schwebte wie ein Fallbeil über jedem einzelnen, der mit den Praktiken der religiösen Institution nicht einverstanden war.

Anders als die Äbte der anderen Orden, hielt sich der Hossu kein Heer von Übelmönchen, sondern entwickelte eine andere Taktik. Seine Mönche und herrenlose Samurai, die sich dem Jodo-Orden angeschlossen hatten, traten als Führer von Bauernaufständen auf, die als Folge der wirtschaftlichen Notlage überall aufflammten und sich gegen die Daimyo als die Repräsentanten der Macht richteten. Je mehr die weltliche Macht zerfiel, um so mehr konnte sich die Macht des Hossu ausbreiten. Es bestätigte sich die aus der europäischen Geschichte wohlbekannte Erfahrung: Je schwächer der Staat ist, um so stärker kann die Kirche ihre Macht entfalten.

Mit dem Jodo-Orden im Hintergrund gelang es den Bauern in zwei Provinzen, die Daimyo zu stürzen und zu verjagen. In der Folge errichtete der Hossu dort sein Regiment und ließ diese Provinzen von Jodo-Priestern verwalten.

In den japanischen Geschichtsbüchern wird die Rolle der Jodo-Sekte während der Zeit der Großen Wirren unterschiedlich gewertet. Die einen heben hervor, daß die Unterstützung der Bauernaufstände ein Beweis für Fortschrittlichkeit sei, weil durch sie der Versuch unternommen wurde, die damaligen

Herrschaftsstrukturen zu verändern und Freiheit für die Bauern zu erlangen. Andere Bücher weisen darauf hin, daß dort, wo die Bauernaufstände erfolgreich waren und die Jodo-Buddhisten die Herrschaft übernehmen konnten, die Unfreiheit nur noch größer wurde. Sie vertreten die Auffassung, daß die Rolle der Jodo-Sekte während der Großen Wirren viel mit dem Machtanspruch des Hossu und wenig mit Fortschrittlichkeit zu tun hatte.

Tatsache ist, daß in den unter Jodo-Leitung stehenden Gegenden die Abgabenlast für die Bauern stieg. Sie hatten, so sagten die Jodo-Priester und Jodo-Mönche, keinen Grund mehr, sich über etwas zu beschweren oder gar aufsässig zu werden, denn das Reich Buddhas sei ja gekommen. Die Bauern mußten nur noch arbeiten, beten und Abgaben entrichten. Gleichzeitig breitete sich in den vom Jodo-Orden beherrschten Gebieten eine vorher in der japanischen Geschichte nie gekannte religiöse Intoleranz aus.

Der Buddhismus ist dem Wesen nach tolerant, denn Buddha hat gesagt: Mein Weg ist nur ein Weg unter unendlich vielen anderen, die zur Erleuchtung führen. Deshalb haben verschiedene buddhistische Glaubensrichtungen jahrhundertelang in der Regel recht friedlich nebeneinander gelebt. Reibungen entstanden, wenn eine neue Variante der buddhistischen Lehre auftauchte und wenn die etablierten Orden Anhänger – und somit auch Einfluß – verloren. Die Reibungen waren manchmal so heftig, daß die Mönche des einen Ordens auf die Mönche und Anhänger eines anderen Ordens mit Waffen losgingen.

Insbesondere die Übelmönche des Tendai-Ordens stürmten zuweilen vom Berg Hiei herab und verwüsteten in Kyoto die Tempel anderer Sekten. Einmal richtete sich ihre Zerstörungswut gegen die Tempel des Nichiren-Ordens, ein andermal gegen die der Jodo-Buddhisten. Es ging bei diesen Auseinandersetzungen aber nicht um Glaubensfragen, sondern um Macht und Geld. Wenn die von den Übelmönchen attackierten Orden sich zur Tributzahlung an die Hohen Tendai-Äbte bereit erklärten, trat sofort wieder Ruhe ein.

Immer hat es viele buddhistische Sekten gleichzeitig in jeder Provinz gegeben, und stets auch Shinto-Schreine. Solange die weltliche Macht in den Händen der Daimyo lag, die die religiöse Vielfalt als eine Selbstverständlichkeit betrachteten, waren die Streitereien zwischen einzelnen Orden höchstens lästige Randerscheinungen.

In dem Augenblick aber, in dem die Jodo-Sekte nach dem Sturz eines Daimyo durch die Bauern die alleinige Herrschaft übernahm, trat eine neue Situation ein. Wer in dieser Provinz nicht zur Jodo-Sekte gehörte und seinen Lebenslauf nicht nach den Weisungen der Jodo-Mönche gestalten oder keine Abgaben an den Hossu in Osaka zahlen wollte, geriet in Schwierigkeiten.

Die Jodo-Buddhisten unterdrückten alle, die nicht zu ihrer Glaubensgemeinschaft gehörten. Sie zwangen sie, entweder sich zur Jodo-Lehre zu bekennen oder ihr Herrschaftsgebiet zu verlassen. Die Priester und Mönche in den Tempeln der anderen buddhistischen Orden wurden verjagt, ihre Tempel in Jodo-Tempel umgewandelt. Je mehr sich die Jodo-Macht festigte, um so eiserner wurde ihre Herrschaft.

Die Hölle war die stärkste Waffe in der Hand der Jodo-Priester und -Mönche gegen das unbotmäßige Volk. Die Hölle wurde mit satanischer Freude ausgemalt und dargestellt. So konnten auch Analphabeten sehen, was ihnen blühte, wenn sie den Fluch der Priester auf sich zogen. Für jede irdische Untat war eine höllische Strafe vorgesehen. Die damit verbundenen Qualen wurden auf dörflichen Theaterbühnen dem Volk anschaulich vorgeführt. Die Priester entschieden, wer ins Paradies durfte und wer in die Hölle gehen mußte.

Japan steuerte auf einen Zustand zu, wie er in Mitteleuropa schon Jahrhunderte früher eingetreten war – auf eine Monopolisierung des religiösen Lebens durch eine einzige Institution.

In Europa war es die alleinherrschende christliche Kirche. Spätestens seit den Sachsenkriegen Karls des Großen waren die bodenständigen germanischen Glaubensinhalte zum Untergang verurteilt. Mit ihnen verschwanden allmählich religiöse Vorstellungen, die das Wesen des Menschen in Mitteleuropa geprägt hatten.

Nur im Volksbrauchtum konnten einige dieser Vorstellungen überleben, wie der Richtbaum, den die Zimmerleute noch heute auf dem Firstbalken der erbauten Häuser errichten. Es ist der Dank an die alten Götter, die der Arbeit der Handwerker wohlgesonnen waren. Manche anderen heidnischen Bräuche überleben noch, so die Signalfeuer an den Sonnenwendtagen, das Lärmen in der Neujahrsnacht, das Verstecken und Suchen von Ostereiern oder das Anzünden von Seelenlichtern auf den Gräbern der Verstorbenen, aber nur mehr wenige Menschen in Europa sind sich des tiefreligiösen Inhalts dieser Bräuche bewußt.

Vielleicht wäre in Japan auch solch ein Zustand eingetreten, wenn sich diese Massenbewegung der Jodo-Sekte hätte weiter entfalten können. Die Monopolisierung des religiösen Lebens hätte zu einer fortschreitenden Intoleranz gegenüber anderen Glaubensinhalten geführt. Japan wäre dem geistigen Mittelalter verhaftet geblieben.

Obwohl der Buddhismus seinem Wesen nach keinen Alleinherrschaftsanspruch kennt und keinen dogmatischen Ausschließlichkeitsanspruch erhebt, zeigt also das Beispiel der Neuen Jodo-Lehre, daß Herrschafts- und Ausschließlichkeitsstreben sich auch durch eine Hintertür einschleichen können.

4   Oda Nobunaga

Das Ende der Großen Wirren, das Ende des Mittelalters überhaupt, kam mit Oda Nobunaga.

Jedes Kind in Japan lernt in der Schule, daß Oda Nobunaga ein militärisches Genie war, daß er mit siebzehn Jahren die Nachfolge seines Vaters, eines unbedeutenden Daimyo mit geringem Landbesitz, antrat, daß er in einem in der japanischen Geschichte einmaligen Siegeszug in kurzer Zeit fast alle anderen Daimyo unterwarf, daß er dadurch die Einheit des Landes wiederherstellte und daß er im Jahr 1568 – vom Tenno gerufen – in Kyoto eine neue Ära einleitete, die die Frühmoderne genannt wird.

Nobunagas legendärer militärischer Ruhm begann damit, daß er im Alter von sechsundzwanzig Jahren den mächtigsten Daimyo der damaligen Zeit, Imagawa Yoshimoto, in einem Überraschungsangriff schlug. Nobunaga wußte seit langem, daß Yoshimoto, dessen großes Territorium an sein eigenes Gebiet angrenzte, ihn irgendwann überfallen, verjagen oder töten würde. Deshalb hatte Nobunaga sich über Jahre hinweg bei jeder Gelegenheit, wenn er in der Öffentlichkeit auftrat, den Anschein gegeben, ein närrischer Schwachkopf zu sein. Er kleidete sich bizarr, trug immer in Beuteln, die an seinem Gürtel baumelten, Nüsse, Obst und eine Sakeflasche. Er aß und trank, rülpste und spuckte sogar während feierlicher Anlässe. Seine Schwerthülse hatte er feuerrot lackieren lassen, daß selbst die Kinder darüber lachten. Er galt als der verrückteste aller Daimyo, dumm und harmlos, als ein Pferdenarr, der ständig in seinem Gebiet umherritt, Nüsse kaute und Obstkerne spuckte.

Niemandem fiel auf, daß Nobunaga sein Stammgebiet mit einem dichten, gutausgebauten Wegenetz überzog, daß er überall Relaisstationen einrichtete, damit seine Reiter die Pferde wechseln konnten, daß er die Relaisstationen mit seinen besten Samurai besetzte. Sie versorgten ihn mit ständigen Neuigkeiten über das, was im Lande geschah und wovon Reisende von jenseits der Grenzen berichteten. Nobunagas Stärke beruhte darauf, daß er die besseren Informationen erhielt, und daß er auf seinem gut ausgebauten Wegenetz im Notfall mit seinen Truppen schneller zu reiten vermochte als jeder Feind. Gleichzeitig aber spielte er seine Rolle als Dummkopf so gut, daß manche seiner eigenen Samurai Zweifel bekamen, ob ihr Herr noch alle seine Sinne beisammen habe. Einige wechselten in das Lager des Gegners über.

Yoshimoto nahm die Überläufer mit Vergnügen auf. Er war nicht nur der mächtigste unter allen Daimyo, sondern auch derjenige, dem man in jenen Jahren am ehesten zutraute, bald Einzug in Kyoto zu halten, um sich dort als neuer Shogun zu präsentieren. Er hatte deshalb Bündnisse mit einer Reihe von Daimyo geschlossen und genoß die Unterstützung der Buddhisten, denn er galt als ein frommer und den Sekten wohlgesonnener Mann. Auf seinem Feldzug nach Kyoto brauchte er im Vorbeigehen nur noch Nobunaga auszuschalten. Schon hatten Yoshimotos Truppen den größten Teil von Nobunagas Territorium besetzt. Zwei seiner drei Schlösser waren gestürmt worden. Nobunaga hatte sich in sein letztes Schloß zurückgezogen. Er schien aufgegeben zu haben. Yoshimoto hatte Grund, mit dem Erfolg seiner Kampftruppen zufrieden zu sein.

Im Schutz der Dunkelheit, in einer Regennacht, verließ Nobunaga unbemerkt sein Schloß. Er besaß noch knapp zweitausend Samurai. Er teilte seine Leute in kleine Trupps auf, die über geheime Wege durch das schon vom Feind besetzte Land reiten sollten. Sie ritten die ganze Nacht, eine Strecke von achtzig Kilometern Luftlinie. Im Morgengrauen trafen sie sich an dem vorher vereinbarten Ort, einem Wald in den Bergen, die sich zum Pazifik hin absenkten. Dort hatte Yoshimoto, wie Nobunaga längst durch seine Späher wußte, mit seiner fünfundzwanzigtausend Mann starken Kerntruppe sein Lager in einem Tal aufgeschlagen, das an drei Seiten durch steile Berghänge geschützt war. Immer noch fiel heftiger Regen. Nobunaga ließ dreihundert seiner Samurai einen Scheinangriff gegen den offenen Eingang des Tals reiten. Er selbst stieg mit seinen restlichen Samurai durch das dichte Gestrüpp des steilsten Berghanges hinab. Es gelang ihm, bis in das Zelt des gegnerischen Daimyo vorzustoßen. Yoshimoto soll gerade mit seinen Generälen ein großes Bankett gehalten haben, denn er betrachtete sich schon als Sieger im Feldzug gegen Nobunaga.

Einmal im Jahr, im Herbst, wenn das Wetter trocken und sonnig war, schloß mein Vater das Schatzhaus auf, das dem Schrein auf dem Hügel angegliedert ist. Für mich als Kind war dies immer ein besonderer Tag. Mehrere Leute vom kaiserlichen Hofamt waren gekommen. Einer von ihnen trug die Inventarliste, ein großes Buch mit einem derben Stoffeinband und dicken Kordeln, mit denen die Seiten zusammengeheftet waren. Die schwere eiserne Tür ächzte in ihren Führungsschienen. Die Luft, die aus der Türöffnung wehte, war kühl und roch nach alten Sachen.

Mein Vater ging mit den Männern vom Hofamt in das dunkle Innere des Schatzhauses hinein, während ich an der Tür stehenblieb. Das Tageslicht fiel auf eine Ritterrüstung, die in der Mitte des dunklen Raumes in einer Vitrine stand wie in einem übergroßen gläsernen Puppenkasten. Der goldene Helmschmuck glänzte im Lichtstrahl. Die roten Seidenbänder leuchteten, mit denen die aus Leder und stahlblauer Seide geflochtenen Pfeilfangplatten zusammengewoben waren.

Die Männer vom Hofamt, die alle weiße Handschuhe trugen, brachten nacheinander sämtliche Gegenstände heraus, die in der Schatzkammer waren, und legten sie auf die Binsenmatten, die wir vorher unter dem Kiefernbaum auf dem Kiesboden ausgerollt hatten. Die Sonne sollte nicht direkt auf die alten

Schwerter, auf die alten Musikinstrumente und auf die vielen Hülsen aus Kiriholz scheinen, in denen sich Bilderrollen und Schriftrollen befanden. Als letztes brachten die Leute vom Hofamt die alte Rüstung heraus und stellten sie auf den freien Platz.

«Nobunagas Rüstung», sagte der Mann mit der Inventarliste.

Die Sonne schickte flimmernde Lichtpunkte durch das Nadeldach der großen Kiefer. Sie spielten mit der alten Prunkrüstung und brachten in dem Geflecht der seidenen Bänder verborgene Farben zum Leuchten – ein Indigoblau wie Leuchtkäfer im Sommer und ein helles Rot wie die Schalen der Mandarinen.

Nobunagas Rüstung – ich sah mit scheuen Augen die leere Hülse an und war traurig. Was bleibt von einem Menschen, dachte ich damals – nur eine leere Hülse, die das ganze Jahr über in einem dunklen Raum aufbewahrt wird und nur einmal im Herbst für ein paar Stunden ans Licht kommt. Ich dachte an das, was ich in der Schule über Oda Nobunaga gehört hatte. Wenn ich seine Rüstung ansah – den goldenen Helm, die goldenen Schulterspangen und das geflochtene stahlblaue Panzergewebe für den Körper –, erschien mir alles so unwirklich fern, so tot und so beziehungslos. Ich konnte mir damals den Menschen nicht vorstellen, der diese Rüstung einmal getragen hatte. Was hat er empfunden, wenn er auf seinem Pferd ritt? Woran hat er gedacht, wenn er in den Krieg zog? Warum mußte er überhaupt so viele Kriege führen? In der Schule wurde gesagt: Weil Nobunaga Japan einigen wollte.

Dies bedeutete Auseinandersetzungen und Kämpfe mit vielen anderen Daimyo. Seit hundert Jahren hatte es ja fast dauernd Kriege gegeben. Nobunagas militärisches Genie half ihm zu siegen. Seine Methoden der Kriegführung waren neu. Damit konnte er seine Gegner überraschen. Er war der erste, der geschlossene Truppenverbände mit Schußwaffen ausstattete, mit jenen Gewehren, die den portugiesischen Vorderladern nachgebaut waren und von denen er dreitausend Stück in Sakai gekauft hatte. Er brachte die Schützen in Dreierreihen hinter großen weitmaschigen Gittern aus Bambusstangen in Stellung. Daran zerschellten die traditionellen Heere der berittenen Samurai, die in dichten Reihen mit wehenden Bannern angriffen.

Nobunaga wußte geschickt die Vorteile auszunutzen, die das Gelände ihm bot. Er griff immer aus einer unerwarteten Richtung an, weil er es verstand, große Truppenverbände über schmale Bergpfade oder auf schnellen Schiffen über Meeresarme dorthin zu führen, wo niemand mit seinem Auftauchen gerechnet hatte.

Als Nobunaga sich einmal einem überlegenen Verband von Kampfschiffen gegenübersah – der achthundert Schiffe umfassenden Flotte des Daimyo von Hiroshima, der die Jodo-Sekte unterstützte –, wich er dem Kampf aus. In aller Stille ließ er sieben mit Kanonen bewaffnete Kampfschiffe bauen, deren Rumpf mit geschmiedeten Stahlplatten abgedeckt war. Mit diesen ersten Panzerschiffen der Welt zerschlug er dann die große Flotte des Daimyo von Hiroshima, ohne dabei ein einziges seiner eigenen Schiffe zu verlieren.

Ich habe mich länger, als ich eigentlich wollte, mit der Beschreibung der militärischen Operationen des Oda Nobunaga aufgehalten und bin noch längst nicht an deren Ende angelangt. Als Nobunaga 1568 in Kyoto einzog, hatte er bis auf die südwestlichen Provinzen, von Hiroshima bis zur Südinsel Kyushu, ganz Japan – militärisch gesehen – fest in der Hand. Der Tenno hatte Nobunaga eingeladen, nach Kyoto zu kommen und die seit hundert Jahren brachliegende zentrale Regierungsgewalt zu übernehmen.

Nobunagas Einzug in Kyoto war eine prächtige Prozession mit viel militärischem Gepränge. In den Kreisen des Hochadels in Kyoto flüsterte man sich zu, daß dieser Nobunaga wohl ein rauher Haudegen sein müsse. Die Bürger der Stadt hatten große

Angst. Sie fürchteten, daß die kampfgewohnten Truppen, die der neue Machthaber mitbrachte, vor Plünderungen und Ausschreitungen nicht zurückschrecken würden. Aber nichts dergleichen geschah. Noch nie waren so disziplinierte Truppen in Kyoto eingezogen, und selbst die hochmütigen Mitglieder des Hofadels mußten zugeben, daß sie von Nobunaga beeindruckt waren.

Er war hochgewachsen, schlank, mit sehr schmalem Gesicht. Er war sehr hellhäutig für einen Mann, der viele Jahre in Feldzügen zugebracht hatte. Er bestach durch die Eleganz seines Auftretens und sein unerwartetes Wissen auf Gebieten der klassischen Literatur und Dichtkunst. Es ist überliefert, daß er den Hofadel bei mehreren Gelegenheiten mit Gedichten, die er aus dem Stegreif erfand, in Erstaunen versetzte.

Aber noch waren die Übelmönche vom Berg Hiei und die der anderen buddhistischen Orden nicht überwunden. Sie bildeten zusammen ein gewaltiges Heer. Noch waren der mächtige Hossu und seine weitverbreitete Jodo-Sekte Nobunagas Widersacher. Die Zahl der bewaffneten Jodo-Bauern war groß. Noch zogen überall im Land versprengte Gruppen herrenloser Samurai und zahllose Banden umher, in denen sich nach der langen Kriegszeit viele entwurzelte Existenzen zusammengefunden hatten. Die Gesellschaft gärte.

Nobunaga machte kein Hehl daraus, daß er für die etablierten buddhistischen Institutionen wenig übrig hatte. Er selbst hatte sich nie einer religiösen Bindung unterworfen. Es war bekannt, daß er vor einer Schlacht niemals einen Gottesdienst abhalten ließ. Er ließ keine Mönche kommen, um Waffen zu segnen. Er verabscheute das geheimnisvolle Murmeln der Priester, die für den Sieg in der Schlacht beteten. Er sagte, jeder müsse das Leben und den Tod selber meistern, jeder müsse aus sich selbst seine Lebensfähigkeit entwickeln. Nobunaga sah das Leben als eine Verpflichtung und als eine Chance an. Er war ein nüchterner Mensch, durch und durch rational. In Europa würde man ihn der Renaissance zuzählen. Er war ein Tatmensch.

Auf den Hossu in Osaka, auf die Hohen Äbte vom Berg Hiei, auf alle Hüter des Mittelalters muß Nobunaga in höchstem Grade beunruhigend gewirkt haben. Er paßte nicht in ihre geistige Ordnung. Er paßte nicht in ihre Welt.

Nobunaga schaffte die Binnenzölle ab, die den Handel eingeengt und erschwert hatten. Dies führte innerhalb kurzer Zeit zu einem Aufblühen des ganzen Landes. Kyoto, die seit hundert Jahren dahinsiechende Stadt, belebte sich neu, weil Nobunaga allen, die zurückkehren wollten, Steuererleichterungen gewährte. Er nahm große Bauprojekte in Angriff. Die Fernstraßen, die, von Kyoto ausgehend, alle wichtigen Handelsstädte und großen Provinzen miteinander verbanden, wurden ausgebaut. Sie waren sechs Meter breit, Kiefern- und Weidenbäume säumten sie. Das Marktwesen und die Vorschriften für die überregionale Versorgung der Bevölkerung mit Nahrungsmitteln wurden neu geordnet. Erste Schritte wurden getan, um das Münzwesen zu vereinheitlichen und den reichen Silberfluß zu regeln. Der Bergbau wurde gefördert, das Land neu vermessen. Für die Landverteilung und die Steuern wurden neue Richtlinien erlassen.

Deshalb war es unausweichlich, daß zwischen Nobunaga und den Bewahrern des Mittelalters der Konflikt ausbrach, denn für sie, die an das Jenseits und die Hölle glaubten, war Nobunaga die Verkörperung des Bösen. Sie sahen, daß sie ihn mit Paradiesversprechungen nicht locken konnten und daß ihre Flüche wirkungslos an ihm abprallten. Er hatte, so glaubten sie, einen Pakt mit den Dämonen geschlossen.

Der Hossu nannte Nobunaga den größten Feind der Religionen. Weder er noch die Hohen Äbte vom Berg Hiei mochten tatenlos zusehen, wie sich nach Nobunagas triumphalem Einzug in Kyoto das Leben dort und in den anderen großen Städten des Landes zu verändern begann. Ein Geist, den sie nicht billigten, machte sich breit. Sie spürten, daß sie an Boden verloren und daß ihre gesellschaftliche Bedeutung abnahm, daß ihr politisches Gewicht geringer wurde, daß ihre Pfründe schwanden.

Hier entwickelte sich der gleiche Konflikt, der auch in Europa an der Wende vom Mittelalter zur Neuzeit die Kluft zwischen den Bewahrern des Überkommenen und den dynamischen Kräften des Neuen aufriß. In Japan wurde das gesamte Geschehen durch die Person des Oda Nobunaga bewirkt. Er war die zentrale Gestalt seiner Zeit. Er war der Neuerer, dem man zutiefst mißtraute und den man um so mehr haßte, je erfolgreicher er war.

Nobunga ging nicht zimperlich mit den buddhistischen Orden um, die seit Jahrhunderten ihren Landbesitz vergrößert hatten. Er enteignete ihre Ländereien, denn, so sagte er, ohne reichen Landbesitz würden sie sich auch keine Heere von Übelmönchen halten können.

«Ich werde euch einen Teil des Besitzes zurückgeben», schrieb er an die Hohen Äbte des Tendai-Ordens, die auf dem Berg Hiei residierten, «jenen Teil, den ihr braucht, um eure Aufgaben als Mönche und Priester zu erfüllen. Dafür verlange ich, daß ihr euch verpflichtet, euch in Zukunft aus der Politik herauszuhalten und euch nur mit den Fragen der Religion zu beschäftigen.»

Es ist nicht überliefert, was die Hohen Äbte gesagt haben, als sie diese Botschaft empfingen. Sie fanden es nicht nötig, darauf zu antworten. Wahrscheinlich haben sie gelächelt. Wahrscheinlich haben sie einander zugenickt und sich über den Rand einer Teeschale oder Sakeschale hinweg verständigt, daß es an der Zeit sei, diesem wilden Emporkömmling, der sich von den Zügeln der Religion losgerissen hatte, zu zeigen, wer die wirklich Mächtigen im Lande seien.

Der Widerstand gegen Nobunaga formierte sich auf diesem Berg Hiei. Wenn ich früher als Kind zu Hause an meinen Schularbeiten saß und dabei durch das Fenster in die Ferne träumte, konnte ich diesen Berg sehen, dessen kahle, dreieckige Spitze sich jenseits der Stadt erhob. Dort hatte bis zu Nobunagas Zeiten das größte Tempelareal Japans gestanden. Vielleicht reichten die Bäume damals weiter hinauf und Wege schlängelten sich zwischen ihnen. Vielleicht hätte ich, wenn ich von meinen Schularbeiten aufblickte, weiße Mauern sehen können oder das breit ausladende Dach eines Tempelbaues. Vielleicht hätte ich im Abendlicht gerade noch die zarte Silhouette einer Pagode erkennen können.

Hunderte von Gebäuden befanden sich auf diesem Berg, die meisten auf der dem Biwa-See zugewandten Seite, die mehr Schutz vor den herbstlichen Taifunen bietet, und weitere Hunderte von Gebäuden reihten sich entlang der Pilgerwege, die vom Biwa-See und von Kyoto aus bis zur Spitze des Berges hochführten. Es war die bedeutendste Tempelanlage Japans, die ehrwürdige Akademie des Buddhismus, aus der alle Gründer der großen Orden hervorgegangen sind.

Dort oben auf dem Berg Hiei wurde seit Jahrhunderten über die Lehre Buddhas nachgedacht. Dort wurde die buddhistische Lehre gedeutet, definiert, verändert, erweitert. Dort wurden Rituale festgelegt und Gebetsformeln entwickelt. Dort wurde meditiert, gefastet, gebetet. Dort befand sich die größte Bibliothek, die es im mittelalterlichen Japan gab. Sie enthielt unzählige Schriften aus China und Indien. Dort wurden tausend Jahre alte Sutren aufbewahrt. Dort wurde Sanskrit gelesen und gelehrt. Dort wurden klassische Texte in der Frühzeit abgeschrieben und später in hoher Auflage gedruckt. Dort befanden sich viele der ältesten und heiligsten Buddhastatuen, zahllose Bilderrollen und Altarbilder.

Dort wurden aber auch im Laufe der Jahrhunderte politische Fäden geknüpft, Netze der Macht geflochten und an scheinheiligen Schleiern gewoben. Die Tendai-Äbte setzten ihre Scharen von Übelmönchen jederzeit ein, wenn sie es für erforderlich hielten. Sie zwangen andere buddhistische Orden mit Waffengewalt zu Tributzahlungen. Sie ließen durch ihre Übelmönche Betgelder eintreiben. Ihr Geschäft war oft handfeste Machtpolitik.

Viele der Hohen Äbte auf dem Berg Hiei stammten aus dem Kaiserhaus oder aus den Kreisen des Hochadels. Sie waren abgeschobene Prinzen oder kaltgestellte Nebenbuhler. Manche Äbte waren Fürsten, die unten in Kyoto oder anderswo entmachtet worden waren, andere waren Günstlinge eines Shogun, der sich auf diese Weise die Unterstützung des Berges Hiei sichern wollte.

Deswegen blühte oben auf dem Berg Hiei das weltliche Leben. Die Hohen Äbte hielten Hof wie die weltlichen Herren. Sie wohnten in großen Residenzen. Sie waren von Personal und Frauen umgeben. Ihr Leben war prunkvoll und oft ausschweifend. Es stand in keinem Verhältnis zu dem moralischen Anspruch, den sie dem Volk gegenüber aufrechterhielten. Dem Volk zeigten sie sich als fromme Asketen, als ehrwürdige Jünger Buddhas, als kenntnisreiche Vermittler zwischen den Menschen und der Welt des Übernatürlichen. Sie sagten, sie seien im Besitz geheimnisvoller Gebetsformeln, mit denen sie Segen oder Fluch auf die Menschen lenken könnten. Sie seien in der Lage, Krankheit, Katastrophen und Tod herbeizubeten. Sie nutzten ihre spirituelle Macht, wenn sie von Kyoto oder dem Kaiserhof neue Vergünstigungen erpressen wollten. Sie ließen von den Mönchen oben auf der Spitze des Berges Hiei Tausende von Fackeln entzünden, so daß man sie unten in Kyoto leuchten sah. Die Fackeln brannten die ganze Nacht. Während dieser Stunden, so hieß es, lenkten die Priester und Äbte mit ihren Gebetsformeln böse Geister in die Stadt, die Krankheit, Sturm- oder Feuerkatastrophen bringen würden.

Nobunaga unterschätzte die Gefahren nicht, die ihm von seiten der mächtigen buddhistischen Orden drohte. Vom Berg Hiei strahlten Unruhen aus und überzogen weite Provinzen. Es kam zu Aufständen, bei denen von irgendwoher plötzlich bewaffnete Tendai-Mönche in großen Scharen auftauchten. Wenn Nobunaga militärisch gegen sie vorging, formierten sich in seinem Rücken neue Aufstände. Jodo-Bauern erhoben sich immer genau dort, wo Nobunaga oder seine Generäle nicht waren. Wenn sie mit ihren Truppen eintrafen, schien alles wieder friedlich. Kaum zogen sie sich zurück, wurden sie erneut angegriffen. Es waren guerillaähnliche Kämpfe, die äußerst verlustreich für Nobunaga waren. Zum ersten Mal verlor er nacheinander mehrere Schlachten. Immer waren Verbände von Tendai-Übelmönchen daran beteiligt, bestens beritten und bestens bewaffnet.

Die Jodo-Bauern stellten die Masse des Fußvolkes. Sie verbluteten auf den Schlachtfeldern. Der Hossu in Osaka hatte inzwischen öffentlich zum heiligen Krieg gegen Nobunaga aufgerufen. Er drohte jedem Jodo-Gläubigen mit der Exkommunikation, der nicht bereit war, mit der Waffe in der Hand zu kämpfen. Wer aber auf dem Schlachtfeld sein Leben verliere, dem sei, so der Hossu, ein Platz im Paradies gesichert.

Nobunaga forderte die Tendai-Äbte in ultimativer Form auf, jegliche Kriegshandlungen einzustellen. Er teilte ihnen am 24. September 1570 schriftlich mit, daß er sonst die gesamte Tempelanlage des Berges Hiei niederbrennen würde. Die Hohen Äbte lachten nur. Sie hielten es für undenkbar, daß eine solche Drohung jemals wahrgemacht werden könnte. Sie sagten, kein Mensch würde es wirklich wagen, diesen ehrwürdigen, heiligen Hort der religiösen Tradition anzutasten. Die Strafe Buddhas, so sagten sie, würde unermeßlich sein.

Im Vertrauen auf diese Angst verstärkten die Tendai-Äbte im Bündnis mit dem Hossu ihre Bemühungen, Nobunaga militärisch zu zermürben und politisch zu stürzen. Nobunaga wartete ein ganzes Jahr. Im September 1571 umzingelte er nachts mit seinen Truppen den gesamten Berg Hiei. In der Stunde vor Sonnenaufgang erteilte er den Befehl, die Festung des Tendai-Ordens zu stürmen und in Brand zu setzen.

Sämtliche Gebäude und Tempel, die den Berg Hiei zierten, gingen in Flammen auf. Unersetzliche Werte wurden zerstört. Über dreitausend Menschen starben in dem Inferno – Mönche, Priester, Äbte und ihre Frauen. Tagelang noch zogen die Rauchschwaden über die Berghänge. Das Machtzentrum des Buddhismus war ausgelöscht.

Eine atemlose Stille legte sich über das ganze Land. Alle, die noch an die Macht des Jenseits glaubten, an die Kraft der Gebetsformeln und frommen Sprüche, warteten darauf, daß der Himmel sich spalten und einen vernichtenden Blitz auf Nobunaga, den Frevler an der heiligen buddhistischen Tradition, schleudern würde. Sie alle dachten, die Erde werde sich auftun, um ihn und seine Helfershelfer zu verschlingen, die Berge würden Feuer speien und das Meer seinen größten Drachen entsenden.

Trotz des Vernichtungsschlages, den Nobunaga gegen den Tendai-Orden geführt hatte, gab der Hossu in Osaka noch neun Jahre lang nicht auf. Der Fluch, den er über Nobunaga ausgesprochen hatte, trieb die Jodo-Anhänger in vielen ländlichen Gegenden zu immer neuen Aufständen, während die reiche Stadt Sakai und viele Kaufleute in den Hafenstädten Nobunagas Sache unterstützten, selbst wenn im Hinterland jener Gebiete die Jodo-Buddhisten stark waren.

Nobunagas Politik bestand darin, die Bauern zu überzeugen, daß sie es unter seiner Herrschaft besser haben würden als unter dem Würgegriff des Hossu und seiner als Landverwalter eingesetzten Jodo-Priester. Deswegen ordnete er an: Sobald ein Jodo-Gebiet von seinen Truppen militärisch rückerobert worden war, solle die zukünftige Verwaltung die Belange der

Bauern besonders berücksichtigen, und alle Anstrengungen seien auf die Entwicklung des ländlichen Handels zu konzentrieren. Allein die Abschaffung der Binnenzölle, an denen die Jodo-Priester, wo immer sie die Macht ausübten, am längsten festhielten, brachte einen raschen Aufschwung.

Der Hossu konnte sich am Ende in der eingeschlossenen Stadt Osaka nur noch dadurch halten, daß er sich von dem letzten großen jodofreundlichen Daimyo, dem Daimyo von Hiroshima, auf dem Seewege versorgen ließ, bis Nobunaga durch den Einsatz der gepanzerten Kriegsschiffe die Versorgung unterband. Noch ein ganzes Jahr lang hielten die Jodo-Kämpfer in Osaka durch. Sicher hätte Nobunaga die Stadt im Sturmangriff einnehmen, den Hossu und alles, was von seiner Organisation übriggeblieben war, auslöschen können, so wie er es mit dem Tendai-Orden auf dem Berg Hiei getan hatte.

Nobunaga bat jedoch den Tenno um Vermittlung. Als es dem Tenno gelungen war, Frieden zu stiften und der Hossu unter Wahrung seines Gesichts Osaka kampflos übergeben konnte, schloß Nobunaga einen Staatsvertrag mit ihm. Er sicherte dem Hossu Freiheit in der Ausübung seines religiösen Amtes zu. Er garantierte ihm die Sicherheit aller im Lande vorhandenen Jodo-Tempel, etwa zwanzigtausend, ihrer Priester, Mönche und Laienanhänger. Er gab dem Jodo-Orden soviel Landbesitz zurück, daß er eine finanziell stabile Basis hatte. Er gab sogar die beiden erst wenige Jahre vorher unter blutigen Verlusten eroberten Jodo-Provinzen zurück, weil die Mehrheit der dortigen Landbevölkerung seit Jahrzehnten dem Jodo-Glauben anhing.

Die einzige große Gegenleistung, die Nobunaga vom Hossu verlangte, war die Verpflichtung, daß sich der Jodo-Orden nie mehr in die weltliche Politik einmischen würde. Die Jodo-Bauern sollten ihre Waffen abliefern. Die in Jodo-Diensten stehenden Samurai sollten entlassen werden.

Der Hossu beugte sich den Bedingungen des Vertrages.

Damit war der letzte organisierte buddhistische Widerstand gebrochen, der sich dem Wandel der Zeit, dem Aufbruch in die Frühmoderne, entgegenstellte.

Man hört und liest in Japan wenig Gutes über Nobunaga, sobald sein Verhältnis zu den buddhistischen Orden zur Sprache kommt. Er sei brutal gegen sie vorgegangen. Er habe sie unbarmherzig verfolgt. Er sei maßlos gewesen in seiner Grausamkeit.

Dies spiegelt die Meinung jener Japaner wider, die den Buddhismus nur in seiner heutigen milden Form kennen. Heute ist der Buddhismus eine gezähmte Kraft. Die buddhistischen Orden konzentrieren sich auf das, was die eigentliche Aufgabe der Religionen ist: auf die Seelsorge im umfassenden Sinne des Wortes. Bis auf eine neubuddhistische Organisation, die Soka-Gakkai-Sekte, die nach 1945 entstand, gibt es keine Anzeichen für irgendwelche Ambitionen auf buddhistischer Seite, im politischen Kräftespiel mitzumischen. Sie wollen keinen Einfluß auf das politische Geschehen nehmen. Sie haben es auch nicht mehr nötig.

Dies klingt paradox. Die vom Christentum geprägten Europäer könnten geneigt sein zu glauben, daß ein solcher Verzicht auf Einflußnahme ein deutliches Zeichen für die Schwäche einer Religion sei, ein Zeichen der Resignation. In ihren Augen sollte eine religiöse Institution ihr moralisches Gewicht in die politische Waagschale werfen. Sie sollte nicht abseits stehen, wenn sie glaubwürdig bleiben will. Sie sollte sich artikulieren und dadurch bemerkbar machen.

Der Buddhismus in Japan macht sich heute nicht besonders bemerkbar. Die Buddhisten versuchen nicht, ihre Glaubwürdigkeit zu beweisen, indem sie Vertreter in alle wichtigen Gremien des öffentlichen Lebens, in die Kontrollorgane der Rundfunk- und Fernsehstationen entsenden oder moralische Kommentare zu heißen politischen und gesellschaftlichen

Themen abgeben. Der Buddhismus ist lautlos. Dennoch ist er im Alltag überall spürbar. Die Menschen hegen keine unguten Gefühle gegenüber den buddhistischen Institutionen. Sie fürchten sie nicht. Sie empfinden keine Ressentiments.

Aus dem gleichen Grund wirkt Religiosität in Japan nicht peinlich. Die Menschen heben ihre Frömmigkeit nicht nur für den Sonntag auf. Sie verlegen ihre religiösen Handlungen nicht in die umschlossenen Räume der Gotteshäuser oder Tempel. Sie sind viel unbefangener. Man findet kleine Schreine und Altäre in allen Straßen und Gassen, auf den Dächern mancher Kaufhäuser, in modernen Bürogebäuden, in Werkshallen, wo Menschen und Roboter zusammenarbeiten, in fast allen Häusern. Man überbewertet ihre Anwesenheit nicht und möchte sie trotzdem nicht missen.

Es ist in der Tat paradox: Seitdem der Buddhismus sich vollständig aus der Zone der politischen Herrschaft zurückgezogen hat, ist er den Menschen nähergekommen.

Daß Japan diesen Zustand erreichen konnte, geht auf Oda Nobunaga zurück. Er hat die buddhistischen Institutionen gezwungen, sich auf das zu besinnen, was Religion eigentlich ist: Ein tief im Unterbewußtsein wurzelnder Wunsch des Menschen, Bindungen zu jener unbekannten, unfaßbaren Sphäre einzugehen, wo Raum und Zeit verschmelzen, wo es vielleicht einen Gott, vielleicht viele Götter, vielleicht Boddhisatwas und Engel gibt, vielleicht auch nichts außer der Unendlichkeit.

Dieses Bedürfnis ist nicht gebunden an bestimmte Epochen und an bestimmte Kulturen. Es ist universell und lebt auch in der heutigen Gesellschaft weiter. Religiosität ist ein Grundelement der Menschen aller Zeiten.

5 Die Frühmoderne

Mir scheint es richtig, daß in Japan der Zeitabschnitt, der auf das Mittelalter folgt, nicht die gleiche Bezeichnung trägt wie der entsprechende Abschnitt der europäischen Geschichte. Man sagt nicht «Neuzeit», sondern «Frühmoderne».

Als lange vor Ende des Mittelalters in Europa zum ersten Mal geistige Strömungen erkennbar wurden, die die Aufklärung vorbereiteten, geschah dies in Form einer geistigen Revolte gegen das allbeherrschende, allbestimmende dogmatische Lehrgebäude, auf das die Kirche ihre Macht gebaut hatte. Lange war es ihr gelungen, die Menschen durch die Androhung der Hölle und das Versprechen der ewigen Seligkeit gefügig zu machen und zu lenken.

Jetzt hatten die Menschen begonnen, die Dimensionen des eigenen Denkens zu entdecken. Sie wollten sich nicht länger von der kirchlichen Gewalt bevormunden lassen. Sie wollten die reale Welt mit eigenen Augen betrachten. Sie wollten nicht mehr bedingungslos der Kirche und ihren Dogmen gehorchen. Zwar vollzog Luther den Abfall von Rom, aber der geistige Gärungsprozeß umspannte die Lebensalter vieler Generationen und war noch lange nicht abgeschlossen, als nach heutiger kalendarischer Einschätzung die Neuzeit in Europa schon begonnen hatte und mit ihr die Entdeckung der Naturwissenschaften und die unbezähmbare Lust am Experiment.

Denn die römische Kirche kämpfte um ihre Position. Wer abwich von dem, was sie als den wahren Glauben erklärte, wurde verfolgt, verhört, durch die Folterkammern der Inquisition getrieben, verurteilt, verdammt, verbrannt.

Nachdem die Kirche in dieser allbestimmenden dogmatischen Haltung jahrhundertelang erfolgreich hatte herrschen können, ließen sich die geistige Unruhe und der Widerspruch gegen ihr Lehrgebäude nicht mehr beschwichtigen. Ihr folgenschwerster Fehler war, daß sie den Anspruch erhob, über den metaphysischen Bereich hinaus auch die physikalische Welt genau zu kennen. Die Kirche hatte festgelegt, daß die Erde als der einzige Himmelskörper, der den Menschen, das Ebenbild Gottes, beherbergt, im Zentrum des Universums stehe, von der Sonne, dem Mond, den Planeten und den Sternen umkreist. Darum mußten die Päpste des ausgehenden Mittelalters und der beginnenden Neuzeit Forschern wie Giordano Bruno und Galileo Galilei bei Strafandrohung verbieten, ihre Erkenntnisse zu veröffentlichen. Vermutlich hätte aber das, was Kopernikus, Kepler und Galilei am Himmel beobachtet und als physikalische Gesetze erkannt und formuliert haben, unter den Menschen der damaligen Zeit keinen solchen geistigen Aufruhr erzeugt, wenn nicht das Element der Ketzerei damit verbunden gewesen wäre.

Dieses Element einer Gefahr für Leib und Leben hat es bei Auseinandersetzungen über religiös-weltanschauliche Fragen in Japan nie gegeben. Damit fehlte aber auch die geistige Reibung, die geholfen hätte, den Intellekt der besten Köpfe auf immer wieder die gleichen Fragen zu lenken. Es fehlte die Herausforderung, die sich aus der Gefahr ergibt. Es fehlte der Anreiz, rastlos und im Verborgenen über Dinge nachzusinnen, die den Zorn der herrschenden Institutionen herausfordern, wenn man öffentlich über sie spricht.

In Japan konnte es deshalb keine solch revolutionären geistigen Strömungen geben, wie jene, die in Europa das Ende des Mittelalters vorbereiteten und vollendeten, weil niemand in Japan sie damals als revolutionär empfunden hätte. Das wichtigste Element der Entrüstung der Herrschenden, durch das eine neue Idee erst die notwendige Aufmerksamkeit in den Kreisen der Unterdrückten findet, fehlte.

Der Buddhismus hat trotz der Hinwendung seiner Gedanken auf das Unendliche Vorstellungen vom physikalischen Universum nie als Gegenstand religiöser Spekulationen betrachtet. Die immer wiederkehrende These des Buddhismus lautet, daß das Leben eines Menschen zu kurz und sein Denken zu begrenzt sei, um die Größe des Universums zu erfassen. Die Buddhisten verharrten in kontemplativen Betrachtungen und spürten keinen Drang, Fragen nach der physikalischen Wirklichkeit zu stellen.

Wenn irgend jemand gekommen wäre und hätte gesagt: «Ich weiß, daß die Erde sich mit den Planeten zusammen um die Sonne dreht», dann wäre er als kluger Mann angesehen worden, kaum anders als ein begabter Dichter, ein Philosoph oder ein Interpret alter chinesischer Schriften.

Niemand hätte ihn vor ein mit konservativen Buddhisten besetztes Gericht gezerrt, um ihn bei Folter- und Todesandrohungen zu fragen, wieso er zu einer so unerhört ketzerischen Ansicht kommen könne, die das Lehrgebäude des Buddhismus zum Wanken bringe. Kein religiöses Gremium hätte ihm die Glorie des Märtyrertums verliehen und seinen wissenschaftlichen Gedanken dadurch – wenn auch ungewollt – erst die notwendige Verbreitung gegeben.

Oft liest man, daß es in Japan keine Aufklärung gegeben habe. Auf der Zeittabelle kann man sehen, daß die Frühmoderne direkt auf das Mittelalter folgt, während in der vergleichbaren europäischen Geschichtsepoche die Zeit der Aufklärung für den notwendigen Übergang sorgt.

Es gibt viele Japaner, die sagen, das japanische Volk habe – im Gegensatz zu den europäischen Völkern – keine Aufklärung gehabt. Sie gehen dann noch einen Schritt weiter und folgern, daß die Japaner deshalb heute immer noch in Vorstellungen verhaftet seien, die die Europäer schon während des Zeitalters der Aufklärung überwunden hätten. Mich hat in der Schule das, was ich über die Aufklärung hörte, nie befriedigt. Die Frage blieb immer unbeantwortet, was die Europäer unter Aufklärung verstehen. Sie seien von der Befangenheit des Mittelalters befreit worden, hieß es, aber worin die Europäer befangen gewesen seien, konnte mir in Japan niemand so recht sagen.

Befangenheit bedeutet im buddhistischen Sinne Verhaftetsein in unreinen Gedanken, in Eifersucht, in Neid, in Gier nach Reichtum, nach Luxus oder nach sexuellen Freuden.

Heute weiß ich, daß hier eine der Grenzlinien des Verstehens verläuft. Weil es in Japan nie eine Bevormundung durch eine allmächtige religiöse Institution gegeben hat – abgesehen von jener kaum hundert Jahre umfassenden Episode des militanten Jodo-Buddhismus, über den ich schon berichtet habe – können sich die allermeisten Japaner bis heute nicht vorstellen, was die kirchliche Bevormundung in Europa im Mittelalter bedeutet hat und worüber die aufwachenden Menschen aufgeklärt werden mußten: Daß der Mensch aus dem religiös geformten Weltbild heraustritt, daß das Individuum auch Gott gegenüber seine Autonomie beansprucht, daß die Zwischenglieder zwischen Gott und den Menschen ausgeschaltet werden, daß die Kirche nicht alles ist, daß der Mensch Vernunft besitzt und ein Recht hat, diese Vernunft zu gebrauchen, daß es einen Freiraum des Denkens geben muß. Heute empfindet man dies fast alles als Binsenwahrheiten.

Die Kunst ist ein sensibles Maß für das, was sich die Menschen einer bestimmten Zeit vorstellen und empfinden. Wenn ich in Museen gehe, bin ich immer wieder von neuem erstaunt, wie einheitlich, fast monoton sich mir die Kunst des europäischen Mittelalters darbietet. Sie scheint mir nur einen Themenkreis zu kennen: Madonnenbilder, die Verkündigung, die Geburt Christi, Szenen aus dem Neuen Testament, die Passion, die Kreuzigung, die Kreuzabnahme, die Grablegung, die Wiederauferstehung – Jesus, Maria, Gott und Engel – und daneben die Gegenwelt des Teufels, des Herrn der Hölle, und seine Diener, und die unsäglichen Leiden der Märtyrer.

In der Kunst der Renaissance vollzieht sich dann die Befreiung, zum Teil auf dem Umweg über die Darstellung antiker Gestalten, bis hin zur trotzigen Betonung weltlicher Freuden. Menschliche Figuren gewinnen persönliches Profil. Sie sind nicht mehr nur Vermittler kirchlicher Themen, sondern selber Gegenstand der künstlerischen Darstellung.

Dann wieder fällt mir beim Betrachten europäischer Kunstwerke der Renaissance und späterer Epochen häufig auch auf, wie stark dort der Mensch als Ich-bewußtes Individuum dominiert – vergleichbar stark wie vorher die religiöse Thematik dominiert hatte. Es scheint, als ob in der damaligen europäischen Gesellschaft das Ich-Bewußtsein immer wieder dargestellt und befriedigt werden wollte.

Das Ich des Menschen wurde in der Kunst dieser Zeit in ähnlicher Weise überhöht, wie es davor übergangen worden war. Vorher war der Mensch nichts und Gott alles – nun wollte der Mensch alles sein.

Die japanische Kunst setzte keine so extremen Akzente. Sie entwickelte sich stetig ohne Polarisierung zwischen sakralen und profanen Themen. Es gibt Selbstbildnisse, gemalt von Zen-Mönchen des 14. Jahrhunderts, die mancher für Portraits von van Gogh halten könnte. Seit dem späten 9. Jahrhundert gibt es bewegende Darstellungen aus dem täglichen Leben, auch der einfachen Menschen – ein Thema, das in der europäischen Kunst erst in den flandrischen Malschulen aufgegriffen wurde. Es gibt eine ebenso lange Tradition der Landschaftsdarstellung, wobei die Landschaft selbst das Thema ist und nicht, wie auf europäischen Bildern bis hin zur Romantik, meist nur die Rolle einer Kulisse für Personendarstellungen erfüllt.

Nobunagas Zeit bedeutet auch für die japanische Kunst einen gewissen Einschnitt. Mystische Darstellungen traten zurück. Licht und Farben explodierten. Am markantesten war der Übergang von kleinformatigen Darstellungen zu großen, wandfüllenden Bildern. Aber auch dort wurden das Gleichgewicht bewahrt und alle Übertreibungen vermieden.

Die Vorliebe galt großen Wandgemälden und bemalten Wandschirmen. Oft wurde Gold verwendet – Goldpuder, der aufgestäubt oder Blattgold, das im Schachbrettmuster aufgetragen wurde. Vor diesem goldenen Hintergrund hoben sich starke, kontrastierende Linien und Farben ab. Die Flächenaufteilung erreichte einen Grad der Kühnheit, den man bis dahin noch nicht gekannt hatte und der auch auf heutige Europäer sehr modern wirkt.

In diesem Sinne spiegelte die Kunst unmittelbar den Geist der neuen Zeit wider, den Nobunaga verkörperte. Die Skala des Denkens erweiterte sich. Die Menschen gewannen, seitdem sich der langersehnte Friede eingestellt hatte, nicht nur Sicherheit, sondern auch Selbstsicherheit. Sie genossen die Befreiung vom geistigen Joch der in Jenseitsvorstellungen befangenen buddhistischen Institutionen. Sie konnten sich dem Leben zuwenden.

Kyoto und das gesamte Land zwischen der Hauptstadt und Sakai muß damals von einer prickelnden Erregung ergriffen gewesen sein. Der Reichtum wuchs und mit ihm die Ansprüche an das Leben. Kyoto entstand in den Jahren nach Nobunagas Einzug in die Stadt weitgehend neu. Die Schäden, die die Großen Wirren angerichtet hatten, wurden behoben. Ein rascher Anstieg der Einwohnerzahl begleitete den Gesundungsprozeß. Bald sollten es über dreihunderttausend Menschen sein, die sich in der Hauptstadt drängten.

Der Kaiserpalast wurde wiederhergestellt und erweitert. Das Leben am Hofe normalisierte sich. Das Nijo-Schloß entstand neu. Viele Bürger bauten sich zum Zeichen des Wohlstandes zweistöckige Häuser. Die allgemeine Bevölkerungsdichte nahm zu. Dies stellte neue Anforderungen an die Versorgung der Menschen mit Lebensmitteln.

In den Bergen wurden neue Silber- und Goldminen gesucht und gefunden. In den Tälern wurden Bewässerungssysteme ausgebaut. Sie vermehrten die Ertragsfläche der Landwirtschaft. Die Unterläufe der Flüsse wurden durch Deiche gegen Hochwasser gesichert und durch Kanäle schiffbar gemacht. In den seichten Buchten am Meer wurde Neuland gewonnen. Neue Methoden in der Fischerei erlaubten größere Fänge. Seetang, Seeigel, Muscheln und Austern wurden zum ersten Mal in größerem Umfang in abgeteilten Meeresbuchten gezüchtet. Die Kaufleute bauten die Handelswege aus, um so leichtverderbliche Nahrungsmittel wie Fische, Langustinen, Garnelen, Seeigel und Muscheltiere schneller in die Hauptstadt zu bringen.

Das Handwerk blühte in ungeahnter Weise auf. Irdenfarbene Keramik und Keramik mit aufregend farbigen Glasuren, Lackarbeiten mit Perlmutt und Goldstaub, Rollbilder, bemalte Faltschirme, Metallguß- und Schmiedearbeiten wurden in großen Stückzahlen erzeugt. Die klassischen Romane der Heian-Zeit wurden neu aufgelegt und gedruckt, viele mit Illustrationen. Die Vorläufer der kunstvollen, vierfarbigen japanischen Holzschnitte entstanden.

Das eigene Land konnte den Bedarf an Seide nicht mehr decken, denn zu viele wollten in Seide gekleidet gehen und unter seidenen Bettdecken schlafen. In den Spinnereien wurde japanische, koreanische und chinesische Rohseide zu Garn versponnen. Allein im alten Seidenweberviertel in Kyoto waren damals über fünftausend Webstühle in Betrieb. Auf den Webstühlen wurden prächtige Stoffe gewebt – mit Farben und kühnen Farbkombinationen, wie man sie bis dahin nicht gekannt hatte.

Gold- und Silbergarne fanden reichlich Verwendung. Man unterschied etwa zwanzig Formen von Seide, je nach Qualität, Webart, Glanz und Färbemethode: Es gab matte, mattglänzende, schimmernde und glänzende Seiden in stumpfen, leuchtenden, changierenden Farben, in dichten, glatten, rauhen, duftigen, flauschigen und durchsichtigen Webarten und in metall-

schweren bis federleichten Qualitäten. Es gab volltönig einge-
färbte, bedruckte, bemalte, bestickte Stoffe und eine unendliche Anzahl eingewebter Muster. Darüber hinaus wurden ferti-
ge Stoffe aus Seide, Baumwolle oder Wolle aus dem Ausland
importiert. Der Handel mit Textilien wurde zum großen Geschäft.

Nobunaga spürte, daß das Volk auf seiner Seite war. Er tat
etwas, was niemand vor ihm in Japan getan hatte: Er veröffentlichte viele seiner Gedanken und Pläne, oft bevor sie endgültige
Form angenommen hatten, und registrierte genau, wie die
Bürger darauf reagierten. Er tat dies sicher nicht ohne Hinterge-
danken, und wenn er schließlich eine Entscheidung traf, konnte er mit einigem Recht behaupten, seine Entscheidungen
entsprächen dem Willen des Volkes.

Man könnte zynisch sagen, daß Nobunaga nichts anderes
gewesen sei als ein geschickter Manipulator der öffentlichen
Meinung, ein Volkstribun, der nur seine eigenen Pläne verfolgt
habe. Jeder Politiker hat das Recht, seine eigenen Pläne in der
Ziellinie zu halten. Was mir bei Nobunaga wichtig erscheint
ist, daß er, weil er nicht über die Köpfe der Bürger hinweg seine
Entscheidungen traf, die Bewußtseinsbildung der Japaner ganz
wesentlich beeinflußt hat. Allein dadurch, daß er der öffentlichen Meinung ein bis dahin nie gekanntes Gewicht gab,
weckte er neue dynamische Kräfte im Bewußtsein des einfachen Volkes.

Unter Nobunaga konnte jeder aufsteigen, der Leistungswil-
len und Ideenreichtum vereinte. Herkunft und Familienzuge-
hörigkeit waren nicht wichtig. Nobunaga hätte seine erstaunlichen verwaltungstechnischen Vorhaben kaum in der ihm
gegebenen kurzen Zeit anpacken können, wenn er nicht durch
seine persönliche Art so viele brachliegende Kräfte in der
Gesellschaft geweckt hätte. Er forderte viel von denen, die für
ihn arbeiteten, gab ihnen aber auch das Gefühl, daß ihr Beitrag
für das Allgemeinwohl wichtig sei. Der Begriff des Allgemein-

wohls gewann unter Nobunaga eine neue, fast moderne Bedeutung.

Der Tenno bot Nobunaga den Shoguntitel an, der ihm die absolute Macht und ihre Erblichkeit gebracht hätte. Aber Nobunaga lehnte ab. Was er sich statt dessen vorstellte, ist nicht bekannt. Vielleicht hoffte er, daß mit zunehmender Mündigkeit der Bürger sich eine neue Regierungsform bilden lassen würde, für die es damals noch keinen Namen gab.

Alles schien sich in Japan zum Guten zu wenden. Nicht nur der materielle Wohlstand wuchs. Auch der geistige Abstand zum überwundenen Mittelalter nahm zu. Die Zeit, in der der Jenseitsglauben das Denken der Menschen beherrscht hatte und von religiösen Institutionen als Instrument der Macht ausgenutzt werden konnte, schien – aus der Perspektive der Hauptstadt gesehen – endgültig Vergangenheit.

Aber im Süden, tausend Kilometer von Kyoto entfernt, hatte der Papst schon seinen Fuß in der Tür.

6   *Fuß des Papstes*

Als Nobunaga 1568 Einzug in Kyoto hielt, waren die Jesuiten schon seit fast zwanzig Jahren auf der Südinsel Kyushu missionarisch tätig. Franziskus Xaverius, der später von der Kirche heiliggesprochen wurde, war 1549 in Kagoshima gelandet, einer Hafenstadt am südlichen Ende von Kyushu, fast tausend Kilometer von Kyoto entfernt. Kagoshima liegt am Ende einer tief eingeschnittenen Bucht, die von Vulkanen gesäumt wird. Franz Xaver hatte sich gut auf seine Ankunft in Japan vorbereitet. Er hatte, bevor er kam, schon etwas Japanisch gelernt von einem Samurai, der in Japan einen Mord begangen hatte und geflohen war. Franz Xaver hatte ihn in einer der portugiesischen Niederlassungen auf der malaysischen Halbinsel kennengelernt und getauft. Von ihm erfuhr er viel über Japan, über seine Menschen, deren Sitten und Religionen.

Mit Mohammedanern, den Erzfeinden der Christen, hatten die Portugiesen auf ihrem Vorstoß nach Südostasien nur schlechte Erfahrungen gemacht. Sie saßen an vielen Küsten, die die Portugiesen erobern wollten, und wehrten sich verbissen. In Goa, wo Hindus und Mohammedaner miteinander lebten, bevor die Portugiesen kamen, hatten die Christen zwar alle Hindu-Tempel zerstören können, aber die Anhänger des Islam ließen sich nicht von Allah und seinem Propheten Mohammed abbringen. Sie waren so stark, daß die Christen sich mit ihnen arrangieren mußten. Als Franz Xaver von dem japanischen Samurai erfuhr, daß der Islam in Japan völlig unbekannt sei, hielt er dies für eine günstige Voraussetzung.

Kyushu, die Südinsel, die etwa so groß ist wie die Schweiz, subtropisch warm mit vielen Vulkanen, mit fruchtbarem Boden, einer reichgegliederten Küstenlinie mit fast fünfzehnhundert dazugehörigen kleineren Inseln, war während insgesamt neunzig Jahren das Haupttätigkeitsgebiet der christlichen Mission. Natürlich richteten die Jesuiten von Anfang an ihr Augenmerk auch auf Kyoto, denn wenn sie das Christentum als neue Religion in Japan zum Erfolg führen wollten, dann mußten sie dies eigentlich von Kyoto aus tun.

Franz Xaver erkannte dies früh. Schon 1550 unternahm er eine Erkundungsreise zur Hauptstadt und hielt sich zehn Tage lang in Kyoto auf. Sein Ziel, den Tenno zu sehen und von ihm eine Generalerlaubnis für missionarische Tätigkeiten in Kyoto und im ganzen Land zu bekommen, erreichte er nicht. Keine protokollarische Eintragung in den mit äußerster Akribie geführten Büchern des Kaiserhofes enthält einen Hinweis, daß irgendein Fremder zu jener Zeit um eine Audienz beim Tenno nachgesucht habe.

Franz Xaver war ein scharfer Beobachter. Obwohl er sich nur kurz – zwei Jahre und drei Monate lang – in Japan aufhielt, hat er Berichte an seine Ordensoberen geschickt, die durch ihre genaue Schilderung in vieler Hinsicht aufschlußreich sind.

«Die Japaner lassen sich durch unsere Lehre nicht so leicht beeindrucken», schrieb er aus Kyushu, «selbst die einfachen Leute hier – Bauern, Fischer und kleine Ladenbesitzer – fragen viel. Die Gespräche mit Höherstehenden, insbesondere mit den buddhistischen Bonzen, stellen hohe Anforderungen an das Wissen und die Kunst zu diskutieren. Die Bonzen versuchen herauszufinden, wie vernünftig meine Antwort ist und wie weit mein Wissen reicht. Alle beobachten meinen Lebenswandel, um zu sehen, ob mein tägliches Tun und meine Worte miteinander im Einklang stehen. Länger als ein halbes Jahr haben sie mich ausgefragt und beobachtet. Erst danach waren einige der Heiden bereit, sich unsere Lehre anzuhören.»

Die Seelenernte war entsprechend gering. Nach zwei Jahren Missionstätigkeit konnte Franz Xaver nur etwa eintausend getaufte Seelen melden, während es ihm, wie er schrieb, in Indien doch so leicht gefallen sei, in einem Monat zehntausend zu bekehren. Er war von den Japanern und ihrer Widerstandskraft gegen die christliche Lehre beeindruckt, hielt aber anderseits die Japaner, wenn sie erst einmal bekehrt waren, für außerordentlich treue Anhänger des christlichen Glaubens. Er forderte seine Ordensoberen auf: «Bitte schickt nur die besten und fähigsten Köpfe hierher.»

Er notierte, daß erstaunlich viele Menschen in Japan – selbst in Kyushu – lesen und schreiben konnten. Ihm fiel auf, daß es im Vergleich zu allen Ländern, die er kannte, einschließlich der Länder des christlichen Europas, in Japan weniger Verbrecher gebe und fast keine Diebe.

Franz Xaver gab auch den bemerkenswerten Hinweis, daß die Japaner über alle Waffen verfügten, die die Portugiesen kannten, daß sie wachsam und gut gerüstet seien. Deshalb sei Japan, so schrieb er, kein geeignetes Objekt für einen militärischen Eroberungsversuch. Er erkannte auch die Bedeutung von Sakai als Handelsmetropole, wo sich Gold und Silber häuften. «Wenn Gott es uns erlaubt», schrieb er, «dann sollten wir dort ein profitables Haus einrichten.»

Seit 1559 lebten in einer schäbigen Hütte am Rande von Kyoto ein Jesuit und zwei getaufte Japaner aus Kyushu. Einer von ihnen, Bruder Lorenzo – sein japanischer Name ist nicht überliefert – war von Beruf Balladensänger. Er gehörte zu der inzwischen längst ausgestorbenen Zunft der Barden, die zu jener Zeit noch in allen Städten, auf Dörfern und bei Volksfesten Gesänge aus der japanischen Mythologie, alte Märchen und viele Heldengeschichten zum Klang einer Laute vortrugen. Die Barden waren damals fast immer Blinde, doch Bruder Lorenzo war nur auf einem Auge blind. Mit der Eloquenz und Eindringlichkeit, die er in seinem Beruf gelernt hatte, sang er in den Straßen von Kyoto das Lied von Christi Leben, von seiner Liebe zu den Menschen, seinem Leiden, seinem Tod. Er zeigte den Menschen das Kreuz und sagte ihnen, daß dies das Symbol des Christentums sei.

Über die ersten zwanzig Jahre christlicher Tätigkeit in Japan gibt es von japanischer Seite – im Gegensatz zu den ausführlichen Berichten der Jesuiten – keine zusammenhängenden Angaben. Dies ist verständlich, denn die Kirishitan, wie die Japaner die Christen nannten, waren anfangs kaum mehr als eine Randerscheinung. Die meisten Japaner, die damals von der christlichen Lehre hörten, müssen den Eindruck gewonnen haben, es handele sich um eine exotische Variante des Buddhismus.

Die Ähnlichkeit war in der Tat verblüffend. Auch die Christen erzählten von einem lichterfüllten Paradies, von einer flammenerfüllten Hölle, von himmlischen Boten und teuflischen Dämonen, von Gnade und Strafe, von Enthaltsamkeit und Selbstzucht, von Wundern und Heilung, von der Hoffnung auf ein Leben nach dem Tod.

Genauso wie die Buddhisten hielten die Christen beim Beten ein Rosarium in der Hand, eine Kette von einzelnen, kunstvoll geschnitzten Kugeln. Die Heiligenfiguren der Christen sahen allerdings etwas ungewöhnlich aus. Während man Buddha nur mit verklärt lächelndem und bartlosem Gesicht kannte, gab es bei den Christen einen streng blickenden Deus mit wallendem Bart, der einen Sohn, Jesus, hatte und eine Frau, die Jungfrau und Mutter Maria, beide mit leidenden Gesichtern.

Viele Japaner hielten die jesuitischen Missionare anfangs für nichts anderes als eifernde Mönche einer bis dahin in Japan noch nicht aufgetretenen buddhistischen Sekte aus Indien. Den fremden Mönchen mißfiel allerdings bei den japanischen buddhistischen Sekten fast alles, was einem nur mißfallen konnte. Man brauchte ihnen nur zuzuhören, um zu erfahren, daß die Menschen, die nicht zur Sekte der Kirishitan gehörten, bestimmt alle in die Hölle geschickt werden würden, daß die Buddhastatuen, wie Japaner sie kannten, falsch seien, und daß die einzige Rettung bei Deus läge.

Die Japaner, die seit jeher Buddha mit vielen verschiedenen

Namen nennen, dachten eine Zeitlang, Deus sei eine neue Form, Buddha anzurufen.

«Nein», sagten dann die Jesuiten, «Deus ist der einzige wahre und allmächtige Gott, während Buddha nur ein Teufel ist.»

Noch heute benutzt man im Japanischen das Wort Deus, um jenen Allmacht beanspruchenden christlichen Gott zu bezeichnen, den die jesuitischen Patres im 16. Jahrhundert nach Japan brachten.

Im Jahre 1560 kauften die Jesuiten in Kyoto einen heruntergekommenen buddhistischen Tempel und bauten ihn in eine christliche Kirche um. Das Geld dafür kam aus Kyushu.

Es ist nicht überliefert, wie sich die Menschen in Kyoto in den ersten Jahren der christlichen Missiontätigkeit zu der neuen Religion verhielten. Wahrscheinlich hat die aggressive Art, in der die Jesuiten das Christentum in Kyoto einzuführen versuchten, eher abstoßend gewirkt. Innerhalb von sechs Jahren baute sich vor allem in buddhistischen Kreisen ein derartiger Unmut auf, daß der Kaiserhof eine Verfügung erließ, die Jesuiten, deren Zahl sich in der Zwischenzeit auf fünf vergrößert hatte, aus der Stadt abzuschieben.

Die Tatsache, daß der Kaiserhof einen solchen Erlaß ausgab, zeigt, wieviel Staub die Jesuiten mit ihrem Eifer aufgewirbelt hatten. Es zeigt gleichzeitig, wie schonend die Japaner mit diesen fremden Eiferern umgegangen sind, obwohl das Land noch tief in den Kriegswirren steckte. Niemals scheint es einen Versuch gegeben zu haben, sich der Jesuiten auf andere Art zu entledigen.

Ich weiß nicht, ob in einem christlichen Lande im Europa des 16. Jahrhunderts eifernde Emissäre einer fremden Religion, die auf offener Straße alles verspottet und herabgesetzt hätten, was mit dem Christentum zu tun hatte, von den Menschen in Europa und den damals dort herrschenden Mächten so nachsichtig und nur unter Einsatz gesitteter, legaler Mittel behandelt worden wären.

Die Jesuiten zogen aus Kyoto ab. Ihr dortiger Besitz, der zur Kirche umgebaute Tempel, blieb ihnen jedoch erhalten. Niemand enteignete sie. Sie gingen nach Sakai, etwa fünfzig Kilometer von Kyoto entfernt, und blieben dort acht Jahre lang. Sie bewegten sich frei in der Stadt und den angrenzenden Gebieten. Sie erkundeten das Land, knüpften Kontakte, besuchten Nara, Osaka und Negoro, die Hochburg des Shingon-Ordens, wo Schußwaffen gefertigt wurden. Sie bekehrten einige hochgestellte Personen, auch einen Schloßherrn. Dieser ließ seine ganze Familie taufen, darunter einen Sohn, Don Justo, der später unter Nobunaga Daimyo wurde. Dies war ein großer Erfolg für die Missionare. Sie berichteten ausführlich darüber nach Europa.

Über die frühen christlichen Aktivitäten auf Kyushu gibt es von japanischer Seite ebenfalls nur wenige spärliche Berichte.

Eine Zeitlang war Hirado, ein Hafen an der nordwestlichen Ecke von Kyushu, ein wichtiger Umschlagplatz für portugiesische Waren. In den Sekretariatsannalen des Daimyo von Hirado findet sich folgende, auf das Jahr 1558 datierte Eintragung:

«Die schwarzen Schiffe der südlichen Barbaren kamen regelmäßig zu uns und brachten viele kostbare Dinge aus den südlichen Ländern und aus China. Kaufleute aus Kyoto und Sakai versammelten sich in unserer Stadt. Alle sagten, unsere Stadt sei zur Hauptstadt des Westens geworden – so groß war die Betriebsamkeit am Hafen. Aber mit den gleichen schwarzen Schiffen waren auch merkwürdig anzusehende buddhistische Mönche zu uns gekommen, die sich der Kirishitan-Sekte zurechneten und die unsere alten Shinto-Schreine und buddhistischen Tempel verspotteten. Wir haben dann gesehen, daß die Japaner, die Kirishitan wurden, von den Mönchen übermäßig reiche Geschenke erhielten. Viele, die gierig nach Geschenken waren, wurden deshalb Kirishitan. Unser Herr, der Daimyo, wurde aber nicht Kirishitan. Daraufhin kamen bald auch die schwarzen Schiffe nicht mehr in unseren Hafen, sondern segelten dorthin, wo ein anderer Daimyo Kirishitan geworden war.»

Diese in sachlichem Ton gehaltene Eintragung des Sekretärs des Daimyo von Hirado zeigt, wie die Jesuiten in Kyushu operierten. Sie hatten die Macht, den portugiesischen Handelsschiffen Weisung zu geben, und sie taten es so, daß sie daraus für ihre Missionsarbeit Vorteile ziehen konnten.

Franz Xaver hatte dies schon 1551 ganz offen in einem Brief an den portugiesischen Gouverneur von Goa ausgedrückt, in dem er schrieb, er wünsche, daß der Gouverneur viele Handelsschiffe nach Kagoshima schicke, denn das Interesse für Handel sei dort groß und könne für die Missionsarbeit genutzt werden. In den darauffolgenden Jahren stellte sich jedoch heraus, daß der Daimyo von Kagoshima sich nicht zum Christentum bekehren ließ. Daraufhin blieben auch die portugiesischen Handelsschiffe aus.

Auf Kyushu gab es über zwanzig Häfen. Alle wurden zu irgendeiner Zeit von den schwarzen Schiffen der Portugiesen angelaufen. Sie trafen immer im Sommer ein, wenn die Winde für die Nordostfahrt von Macao oder aus südlicheren Regionen günstig standen. Die schwarzen Schiffe blieben den ganzen sturmreichen Herbst und den Winter über, der flaue Winde kennt, in den Häfen liegen. Erst im Frühjahr liefen sie wieder aus.

Nur drei der insgesamt siebenundzwanzig Daimyo, die es damals auf Kyushu gab, ließen sich von den Jesuiten zum Christentum bekehren. Deswegen beschränkte sich der Handel schließlich auf die Häfen dieser drei.

Dem Daimyo von Hirado, der sich renitent gezeigt hatte, erteilten die Jesuiten eine besondere Lektion. Nachdem es feststand, daß seine Seele nicht zu haben war, gaben sie dem Kapitän des portugiesischen Handelsschiffes die Anweisung, noch einmal, wie in den Jahren zuvor, den Hafen von Hirado anzulaufen – diesmal aber nur zum Schein und um den Daimyo zu ärgern, denn in der Hafeneinfahrt sollte das schwarze Schiff wenden, alle Segel setzen und wieder auslaufen. Der Kapitän führte das eindrucksvolle Manöver aus, und der betrogene Daimyo sandte in aller Eile seine eigenen Schiffe aufs Meer, um die portugiesische Galeone abzufangen. Die Portugiesen eröffneten das Feuer aus ihren Bordkanonen und schlugen den Angriff ab. Die Japaner hatten mehr als achtzig Tote und einhundertzwanzig Verwundete, während die Portugiesen nur acht Tote und einen Verletzten zu beklagen hatten.

«Gott gab uns seine Gnade und bestrafte die Heiden fürchterlich», berichteten die Jesuiten nach Hause, «jetzt haben sie in Hirado begriffen, wie mächtig unser Gott ist.»

Der erste christliche Daimyo in Kyushu war Omura, der den Namen Don Bartolomeo annahm. Sein Territorium lag an der buchtenreichen Westküste auf der dem chinesischen Festland zugewandten Seite. Auch die beiden anderen Daimyo in Kyushu, die christlich wurden, legten ihre japanischen Namen ab. Einer, ein Bruder und gleichzeitig Nachbar des Don Bartolomeo, hieß fortan Don Protasio. Der andere, dessen Territorium an der Nordküste lag, wurde auf den Namen Don Francisco getauft.

Nach der Taufe erklärten die Jesuiten allen drei Daimyo, daß durch ihren Übertritt zum christlichen Glauben auch alle ihre Untertanen christlich geworden seien. Dies sei in Europa üblich, sagten sie. Die Untertanen müßten immer der gleichen Religion angehören wie ihr Fürst. Dies fördere die Harmonie.

Daß dieses Prinzip – huic dominus, huic religio – von der katholischen Kirche erst nach den stürmischen Erfolgen der Reformation ausgedacht worden war und gerade zu jener Zeit in Europa vornehmlich von den Jesuiten als Waffe der Gegenreformation eingesetzt wurde, konnten die Japaner natürlich nicht wissen. Die Jesuiten hatten es ihnen wohlweislich verschwiegen. Daß inzwischen längst ein großer Teil Europas – angefangen von den reformatorischen Bewegungen unter Hus, Luther, Calvin, Zwingli und anderen bis hin zur anglikanischen Kirche – sich von Rom losgesagt hatte, gehörte zu ihren bestgehüteten Geheimnissen.

Erst viel später, fast zwanzig Jahre nach Nobunagas Tod, wurde durch Engländer und Holländer die Kunde nach Japan gebracht, daß die christlichen Europäer keinesfalls, wie die Jesuiten es dargestellt hatten, friedlich und glücklich unter der Obhut des Papstes vereint lebten.

Die Jesuiten dirigierten die portugiesischen Schiffe nach Yokose, einem kleinen Hafen auf dem Territorium des Don Bartolomeo. Dort entstanden bald Schwierigkeiten mit der lokalen Bevölkerung, denn die einfachen Menschen verstanden nicht, warum sie jetzt, nachdem ihr Daimyo Kirishitan geworden war, plötzlich ebenfalls diesen neuen Glauben annehmen sollten. Sie wollten so weiterleben wie bisher mit den Shinto-Schreinen und buddhistischen Tempeln verschiedener Glaubensrichtungen – Tendai, Shingon, Jodo, Zen und anderen.

Aber die kleine Schar Christen, die sich fanatisieren ließ, ging bald daran, Feuer an alle Shinto-Schreine und buddhistische Tempel zu legen. Da auf Kyushu keiner der buddhistischen Orden besonders stark und militant war, verfügte auch kein Orden dort über ein Heer von Übelmönchen, die bereit gewesen wären, dem christlichen Tun Einhalt zu gebieten. Deshalb gab es in den zwangschristianisierten Gebieten keinen organisierten Widerstand gegen die zerstörerischen Tätigkeiten der von den Jesuiten angestachelten Minderheiten.

Aber das Volk, das gar nicht christlich werden wollte, und dessen Gefühle für die Heiligkeit und Unantastbarkeit der Schreine und Tempel verletzt war, erhob sich in Yokose und zerstörte die im Hafen für die portugiesischen Schiffe errichteten Kais und Molen. Es brannte die Lagerhäuser nieder, in denen die portugiesischen Waren gestapelt lagen.

Die Jesuiten zogen in eine andere Hafenstadt auf Don Barto-lomeos Territorium, aber die Unruhen blieben auch dort nicht aus. Deswegen segelte einer der Jesuiten mit einem portugiesi-schen Schiff die zerklüftete nordwestliche Küste von Kyushu entlang auf der Suche nach einer geeigneten Bucht für einen neuen Hafen. Die Bucht sollte nicht nur Schutz vor Stürmen bieten, sondern auch strategisch günstig gelegen sein.

Er fand eine solche Bucht auf dem Territorium des Don Bartolomeo. Sie erfüllte alle Voraussetzungen. Sie lag dem chinesischen Festland gegenüber, und man konnte sie, von Süden kommend, direkt vom offenen Meer her ansteuern. Die Bucht war etwa acht Kilometer lang, aber nur rund eintausend Meter breit. Hohe Berge säumten sie auf drei Seiten. Das Wasser war ruhig und tief. Nur ein paar Fischerfamilien wohn-ten am Ufer. Vor dem Eingang der Bucht lagen drei Felsenin-seln, die die Wellen des offenen Ozeans brachen. Dort ließ sich leicht, falls erforderlich, ein mit Kanonen bestücktes Fort errichten, das die Einfahrt zur Bucht beherrschen würde.

Dort gründeten die Jesuiten ihren eigenen Handelshafen: Nagasaki. Im Sommer 1571 liefen die ersten portugiesischen Schiffe dort ein.

Das religiöse Gefühl einfacher Menschen findet in fast allen Kulturkreisen seinen stärksten Ausdruck in den Sitten und Bräuchen, die eine Beziehung zwischen den Lebenden und den Toten herstellen. Wir alle kennen das Gefühl der Sehnsucht, das zurückbleibt, wenn ein Mensch, den man liebt, vom Tod hinweggenommen worden ist. Die Unwiderruflichkeit des Sterbens hat alle Menschen zu allen Zeiten tief erschreckt. Die Lebenden haben immer den unerfüllbaren Wunsch verspürt, noch einmal mit den Toten sprechen zu können, um ihnen noch einmal die Zusicherung ihrer Liebe zu geben oder um noch einmal ihren verstummten Rat einzuholen.

Daraus sind Gebete entstanden – Formeln, um die Kluft

zwischen Leben und Tod zu überbrücken. Bei allen Völkern sind Bräuche entstanden, die die Erinnerung an die Toten wachhalten und pflegen – durch Blumen auf den Gräbern, durch flackernde Kerzenlichter in der Nacht zu Allerseelen, durch Gedächtnistage wenigstens einmal im Jahr, durch Bilder der Verstorbenen im Wohnbereich.

Die japanische Art, der Verstorbenen zu gedenken, ist von den Christen oft mit dem etwas herablassend klingenden Wort «Ahnenkult» belegt worden. In der japanischen Vorstellung erlischt kein Leben vollständig, solange es Menschen gibt, die die Erinnerung daran weitertragen. Die Erinnerung bildet die Brücke zwischen der unfaßbaren, unvorstellbaren Welt des Todes und dem Diesseits, das man kennt. Über diese Brücke gibt es – so der japanische Volksglaube – die Möglichkeit der Kommunikation zwischen den Lebenden und den Toten.

Aus diesem Volksglauben hat sich ein reiches Brauchtum entwickelt. Zahlreiche Feste, fröhliche und getragene, sind der Pflege dieser Erinnerungen gewidmet. An bestimmten Tagen im Jahr kehren, dem Volksglauben zufolge, die Seelen aller Verstorbenen zu jenen zurück, die sich noch an sie erinnern. Sie sind mit ihnen zusammen fröhlich und kehren am Abend in die Unendlichkeit des Todes zurück.

An solchen Tagen finden Tänze, Prozessionen mit Musik, mit Gesängen und Gebeten statt. Alle Straßen und alle Wohnungen sollen gereinigt sein, denn Schmutz und Unsauberkeit wirken abstoßend – so steht es schon in der japanischen Mythologie – sowohl auf die körperlosen Seelen der Verstorbenen, als auch auf die Götter selbst. Abends gehen Fackelzüge durch die Orte. Vor allen Häusern brennen Seelenlichter, die die Namenstafeln der Verstorbenen beleuchten. Auf den Bergen lodern große Feuer. Zum Abschied werden brennende Kerzen in Laternen und Lampions auf schwankenden Booten aufs Meer hinausgeschickt, vom Wind über große Seen getragen oder den Flüssen anvertraut.

Eine der ersten Maßnahmen der Jesuiten in den christianisierten Gebieten war es, die Bräuche, die zum «Ahnenkult» gehören, als teuflisch zu verdammen und alles zu tun, um sie auszulöschen. Sozusagen als Mutprobe und zum Beweis, daß sie wirklich Christen geworden seien, sollten die Neubekehrten die Namenstafeln ihrer Eltern und früheren Vorfahren zu den Patres bringen und sie vor ihnen verbrennen. Da die Namenstafeln, die bei der buddhistischen Beerdigung auf Holz geschrieben werden, symbolhaft die Seele der Verstorbenen darstellen, ist eine solche Tat gleichbedeutend mit der Ermordung der Seelen der Eltern und Vorfahren.

«Sie waren Heiden und befinden sich in den Händen der teuflischen Kräfte, die die Bonzen heraufbeschworen haben», sagten die Patres, «nur wenn ihr die Namenstafeln eurer Eltern verbrennt, können ihre Seelen hoffen, aus der Gewalt der Teufel befreit zu werden.»

Danach mußten die Neubekehrten auch die in den buddhistischen Friedhöfen angelegten Gräber ihrer Vorfahren zerstören und die Aschenurnen zerschlagen, denn die Erde dieser Friedhöfe sei Teufelserde.

«Ihr müßtet zusehen können», schrieben die Jesuiten voller Wonne an ihre Ordensoberen in Europa, «mit welch geläuterter christlicher Inbrunst unsere neubekehrten Heiden die Schande ihrer Vorfahren auslöschen.»

Mit ähnlichem Eifer gingen die Jesuiten daran, alle buddhistischen Tempel und Shinto-Schreine in den zwangschristianisierten Gebieten zerstören oder verbrennen zu lassen. Die Priester und Mönche wurden vertrieben, soweit sie nicht schon vorher geflohen waren. Einige, die nicht fliehen konnten oder wollten, weil ihre Familien schon seit ungezählten Generationen an diesen Ort, an den Tempel oder Schrein gebunden waren, wurden Kirishitan. Die Jesuiten berichteten dies alles in triumphierenden Worten nach Hause.

Das Ausmaß der Zerstörungen wurde so groß, daß sich alle

drei christlichen Daimyo, Don Bartolomeo, Don Protasio und Don Francisco, gemeinsam an den obersten Visitator der Gesellschaft Jesu, Alessandro Valignano, der 1579 aus Rom nach Japan gekommen war, wandten und ihn baten, weiteren Verwüstungen Einhalt zu gebieten. Der Appell blieb ohne Wirkung. Die Jesuiten konnten sich auf das erste der zehn biblischen Gebote berufen: «Ich bin der Herr, dein Gott. Du sollst keine anderen Götter neben mir haben.» Das führte zwangsläufig zu der Verpflichtung, jeden nichtchristlichen Ausdruck eines religiösen Empfindens auszulöschen. Um sich selber und ihrem christlichen Auftrag treu zu bleiben, mußten sie daher die Zerstörung der buddhistischen Tempel und der Shinto-Schreine fortsetzen.

In den noch nicht zwangschristianisierten Gebieten ließen die Jesuiten durch ihre japanischen Kirishitan Buddhastatuen, buddhistische sakrale Geräte und Shintogottheiten entwenden. Sie organisierten Raubzüge, die oft viele Tagesreisen weit in die noch nicht christlich gewordenen Territorien anderer Daimyo hineinführten, wo es aber schon christliche Minderheiten gab. Die Patres selbst nahmen natürlich nicht an solchen Exkursionen teil. Sie versprachen aber ihren japanischen Kirishitan eine angemessene Belohnung.

Wer viele Buddhastatuen, Shintogottheiten und anderes Teufelszeug brachte, konnte sich Hoffnungen machen, demnächst einen mit flandrischen Spitzen verzierten Kirchenornat zu tragen, vor dem Gottesdienst an der Kirchentür zu stehen, im sonntäglichen Choral mitzusingen, das Weihwasser zu holen oder sogar als Meßdiener hinter dem Pater zum Altar zu schreiten.

Alle mit regelmäßigen Lohnzahlungen verbundenen Tätigkeiten als Kirchendiener oder als persönlicher Diener der Patres erfreuten sich unter den einfachen Japanern, die solche Positionen anstrebten, besonderer Beliebtheit, denn sie waren mit einem großen Prestigegewinn verbunden. Nach jesuitischen Angaben kamen auf jeden in Japan tätigen Pater sieben bis zehn japanische Lohnempfänger und Angestellte.

Die überall geraubten Buddhastatuen, Sakralgeräte und Shintogottheiten wurden, soweit sie aus Bronze oder Stein waren, in der Kirche vor der Gemeinde mit einem Hammer zertrümmert, der vorher mit Weihwasser benetzt worden war. Statuen und Gefäße aus Holz wurden mit dem Beil gespalten, bis sie eine handliche Größe hatten und als Brennholz in der Küche der Patres verwendet werden konnten. Die Jesuiten berichteten, wie außergewöhnlich gut ihnen das Essen geschmeckt habe, das auf einem Feuer aus dem Holz der zerschlagenen Buddhastatuen gekocht worden war.

Ein solch religiöser Kannibalismus war in Japan so unvorstellbar, daß es Jahrzehnte dauerte, bis die Kunde davon über die Grenzen von Kyushu hinausgelangte. Und wieder vergingen Jahrzehnte, bis die Behörden in der Zentralregierung in Kyoto anfingen, den sich immer wiederholenden Berichten über den Bildersturm der Jesuiten auf Kyushu Glauben zu schenken.

Aber auch dann war die Tatsache selbst – die Verwendung heiliger Statuen als Feuerholz für die Küche der Jesuitenpater – noch so unglaublich, daß die Versicherung der Jesuiten, alle diese Berichte beruhten auf böswilligen Verleumdungen, von offizieller Seite mit Erleichterung entgegengenommen wurde.

Zu den traditionellen Aufgaben einiger buddhistischer Orden gehörte die Armenfürsorge und Pflege der Kranken. Fast alle Orden – außer Zen und den Sekten des akademischen Nara-Buddhismus – erbrachten in irgendeiner Weise soziale Leistungen, meistens als Teil ihrer seelsorgerischen Tätigkeit. Sie verteilten Essen an Bedürftige und Kranke, gaben Obdachlosen die Möglichkeit, im Tempelbereich zu übernachten, sprachen Gebete zur Heilung von Krankheiten, benutzten Weihwasser, Weihrauch, Kräuter und Akupunktur. Sie ließen zur

Ader und schröpften mit Blutegeln. Viele buddhistische Mönche waren Träger und Übermittler der chinesischen Heilkunst, die damals schon einen vergleichsweise hohen Stand besaß.

Die Jesuiten haben sich beträchtliche Mühe gegeben, auf ihre Art durch praktische Nächstenliebe die Buddhisten zu übertrumpfen. Dies ist ihnen an vielen Stellen nicht schwergefallen, denn die Selbstverpflichtung der buddhistischen Orden zur Nächstenhilfe wurde vielerorts längst nicht mehr ernst genommen. Die Jesuiten verteilten Essen an Arme, boten Obdachlosen Unterkunft an, beteten öffentlich für die Heilung der Kranken, benutzten Weihwasser, Weihrauch und das Kreuz als heilendes Gerät. Sie praktizierten Handauflegungen, setzten Blutegel an, um zur Ader zu lassen, machten Klistiere und trieben mit erprobten christlichen Mitteln Teufel aus.

Wie stark das Konkurrenzempfinden der Jesuiten gegenüber den Buddhisten war, geht aus ihren Berichten hervor. Sie sind voll von vergleichenden Beschreibungen, in denen die Patres immer wieder beteuern, um wieviel größer die Heilwirkung des christlichen Weihwassers und der christlichen Gebete im Vergleich zum Teufelswasser der buddhistischen Bonzen und deren Teufelsgemurmel sei.

Mit großem Ernst wird von erfolgreichen Teufelsaustreibungen berichtet, die in der Kirche vor der Gemeinde vollzogen wurden.

«Der Teufel saß im Körper einer Frau als dicke Geschwulst. Wir haben Gebete und heilige Geräte auf ihn angesetzt, dann begann er zu sprechen. Er sagte, er sei die Seele der Eltern dieser Frau, die sich im Paradies der Jodo-Sekte aufhalte.

‹Wie sieht es dort aus?› fragten wir den Teufel.

‹Es ist ein lichtloser Ort, nur Dunkelheit, in der die Seelen im Feuer brennen. Die Jodo-Bonzen lügen, wenn sie sagen, es sei ein Paradies.›

Danach war die Frau geheilt.»

Diese und ähnliche Berichte zeigen, wie tief die Jesuiten in ihrer geistigen Grundeinstellung dem Mittelalter verhaftet waren. Sie waren innerlich genauso darin eingebunden wie typische Anhänger der Jodo-Sekte und wie vielleicht die Mehrzahl der Japaner im 16. Jahrhundert in der Provinz. Daß die Jesuiten gleichzeitig hochintelligent und gebildet waren und in dialektischen Diskussionen erfahren, daß sie sich auch mit einer gewissen Selbstverständlichkeit und sogar Eleganz im höfischen Rahmen bewegen konnten, stellt nicht notwendigerweise einen Widerspruch dar, denn Eingebundensein in mittelalterliches Denken ist keine Frage der Intelligenz oder der Eleganz, sondern eine Frage der Einstellung zum eigenen Leben, zu Gott und zur Situation des Menschen im Universum.

Die Jesuiten waren keine Aufklärer im Sinne des europäischen Rationalismus, sondern die entschlossenen Verfechter des geistigen Monopolanspruchs der durch den Papst vertretenen katholischen Kirche. Sie waren Gegner der abstrakten Vernunft, obwohl sie in brillanter Weise das Instrumentarium der Dialektik beherrschten, wenn es um die Durchsetzung der eigenen Ziele ging.

Die Verquickung von Mission und Handel, die die Tätigkeit der Jesuiten auf Kyushu kennzeichnet, brachte dort das labile Gleichgewicht der Kräfte zwischen verschiedenen Daimyo durcheinander. Diejenigen Daimyo, die nicht am Handel beteiligt waren, sandten Botschaften an die portugiesischen Statthalter von Macao, Goa und sogar an den König von Lissabon, um ihre Bereitschaft zu Handelsbeziehungen zu bekunden. Die meisten dieser Briefe blieben jedoch unbeantwortet, während die drei christlichen Daimyo durch immer größere Gewinne beim Handel mit den Portugiesen reicher wurden. Sie konnten mit dem Geld, das sie verdienten, auch Waffen kaufen. Dadurch wurden sie für alle anderen zur Gefahr.

Aus Neid und Furcht fingen die nichtchristlichen Daimyo lokale Kriege an. Als in den Jahren 1578/79 einer der christlichen Daimyo, Don Protasio, in ernste Bedrängnis geriet und mit seinen Truppen in seiner Schloßstadt am Meer eingeschlossen wurde, kam ihm der oberste Visitator des Jesuitenordens, Valignano, mit einer Flotte portugiesischer Schiffe von Nagasaki aus zu Hilfe. Die Portugiesen durchbrachen von See her den Belagerungsring, und Valignano überwachte persönlich die Übergabe der Waffen und des Schießpulvers an der Hafenmole. Daraufhin zogen die Belagerer ab.

Aus Furcht, er könne das nächste Ziel eines Überfalls durch seine nichtchristlichen Nachbarn sein, entschloß sich Don Bartolomeo 1580 zu einem Schritt, für den es in der japanischen Geschichte keinen vergleichbaren Vorfall gab. Er schenkte den Jesuiten die Stadt Nagasaki mit allen darin lebenden Menschen, mit den umliegenden Feldern und Bergen und mit den dem Hafen vorgelagerten Inseln. In der Schenkungsurkunde, die der oberste Visitator Alessandro Valignano in Empfang nahm, heißt es auf lateinisch und japanisch, daß das Besitzrecht auf ewig auf die Gesellschaft Jesu übergehe.

Der Papst hatte seinen Fuß ein gutes Stück weiter in die Tür Japans geschoben.

7   Jesuiten in Kyoto

Oda Nobunaga erfuhr nichts von den dramatischen Ereignissen auf Kyushu. Kyushu war zu weit entfernt. Von Kyoto aus gesehen, war es tiefe Provinz. Was dort geschah, interessierte die Menschen in der Hauptstadt wenig. Statt dessen kehrten die Jesuiten nach Kyoto zurück, sobald sich dort die politische Lage geklärt hatte. Offiziell galt noch das frühere Verbot, durch das sie aus Kyoto ausgewiesen worden waren. Luis Frois, der Chronist der ersten Jahrzehnte der jesuitischen Missionstätigkeit in Japan, und der einäugige Bruder Lorenzo kamen deshalb heimlich in die Hauptstadt und fanden hier einige Zeit bei einem Kirishitan Unterschlupf.

Frois erkundigte sich, was für ein Mensch Nobunaga sei und wie er sich ihm nähern könne. Er erfuhr, daß Nobunaga umständliche Einführungsfloskeln hasse. Einmal hatte er einen kaiserlichen Prinzen nach ein paar Minuten Audienz hinausgeworfen, weil ihn sein umständliches, höfisches Gerede anödete.

Vor dem Nijo-Schloß, das noch im Bau war, fand die erste Begegnung zwischen Nobunaga und den Jesuiten statt. Luis Frois trat mit dem japanischen Jesuitenbruder Lorenzo, dem einäugigen Barden, vor ihn hin. Nobunaga sagte später:

«Ein ulkiger Mensch ist gekommen. Er gab an, er sei aus dem Land, das noch viel weiter weg liegt als Indien. Mit ihm zu sprechen, war nicht langweilig.»

Für die Jesuiten war diese Begegnung schicksalhaft. Einige Tage danach ließ Nobunaga den Jesuiten in einem offiziellen Schreiben mitteilen, daß er ihnen die Erlaubnis gebe, in Kyoto zu wohnen und dort von ihrer Religion Kunde zu geben. Dies zeigt, daß Luis Frois offensichtlich schon gleich beim ersten Treffen seine Bitte um Missionserlaubnis vorgetragen haben muß. Nobunaga gab ihm und seinen Ordensbrüdern diese heißersehnte Genehmigung und versprach sogar seinen besonderen Schutz. Niemand dürfe ihre Tätigkeit stören oder behindern, schrieb er.

Bemerkenswert ist die Anrede, die er für sein offizielles Schreiben wählte:

«An diejenigen, die sich christliche Patres nennen und die wahre Lehre zu besitzen glauben.»

Nobunaga ist wahrscheinlich der ausgeprägteste Repräsentant der Zen-Philosophie, der je in Japan bis zur Spitze der Macht aufgestiegen ist. Seine Skepsis, seine Wachheit und die Intensität seines Lebens tragen das Signum des Zen-Denkens. Zen ist eine heute nur in Japan vertretene Schule des Buddhismus, die der geistigen Disziplin eine zentrale Bedeutung zumißt.

Ursprünglich hatte sich Zen in China entwickelt und kam im 8. Jahrhundert nach Japan. Seine Ausbreitung und tiefgreifende Umgestaltung fiel zusammen mit dem Aufstieg der Samurai als führende Klasse in der japanischen Gesellschaft. Dies geschah in jener Zeit, als der Kaiserhof in Kyoto im 12. Jahrhundert nicht mehr alle Kräfte im Lande zusammenhalten konnte. Die als Kriegerkaste Einfluß gewinnenden Samurai übernahmen die Zen-Philosophie und entwicklten daraus eine geistige Grundhaltung, die seither das japanische Denken in außerordentlicher und vielfältiger Weise geprägt hat – viel stärker als jede andere Schule des Buddhismus.

Zen kennt weder eine Vorstellung des Paradieses noch der Hölle, kennt kein trostspendendes Beiwerk, keine Gnadenversprechungen. Zen ist die Suche nach der äußersten Realität, nach dem Wesen des Seins. Zen sagt, daß die Menschen das Wesen des Seins in sich selbst erfahren und finden können. Zen betont die Notwendigkeit des Sich-selbst-Erfahrens.

Dem Zen-Denken zufolge kann jeder aus eigener Kraft aus der Befangenheit in trivialen Gedanken heraustreten und empfänglich werden für jenes Quantum der Unendlichkeit, das in jedem von uns vorhanden ist. Es geht im Grunde um die Erkenntnis, daß das Leben – unser Leben – eine kosmische Erscheinung ist, eingebettet in den unendlichen Strom von Zeit und Raum.

Das Leben fließt mit diesem Strom und wird von ihm fortgetragen. Es beschreibt eine unwiederholbare Bahn. Es beginnt mit dem Wunder der Geburt und endet mit dem Wunder des Sterbens. Dazwischen liegt der einzige Abschnitt, den wir bewußt erfassen können. Es ist das Wunder des Lebens. Alles – das Leben und jeder Augenblick – ereignet sich nur einmal und ordnet sich dann wieder in den großen Strom von Zeit und Raum ein. Wir können nichts dazutun, um den Strom anzuhalten oder umzukehren.

Ein solches Bewußtsein der Einmaligkeit des Lebens kann lähmend oder stimulierend wirken. Es kann Bedrohung oder Ermutigung sein. Zen erhebt die Forderung, die Unwiederholbarkeit des Lebens furchtlos zu akzeptieren und das Leben selbst als die größte Herausforderung des Menschen zu verstehen.

In diesem Sinne setzt Zen ungeheures Vertrauen in die Menschen und ihre Fähigkeit, durch geistige Konzentration bis in die tiefste Tiefe des eigenen Seins vorzudringen. Zen betont den eigenen Willen und die eigene Leistung. Zen verlangt die völlige Bejahung der Einsamkeit des Menschen. Jeder ist im Grunde auf sich selbst gestellt und sich selber gegenüber verantwortlich. Dadurch gewinnt jede gelebte Stunde eine kosmische Komponente. Die Zeit wird zur Aufgabe. Zeitverschwendung wird zur Sünde.

Moderne Menschen neigen oft dazu, den Gedanken an den Tod zu verdrängen. Sie möchten ihn von sich wegschieben, so als ob dadurch das Leben verlängert werden könnte. Zen geht genau den anderen Weg: Dort wird der Gedanke an den Tod nicht aus dem täglichen Bewußtsein entfernt, sondern geradezu hereingenommen. Der Tod ist ein integraler Teil des Zeitgedankens und ein Ansporn, die Zeit nicht zu verschwenden.

100

Damit wandelt sich die Gegenwart des Todes in Vitalität. Ein neues Verhältnis erwächst zwischen dem eigenen Ich und der Umwelt. Jeder Tag gewinnt eine Intensität, als ob er der letzte sei.

Die Zen-Natur erschließt sich vielleicht am besten in jenem alten fünfzeiligen Gedicht, das Nobunaga besonders liebte:

Fünfzig Jahre eines Lebens
Sind ein verschwindender Moment im Strom der Zeit
Und dennoch Wirklichkeit
Deswegen werfe ich mein ganzes Leben
In jeden vorbeifliegenden Augenblick

Diese Intensität des Lebens, verbunden mit einer bewußten Hinwendung zum Diesseits, ist kennzeichnend für Nobunaga. Er tat nie etwas halb, ließ nie etwas halbvollendet liegen. Er verlor sich auch nicht in bloße Geschäftigkeit, die nur eine andere Form von Leerlauf ist. Er lebte bewußt, doch ohne Hektik.

Nobunaga ist sicher der dynamischste Vertreter, den die Zen-Philosophie hervorgebracht hat. Er war eine schillernde Persönlichkeit. Seine Ruhe und die bestechende Klarheit seines Denkens muß wie ein Magnet auf seine Umgebung gewirkt haben. Luis Frois, der über mehrere Jahre hinweg Gelegenheit hatte, ihn zu sprechen und zu beobachten, charakterisierte ihn so:

«Nobunaga besitzt klare Vernunft und ein scharfschneidendes Urteilsvermögen. Er verachtet das förmliche Zeremoniell vor Schreinen und Tempeln. Er verachtet alle magischen Bräuche. Er verachtet den Götzendienst. Er folgt dem Weg des Zen, denn er glaubt weder an ein Weiterleben nach dem Tode noch an Belohnung oder Strafe. Er fürchtet nichts und niemanden. Er achtet gewissenhaft auf die Durchführung seiner Anordnungen. Er macht keinen Unterschied zwischen Menschen verschiedener Herkunft. Er liebt Teeschalen aus Keramik, schnelle Pferde, Schwerter und die Falkenjagd. Auf seinem Gesicht liegt immer ein wenig Melancholie.»

Nobunagas Wohlwollen war für die Jesuiten ein kostbares Gut, das sie hegten und pflegten. Sie taten nichts in Kyoto, was ihnen schaden und eventuell Nobunaga zugetragen werden konnte. Sie paßten sich der Atmosphäre der Hauptstadt an. Sie achteten sehr auf ihre Kleidung und auf Sauberkeit. In Kyushu waren sie aufgefallen, weil in ihrer Unterwäsche öfters Läuse und Flöhe nisteten. Das stieß die Japaner ab. Deswegen hatte der Visitator Valignano, der direkt aus Rom gekommen war, allen Jesuiten in Japan folgende strikte Anweisung gegeben:

«Um unsere Missionsarbeit gedeihen zu lassen, sind alle Patres und Ordensbrüder verpflichtet, sowohl bei sich selbst als auch bei ihren Dienern auf große Reinlichkeit des Körpers und der Kleidung zu achten, wenn sie sich in der Öffentlichkeit zeigen.»

Diese Anweisung ist ein indirektes Zeichen der schlechten hygienischen Verhältnisse, unter denen die Europäer der damaligen Zeit lebten. Ungeziefer war durchaus keine Seltenheit. Es nistete selbst in den kostbaren Gewändern der hohen Herren und in den Kutten der Mönche und Priester, weil man der Reinlichkeit des Körpers nur wenig Aufmerksamkeit schenkte. Deshalb auch wurde Europa im Laufe der Jahrhunderte immer wieder von verheerenden Pestepidemien heimgesucht – eine Plage, die in Japan trotz der im Vergleich zu Europa viel höheren Bevölkerungsdichte nie aufgetreten ist. Dies ist sicher nicht zuletzt darauf zurückzuführen, daß das tägliche Bad selbst beim einfachen Volk Brauch war, den fast jeder befolgte. Überall gab es öffentliche Badehäuser, in die ständig frisches Wasser vom Fluß oder von Bergbächen eingeleitet wurde.

Reinlichkeit ist ein Element des Shinto, ein religiöses Gebot.

Die Shinto-Götter, so sagt man, verabscheuen Schmutz. Reinlichkeit des Körpers und des Denkens werden nicht getrennt betrachtet. Sie werden als Teile des Ganzen gesehen. Deshalb verbindet sich in Japan auch heute noch eine sehr ausgeprägte negative Wertung mit körperlicher Unsauberkeit.

Der Regenreichtum Japans und die Allgegenwart des Meeres haben diese Entwicklung begünstigt. An Wasser war nie Mangel. In vielen Gegenden brachte die Nähe der Vulkane zusätzlich in überreichlichem Maße heiße und heilende Quellen hervor. Fast alle Thermalbäder, die es heute in Japan gibt – an etwa tausend verschiedenen Orten – waren zu der Zeit, als die Jesuiten nach Japan kamen, schon seit vielen Jahrhunderten bekannt und wurden ständig benutzt. Wohlhabendere Leute besaßen Thermalbäder im eigenen Haus.

Die Einstellung der Japaner zum Körper – auch zum Körper des anderen Geschlechts – war völlig unbefangen. Der Anblick des nackten Körpers beim Baden erzeugte keine schwülen Gefühle und daher kein moralisches Schuldbewußtsein. Das tägliche Bad war selbstverständlich. Daran mußten die Jesuiten sich erst gewöhnen.

«Kyoto ist die Hauptstadt des japanischen Götzenkultes», schrieb Luis Frois an seinen Orden, «hier sind die Teufelsdiener besonders zahlreich und aktiv. Sie stören unsere Arbeit, aber Gott hat gewollt, daß Nobunaga, der mächtigste aller Daimyo, uns beschützt und uns gegen die Bonzen verteidigt.»

Die Jesuiten gingen in Kyoto wesentlich vorsichtiger mit ihren Erzgegnern, den Buddhisten, um, als auf Kyushu. Sie schonten sie zwar nicht mit Worten, zügelten sich aber und vermieden jegliches direktes Vorgehen, das ihnen sicher mehr Schaden als Nutzen gebracht hätte.

Die Patres zeigten sich im täglichen Umgang konziliant. Sie waren geduldig in Gesten und in Worten. Sie trugen keinen Hochmut zur Schau. Sie traten in der Öffentlichkeit immer in wohlgepflegten Kleidern auf, die exotische Eleganz ausstrahlten. Geld schien bei ihnen nie ein Problem zu sein. Sie besaßen davon offensichtlich genug. Niemand konnte ihnen nachsagen, daß sie es auf Spenden abgesehen hätten oder auf Vergnügungen mit Frauen. Im Gegenteil, Frauen gegenüber verhielten die Patres sich auf eine verklärte Weise freundlich, ohne daß dabei ein Hauch von Begehrlichkeit entstand.

Dies alles waren Kleinigkeiten, die aber ihre Wirkung nicht verfehlten. Viele Menschen in Kyoto hatten über lange Zeit die buddhistischen Mönche und Priester von der schlechtesten Seite kennengelernt. Sie hatten ihre Machtgier erlebt, waren häufigen Spendenforderungen ausgesetzt und konnten ständig die Anzeichen eines recht weltlichen Lebenswandels der Mönche beobachten, mit Sinn für Luxus und Frauen. Demgegenüber erschienen die Patres als Inkarnation geistiger Tugenden, als Summe von Wissen und Eleganz. Dieser Eindruck wurde verstärkt durch das exotische Flair, das von ihnen ausging.

Nobunaga interessierte sich für das neue Wissen, das die Jesuiten brachten. Er empfing sie mehrmals und ließ sie von Europa berichten, von den vielen fremden Ländern, die zwischen Europa und Japan lagen. Die Jesuiten zeigten ihm die Karte der Welt, auf der schon damals recht genau die Umrisse Afrikas, die Küstenlinien Indiens und Indochinas, der Inselwelt Indonesiens sowie weite Teile Nord- und Südamerikas dargestellt waren. Sie zeigten ihm den Globus und erklärten, daß die Erde eine Kugel sei.

Auf Nobunaga muß die Vorstellung von der kugelförmigen Erde eine große Faszination ausgeübt haben. Er ließ sich die Meere zeigen, die die Erdteile umspannen. Er ließ sich den Seeweg zeigen, den die Portugiesen benutzten, um nach Japan zu gelangen.

Nobunaga sah die Dimension der Welt und die Kleinheit Japans auf der Weltkarte. Er erkannte, daß hinter dem Wissen, das die Jesuiten vor ihm ausbreiteten, auch eine andere Skala des Denkens stehen müsse. Dies war für ihn die größte Herausforderung.

Himmel, Sonne, Mond und Sterne fügten sich, so wie die Jesuiten es darlegten, zusammen mit der Erde zu einem grandiosen Szenarium, über das der christliche Gott regierte. Die Erde als schwerer Körper stand im Mittelpunkt und bewegte sich nicht, während Gott allen Himmelskörpern befohlen hatte, ewig ihre Bahnen um die Erde zu ziehen. Die Sonne beschreibt ihre Bahn so, daß die Jahre entstehen. Der Mond erzeugt Flut und Ebbe. Die Planeten sind Wandersterne, die die Tierkreise markieren. Die Millionen Sterne sind Lichter der Engel, die auf der anderen, der ewig lichtvollen Seite der Himmelsschale leben.

«Gott hat dies alles geschaffen und unter Sein Gesetz gestellt. Er herrscht über den Himmel und über die Erde.»

«Woher habt ihr dieses Wissen?» fragte Nobunaga.

«Weil wir Christen sind, gibt uns Gott Seine Gnade und gewährt uns Einblick in Seine göttliche Schöpfung.»

«Ihr redet viel von eurem Gott und davon, daß er der Schöpfer aller Dinge sei. Wer hat ihn denn erschaffen?»

«Gott gab es von Anfang an, denn Er ist unveränderlich und ewig. Der Beweis dafür sind Seine Gesetze, die ewige Gültigkeit besitzen.»

Nach asiatischem Denken ändert sich das gesamte Universum ständig. Jeder Teil ist ständigem Wandel unterworfen. Nichts kommt je zum Stillstand. Alles entsteht immer wieder neu, aber nie in genau der gleichen Form. Im kosmischen Rahmen gibt es keinen Tod, sondern nur unendlich viele Formen der Erneuerung. Jeder Mensch ist nur ein Glied in einer unendlichen Kette von Einzelleben.

Es gibt im Osten nicht die Konfrontation des Menschen mit einem allmächtigen, personifizierten Gott. Es gibt nicht die

Vorstellung von einem allmächtigen, unergründlichen göttlichen Willen, dem die Menschen unterworfen sind.

An die Stelle der selbstgerechten Sicherheit, die sich einstellt, wenn man glaubt, im Besitz des absoluten Gottesgedankens zu sein, tritt im Osten die Vorstellung, daß in jedem Menschen etwas enthalten ist, das aus dem Bereich des Göttlichen kommt – Güte, Gerechtigkeit, Vernunft. Nichts aber ist absolut gegeben, alles muß ständig neu gesucht und neu gefunden werden.

In Kyoto gab es viele, die sagten, die Patres sprächen von ihrem Gott wie Aalverkäufer von ihrer Ware, aber die Tatsache, daß Nobunaga sie zu ausgedehnten Gesprächen empfing, wertete die Jesuiten auf. Alle spürten, daß Nobunagas Gunst eine besondere Auszeichnung für die fremden Patres war. Nachdem Nobunaga sogar einmal selbst in portugiesischer Kleidung, in weiten Pumphosen und mit einem hüftlangen Cape in der Öffentlichkeit aufgetreten war, wurde Kyoto von einem Modefieber ergriffen. So wie im Frankreich des 18. Jahrhunderts plötzlich eine Begeisterung für Chinoiserien ausbrach, gefolgt um die Mitte des 19. Jahrhunderts von einer Hinwendung zu Japanoiserien, wurde es im Japan des späten 16. Jahrhunderts sehr schick, sich europäisch zu kleiden.

«Wer etwas auf sich hält», schrieb der Bruder Rodriguez, der von allen Jesuiten wahrscheinlich am besten Japanisch sprach, «der muß irgendein portugiesisches Kleidungsstück tragen, einen Mantel, ein Cape, einen Spitzenkragen, unsere halblangen Hosen, Kniestrümpfe, ein geknöpftes Hemd oder einen Hut. Viele Heiden tragen Bernsteinschmuck und sogar eine goldene Kette mit einem Kreuz um den Hals. Diese Zuneigung zu portugiesischen Dingen ist erstaunlich. Hoffen wir, o Deus, daß alle Heiden sich auch mit unserer heiligen Lehre anfreunden und endlich Christen werden.»

Im Aufwind der allgemeinen Beliebtheit konnten die Jesuiten in Kyoto und Umgebung zahlreiche Japaner zum Christentum bekehren. Unter ihnen befanden sich viele Samurai und auch einer der Leibärzte des Tenno. Don Justo, der Schloßherr, der früher in Nara gewohnt hatte, wurde von Nobunaga zum Daimyo ernannt und über ein Gebiet zwischen Kyoto und Osaka eingesetzt. Für die Jesuiten waren dies große Erfolge. Sie waren zwar immer noch nicht viel mehr als eine Randerscheinung in der von Leben erfüllten Hauptstadt, aber der Durchbruch war geschafft. Sie konnten neben der Kirche, die sie seit 1560 besaßen, noch vier weitere Kirchen weihen sowie ein Kolleg und ein Seminar eröffnen. Angesehene Familien aus Kyoto begannen, ihre Kinder in das jesuitische Kolleg zu schicken. Die Zahl der Kirishitan wuchs stetig weiter.

Ich bin den Gründen nachgegangen, die die Japaner in der Hauptstadt dazu bewegt haben, Kirishitan zu werden. Für viele war es kaum mehr als ein Modetrend. Es galt als schick, Kontakte mit den Patres zu haben, denen das Flair der weiten Welt anhaftete. Japaner machen auch heute noch im allgemeinen aus ihrer Religionszugehörigkeit keine Frage des Prinzips und stehen in der Regel mehreren Religionen gleichzeitig nahe.

Deswegen bedeutete die Annahme des Christentums für viele keine Bekehrung im westlichen Sinne, sondern eine aus ihrer Sicht begrüßenswerte Erweiterung ihres Horizonts. Sie wollten das Christentum zu ihren schon vorhandenen religiösen Bindungen hinzunehmen – eine sehr japanische Einstellung den Religionen gegenüber. Denn sie möchten sich in eine Religion nicht einsperren lassen wie in einen Käfig.

Man findet im Westen nichts Ungewöhnliches dabei, wenn ein Philosoph, der sich mit Pascal, Descartes und den anderen französischen Rationalisten beschäftigt, auch Kant, Hegel und Schopenhauer liest, oder wenn ein Anglist neben englischer und amerikanischer Literatur sich auch für russische und indische oder sogar für japanische Literatur interessiert. Man spricht dann von einem vielseitig interessierten Menschen und erkennt die Weite seines geistigen Horizonts an. Man hält es im Westen gleichermaßen für vernünftig, wenn Leute, die krank sind oder sich krank fühlen, verschiedene Ärzte konsultieren, sich von deren speziellem Wissen oder spezieller Heilungsmethode Linderung und Heilung versprechen. Sogar jemand, der psychisch krank ist, darf zu verschiedenen Ärzten gehen und sich bei allen Rat holen. Nur für die Religion soll das gleiche nicht gelten. Religion, wie die Christen sie sehen, verlangt die bedingungslose Hingabe der Seele an einen bestimmten Glauben, an einen bestimmten Heilsweg. Man unterwirft sich oder wird als Baby schon dem Glauben geweiht. Man ist lebenslang gebunden. Man kann keinen anderen Heilsweg beschreiten, ohne in innere und äußere Konflikte zu geraten.

Viele Japaner, die in Kyoto von den Jesuiten als Kirishitan gewonnen wurden, waren gebildete Leute, auf die die neue Weltperspektive, die die Jesuiten brachten, eine starke Faszination ausübte. Wie Nobunaga verlangte es sie danach, ihren Horizont zu erweitern. Sie wollten möglichst viel von dem neuen Wissen erfahren. Die Annahme der christlichen Lehre, von der die Jesuiten ja behaupteten, sie sei der Ursprung allen Wissens, der Schlüssel zum Verständnis der Welt, erschien ihnen als der beste Weg dazu. So wurden sie Kirishitan und fühlten sich geistig bereichert.

Andere wurden von den hohen ethischen und moralischen Idealen der christlichen Lehre angezogen. Wenn es stimmte, daß die Menschen im christlichen Europa, so wie die Jesuiten es gern ausmalten, glücklich, friedlich, ohne Neid, ohne Betrug und ohne Lüge miteinander lebten, dann wäre die christliche Lehre wirklich die ideale Lösung für alle menschlichen Probleme. Dann müßte man alles tun, um sie auch überall in Japan einzuführen. Dann gäbe es keine schönere Aufgabe, als die ganze Kraft des Lebens für den Erfolg der christlichen Lehre einzusetzen.

Auch viele notleidende und kranke Menschen wandten sich

in Kyoto dem Christentum zu – Menschen der untersten Bevölkerungsschichten. Sie fanden bei den jesuitischen Patres unerwartete Hilfe und Fürsorge. Sie erhielten von ihnen Essen, Unterkunft, Medikamente und – was für sie am wichtigsten war – Hoffnung auf ein besseres Leben. Diese einfachen Menschen verschrieben sich dem Christentum mit Leib und Seele. Von ihnen hielten viele auch zu dem neugewonnenen Glauben, als die Zeiten sich änderten und das Christentum in den Ruf kam, eine staatsgefährdende Bewegung zu sein. Sie, die niedrigsten und elendesten der japanischen Kirishitan, stellten später, als die Christenverfolgungen begannen, die meisten Märtyrer, denn diese Menschen klammerten sich an die Heilsversprechungen der christlichen Lehre. Sie nahmen den Tod auf sich, um in das versprochene Paradies eingehen zu können.

Aber noch war es längst nicht soweit. Noch lebte Nobunaga und hielt seine schützende Hand über die Jesuiten. Es war ihre goldene Zeit.

Es war überhaupt eine goldene Zeit für Japan. Man nennt sie die Azuchi-Zeit. Den Namen gab Nobunagas Schloßstadt Azuchi, nur wenige Reitstunden von Kyoto entfernt auf der anderen Seite des Berges Hiei. Dort, auf einer Anhöhe über dem Biwa-See, dessen silberne Fläche sich nach Nordosten hin fast so weit erstreckt, wie man blicken kann, stand Nobunagas Schloß, das architektonisch als Beginn der Frühmoderne gilt.

Das Schloß besaß eine kühne, stolz aufragende Silhouette. Es stand auf einem fünfundzwanzig Meter hohen angeschrägten Steinfundament und türmte sich sieben Stockwerke hoch. Das mehrfach gestaffelte Dach mit den nur ganz schwach geschwungenen Dachfirsten war mit azurblau glasierten Ziegeln gedeckt. In ihnen wiederholte sich die Farbe des Himmels und des Biwa-Sees. Die Wandflächen waren weiß. Die Balken waren mit kostbarem schwarzem Lack überzogen, wodurch sie einen noch stärkeren Kontrast zum Blau der Dachflächen und zum

Kalkweiß der Außenwände bildeten. Die Außenwände waren ihrerseits durch ein regelmäßiges Raster gegliedert – wie papierbespannte Shoji –, klar, streng, nüchtern.

Luis Frois, der mehrmals im Azuchi-Schloß war, beschrieb es mit folgenden Worten: «Alle Paläste, Schlösser und Königsresidenzen, die ich zwischen Portugal, Indien und Japan gesehen habe, verblassen vor der Schönheit dieses Schlosses. Nichts erreicht eine solche Kühnheit und Klarheit der Linien und Formen.»

Im Inneren des Schlosses gab es einen achthundert Quadratmeter großen Empfangssaal. Er war – dem Geist des Zen gemäß – ein leerer, mit Tatamimatten ausgelegter Raum. An zwei Seitenwänden zogen sich Fensterfronten hin, die aus jenem geometrisch strengen, shojiähnlichen Gitterwerk bestanden, die auch die Außenfassade bestimmten. An den beiden anderen Seitenwänden befanden sich verschiebbare Wandelemente, die mit Blattgold überzogen waren.

Obwohl Nobunaga so viele Kriege gegen die buddhistischen Sekten geführt hatte, um ihre politischen Machtansprüche zu brechen, und religiöse Rituale aus dem Abstand des Zen betrachtete, hatte er ein ganzes Stockwerk seines Schlosses ausschließlich den Religionen gewidmet. Es war, als wolle er sich den vielgestaltigen religiösen Gefühlen, die die Menschen in Japan bewegten, nicht verschließen, sondern ihnen in seinem eigenen Schloß eine symbolische Heimat geben.

In den Räumen des Buddhismus standen Wandschirme, auf denen das Leben Buddhas dargestellt war. Ein Raum war dem Taoismus, der chinesischen Naturphilosophie gewidmet, ein anderer dem Konfuzianismus, der chinesischen Lehre, die nicht den Menschen als Einzelwesen, sondern die Beziehung der Menschen untereinander in den Mittelpunkt der Betrachtung rückt.

Einen besonderen Gunstbeweis erhielten die Jesuiten von Nobunaga, als er ihnen in Azuchi unweit seines Schlosses ein

Gelände zum Bau einer Kirche und eines Seminars schenkte. Er stellte ihnen sogar die Finanzmittel zur Verfügung, die sie zur Errichtung des Seminars brauchten. Es war ein steinerner Renaissancebau mit einer Loggia davor und einem kleinen Campanile daneben, der die Glocken für das Kirchengeläut trug.

Nobunaga schickte seine Söhne zu den Jesuiten in den Unterricht, damit sie europäische Musik, Geschichte und Weltkunde bei ihnen lernten. Er kam selbst einige Male unangemeldet hinzu und hörte sich den Unterricht an. Aus den Briefen und Berichten, die die Jesuiten nach Europa schickten, geht hervor, daß sie eine Zeitlang fest damit gerechnet hatten, Nobunaga zum Christentum bekehren zu können. Sie haben nie begriffen, welche Einstellung er zur Religion besaß. Ärgerlich schrieb Luis Frois:

«Nobunaga hat unseren Worten oft voller Aufmerksamkeit zugehört und zwischendurch viele Fragen gestellt. Aber schließlich wurde doch klar, daß sein Herz voller Hochmut und Unbescheidenheit ist. Deshalb konnte Gottes Gnade auch nicht auf ihn fallen.»

8 Aufbrechende Konflikte

«Wir können es nicht verneinen», schrieb Luis Frois, «daß er eine ungewöhnliche Persönlichkeit war, wie sie selten anzutreffen ist. Er wirkte wie ein starker, mächtiger, großer Zedernbaum. Er, der nie geglaubt hat, daß jemand über seine Seele in dieser Welt und im Jenseits richten könne, ist jetzt zur Hölle gefahren.»

Nobunagas Tod kam völlig überraschend. Die Hintergründe sind niemals ganz aufgehellt worden. Ob die ehemals einflußreichen, von Nobunaga jedoch zur politischen Bedeutungslosigkeit reduzierten großen buddhistischen Orden ihre Hand im Spiel hatten, bleibt im dunkeln. Die Umstände seiner Ermordung schließen eine Steuerung durch buddhistische Kräfte nicht aus, die eine Rückkehr zur alten Ordnung anstrebten. Sie hofften vielleicht, durch seinen Tod die verlorene Macht und die Herrschaft über das Denken der Menschen zurückzugewinnen.

Im Sommer 1582 hatte Nobunaga seinen besten General Toyotomi Hideyoshi mit einem Feldzug gegen den jodofreundlichen und noch immer gegen die neue Ordnung kämpfenden Daimyo von Hiroshima betraut, aber Hideyoshi forderte schon bald Verstärkung an. Daraufhin setzte Nobunaga einen seiner anderen Generäle, Mitsuhide, mit dessen zwanzigtausend Mann starker Haustruppe in Marsch. Er selbst hatte vor, am nächsten Tag von Kyoto aus nachzukommen.

Doch Mitsuhide kehrte im Schutz der Nacht heimlich nach Kyoto zurück. Er umzingelte mit seinen Truppen die Stadtresidenz, in der Nobunaga mit nur wenigen seiner engsten Gefolgsleute übernachtete.

Als Mitsuhides Truppen angriffen, muß Nobunaga erkannt haben, daß kein Entkommen mehr möglich war. Er war neunundvierzig Jahre alt. Politisch stand er auf dem Höhepunkt seiner Macht. Trotzdem hatte er erst wenige seiner Ziele erreicht. Sein Tod war wie der Sturz eines großen Baumes.

Nobunaga legte selbst Feuer an das innere Gebäude seiner Stadtresidenz, als er mit seinen wenigen Leuten dem Ansturm von Mitsuhides Truppen nicht mehr standhalten konnte. Sie kamen von allen Seiten. Nach Augenzeugenberichten war Nobunaga schon von einem Pfeil in den Rücken getroffen worden. Er habe sich den Pfeil selbst aus der Wunde gezogen und vor dem immer stärker brennenden Gebäude weiter gekämpft. Dann sei er von dem Flammenmeer umhüllt worden. Nur sein Schwert wurde später in der Asche gefunden und an Hand seines charakteristischen Wellenmusters identifiziert.

Luis Frois notierte: «Mitsuhide ist ein Freund der Bonzen und dem Götzendienst ergeben. Er haßt uns und unsere heilige Lehre.»

Die erste Amtshandlung Mitsuhides in Kyoto bestand in der öffentlichen Erklärung, daß er den großen buddhistischen Orden, insbesondere dem Tendai-Orden, eine hohe Summe Geld aus der Staatskasse zum Wiederaufbau der unter Nobunaga zerstörten Tempel auf dem Berg Hiei zur Verfügung stellen werde.

Hideyoshi erfuhr vom Tode Nobunagas durch einen reitenden Boten, der in Mitsuhides Auftrag von Kyoto aus unterwegs war, um den jodotreuen Daimyo von Hiroshima als ersten zu unterrichten. Durch einen Zufall konnten Hideyoshis Samurai den Boten abfangen.

Hideyoshi unternahm ein gewagtes Spiel. Er ließ den Daimyo von Hiroshima wissen, daß Nobunaga mit einem unvorstellbar großen Heer im Anmarsch sei und in weniger als einem Tag eintreffen werde. Nur wenn er, der Daimyo von Hiroshima, den beiliegenden, von Hideyoshi vorbereiteten Friedensvertrag unterzeichne, könne sein Leben und sein Land verschont werden.

Das Spiel ging auf. Unter dem Eindruck der günstigen Bedingungen, die Hideyoshi ihm bot, unterzeichnete der Daimyo von Hiroshima den Friedensvertrag – und hielt ihn, auch als er einen Tag später erfuhr, daß Nobunaga in Kyoto ermordet worden war.

Mitsuhides Kalkül hingegen ging nicht auf. Er hatte die Reaktion der Bevölkerung in Kyoto und Umgebung vollkommen falsch eingeschätzt. Niemand wollte wirklich zurück zur alten Zeit, zurück unter die Herrschaft der buddhistischen Orden.

Es war fast wie ein Volksaufstand. Die Empörung über die Ermordung Nobunagas führte dazu, daß niemand Mitsuhide unterstützen wollte oder zu unterstützen wagte. Auch die Buddhisten zogen sich von ihm zurück. Er tötete noch Nobunagas Sohn, der sich im Nijo-Schloß verschanzt hatte, vor dessen Eingang die erste Begegnung zwischen Nobunaga und dem Jesuiten Luis Frois und Bruder Lorenzo stattgefunden hatte. Das Schloß Azuchi, das architektonische Symbol des neuen Geistes, den Nobunaga eingeführt hatte, ging in Flammen auf.

Als Hideyoshi mit seinen Truppen in Kyoto eintraf, war Mitsuhide schon fast auf der Flucht. Wenig später wurde er von Bauern entdeckt und mit Spießen getötet. Hideyoshi trat Nobunagas Erbe an.

Wer ist Hideyoshi? In der Schule lernt man, daß er ein einfacher Bauernsohn war und bei Nobunaga als Schuhknecht angefangen hatte. Er fiel durch Gescheitheit und Besonnenheit auf, bewährte sich auf Nobunagas Feldzügen als Diener und Leibwächter, dann als Offizier, schließlich als General.

Er war ein Emporkömmling – wie Napoleon Bonaparte.

Hideyoshi war, wenn man den alten Bildern und Beschreibungen Glauben schenken kann, ausgesprochen häßlich: Seine Augen standen vor, er war kurz und gedrungen gebaut, seine Haut war dunkel. Aber er war zäh und ausdauernd. Nachdem er die Regierungsgewalt übernommen hatte, trug er gern besonders prunkvolle Kleider. Er war aber auch humorvoll genug, zu sagen: «Ich bin häßlich, wie ihr seht.»

Hideyoshi führte Nobunagas Politik konsequent weiter. Seine Regierungszeit dauerte sechzehn Jahre. In dieser Zeitspanne kam vieles zur Entfaltung, was Nobunaga begonnen hatte. Die innere Konsolidierung des Landes machte Fortschritte. Mit jedem Jahr vergrößerte sich der geistige Abstand zum Mittelalter. Die buddhistischen Orden unternahmen keine Versuche mehr, auch nur ein Stück der politischen Macht zurückzugewinnen.

Die territoriale und wirtschaftliche Einheit umfaßte nun ganz Japan. Das Straßennetz und die Märkte wurden weiter ausgebaut. Endgültig fielen alle Binnenzölle. Die Städte und auch viele Provinzen erlebten einen Aufschwung, der zu dauerhafter Prosperität zu führen schien. Der Silberreichtum und der weitere, entschiedene Ausbau des überseeischen Handels wirkten sich auf ganz Ostasien aus.

Dummerweise versuchte Hideyoshi in späteren Jahren, Korea zu erobern. Er setzte rund siebenhundert Schiffe ein, um etwa einhundertsechzigtausend Soldaten nach Korea zu bringen. Aber der Feldzug kam, trotz anfänglicher Erfolge – Seoul wurde kampflos eingenommen –, ins Stocken, weil es den Koreanern gelang, die japanische Transportflotte zu vernichten und das Invasionsheer von der Versorgung abzuschneiden. Im besetzten Land wehrten sich die Koreaner in einer Weise, die man heute Guerillakrieg nennen würde.

Der Krieg zog sich sieben Jahre hin. Die Ming-Dynastie des mächtigen China schickte Hilfstruppen, die jedoch von den Japanern geschlagen wurden. Trotzdem mußte Hideyoshi sich zu Verhandlungen über einen Friedensvertrag bereit erklären, dessen Ende er allerdings nicht mehr erlebte. Er starb, dreiundsechzigjährig, auf seinem weißen Schloß in Momoyama unweit Kyoto. Kurz vor seinem Tod schrieb er:

Aus Tau bin ich entstanden
Wie Tau verlösche ich
Mein Leben war ein Traum von Träumen

Für die Jesuiten war die sechzehnjährige Regierungszeit von Hideyoshi keine goldene Zeit mehr. Hideyoshi dachte nicht – wie Nobunaga – in großen Dimensionen und interessierte sich wenig oder gar nicht für weltumspannende Geographie, für den Globus und die westliche Kalenderkunde. Zwar empfing er ein Jahr nach seinem Regierungsantritt die Jesuiten auf seinem damals gerade fertiggestellten Schloß in Osaka, führte sie stolz durch alle Stockwerke und schenkte ihnen ein Grundstück unweit des Schlosses, um dort eine Kirche zu errichten. Vier Jahre später jedoch trat eine dramatische Wende in seine Beziehungen zu den Missionaren ein.

Um zu verstehen, was 1587 geschah, müssen wir nach Kyushu zurückkehren, jener südlichen Insel, die weitab lag von der Hauptstadt. Hier war tiefe Provinz, aber hier legten die portugiesischen Handelsschiffe an, und hier hatten die Missionare ihre größten Christianisierungserfolge verbuchen können.

Weil der Handel mit den Portugiesen nur über die christlichen Daimyo und über Nagasaki floß, weil Don Protasio und die anderen christlichen Daimyo Waffenlieferungen aus Goa und Macao erhielten und weil die Zerstörungen nichtchristlicher religiöser Einrichtungen kein Ende nahmen, kam Kyushu nicht zur Ruhe. Immer wieder flackerten lokale Konflikte auf.

Die Lage spitzte sich zu, als der seit Franz Xavers Zeiten den Missionaren nicht wohlgesinnte Daimyo von Kagoshima mit seinen Truppen einen großen Teil der Insel unter seine Herrschaft brachte und das Gebiet des christlichen Daimyo Don Francisco direkt bedrohte. Don Francisco wandte sich an Hideyoshi mit der Bitte um Hilfe.

Hideyoshi setzte ein zweihundertfünfzigtausend Mann star-

116

kes Heer mit zwanzigtausend Pferden nach Kyushu in Bewegung und ließ ein zweites Heer von fünfzigtausend Mann auf dem Seeweg folgen. Doch es kam nicht zur Schlacht. Der Daimyo von Kagoshima zog seine Truppen ab. Zum Zeichen der Unterwerfung trat er zurück und wurde Mönch in einem buddhistischen Kloster. Im Mönchsgewand, mit kahlgeschorenem Schädel, trat er vor Hideyoshi und entschuldigte sich formell für den Krieg, den er begonnen hatte. Er entschuldigte sich auch dafür, daß seine Truppen überall, wo sie hingekommen waren, die christlichen Kirchen niedergebrannt hatten.

Zu den Gratulanten, die Hideyoshi zu dem unerwartet raschen und unblutigen Sieg beglückwünschten, gehörte auch der amtshöchste Jesuit, der Vize-Provinzial Coelho, der mit einigen anderen Jesuiten von Nagasaki nach Hakata geeilt war, wo Hideyoshi sein Feldlager aufgeschlagen hatte. Hideyoshi kannte den Vize-Provinzial, der ihn vor kaum einem Jahr im Schloß von Osaka besucht hatte. Hideyoshi nahm seine Gratulationen in bester Laune entgegen. Im Überschwang der Gefühle versprach er dem Vize-Provinzial, daß er die durch die Kriegsereignisse zerstörte christliche Kirche in Hakata wieder aufbauen lassen dürfe.

Hakata – das war ein symbolträchtiger Ort. Dort war im 13. Jahrhundert zweimal der Angriff der chinesisch-mongolischen Invasionsflotte abgeschlagen worden. Dort hatte Kamikaze, der göttliche Wind, geweht. Hakata besaß auch als Hafen eine alte Tradition. Dort waren jahrhundertelang – seit 664 – der japanisch-chinesische Handel sowie die diplomatischen Beziehungen zwischen Japan, Korea und China abgewickelt worden. Dorthin wurden die Schiffe gelenkt, die Einwanderer aus Korea und China nach Japan brachten. Dort wurden seit Jahrhunderten die Namenslisten aller Einwanderer geführt.

Daß Hideyoshi den Jesuiten das Recht zum Wiederaufbau ihrer zerstörten Kirche gerade in dieser Stadt gab, zeigt, wie wohlmeinend er den Christen gegenüber war.

Dies änderte sich allerdings rasch. Hideyoshi nutzte die Zeit, die er in Kyushu verbrachte, um sich über die Lage auf der Insel zu informieren. Er forderte aus allen Teilen der Insel Berichte an, empfing sämtliche Daimyo und die Repräsentanten der wichtigsten Bevölkerungsgruppen zum mündlichen Vortrag.

So gewann Hideyoshi Einblick in die Hintergründe der schwelenden Unruhen auf Kyushu, die sein Eingreifen veranlaßt hatten.

Don Francisco, auf dessen Bitte Hideyoshi gekommen war, war allerdings gerade gestorben. An seiner Stelle erschien sein langjähriger Sekretär. Das Dokument, das er Hideyoshi vorlegte, ist erhalten. Es handelte sich um seine Eintragungen in die Chronik seines Herrn. Unter dem Datum 16. Februar 1580 steht dort:

«Seitdem unser Herr den christlichen Glauben angenommen hat, müssen wir alle Kirishitan werden, vom höchsten Beamten bis zum letzten Bauern, jung und alt, alle Männer, alle Frauen, alle Kinder. Gleichzeitig erging von höchster Stelle der Befehl, sämtliche Tempel und Schreine in unserem Gebiet zu zerstören. Viele Buddhastatuen und Götterstatuen wurden ins Meer oder in den Fluß geworfen. Andere wurden als Brennholz zum Kochen von Speisen benutzt. Es gibt in unserer Geschichte kein vergleichbares Ereignis. Mein Herr, der Daimyo, flößt uns allen Furcht ein.»

Aus dem Gebiet des Don Protasio erfuhr Hideyoshi, daß der Vize-Provinzial dort persönlich beteiligt gewesen sei an der Zerstörung und Verbrennung buddhistischer Statuen, die von gläubigen Buddhisten auf einer kleinen, unbewohnten Insel versteckt worden waren. Wie es der Zufall will, wurde dieses Ereignis von Luis Frois mit genauen Details in einem seiner Berichte an die Ordensoberen in Europa beschrieben:

«Nachdem unsere göttliche Lehre im Gebiet des Don Protasio verbreitet und schon die Mehrzahl der Heiden getauft war, fingen unsere Gläubigen an, alle Götzentempel zu verbrennen.

Einige Heiden, die Buddha verehren, retteten ihre Statuen und versteckten sie an einem unzugänglichen Ort. Eine halbe Seemeile vor dem Hafen gibt es eine Felseninsel mit steilen Wänden, in deren oberem Teil sich eine natürliche, geräumige Höhle befindet. Auf der Insel standen früher viele kleine Tempel, aber der Hauptort des Götzendienstes lag in der Höhle. Dorthin waren immer viele Pilger von weit her, aus ganz Japan, gekommen. Selbst wenn chinesische Handelsleute mit ihren Dschunken zum Hafen kamen, brachten sie Speiseopfer zu dieser Insel und verehrten die dortigen Buddhastatuen. Einmal im Jahr wurde auf der Insel ein großes Fest gefeiert. In der Höhle befanden sich viele Altäre und über hundert Buddhastatuen von Menschengröße und noch größer. Es ist nicht leicht, in der gefährlichen Felswand den Eingang der Höhle zu erreichen, aber der Teufel hat den Buddhisten den Weg gezeigt. Wenn man von der Felswand nach unten schaut, wird man schwindelig. Das letzte Stück führte über eiserne Stäbe, die in Bohrlöchern in den Felsen steckten und mit einer eisernen Kette verbunden waren. In dieser fast unzugänglichen Höhle hatten die Heiden sämtliche Gegenstände der Götzenanbetung versteckt, die sie aus den Tempeln im Lande hatten retten können. Danach hatten sie die eisernen Stäbe aus den Felslöchern herausgezogen, damit niemand mehr die Höhle erreichen konnte. Zwei bis drei Monate später drang die Kunde davon zu den Ohren unseres Vize-Provinzials. Er entschloß sich, unter allen Umständen persönlich zu dieser Teufelshöhle hinaufzusteigen, wo es noch immer heidnisches Teufelswerk gab. Er verlangte, daß die vermögenden Christen am Ort Werkzeug und ein Schiff zur Verfügung stellten. Er fuhr mit einigen guten Gläubigen zur Insel. Dank der Gnade unseres Gottes konnte er bis zur Höhle gelangen und Stück für Stück die Gegenstände, die der Götzenanbetung dienen, herausholen lassen. Die Gesichter der Statuen waren mildlächelnd, lachend oder furchterregend. Alle Figuren waren kunstvoll geschnitzt. Es gab in der Höhle auch alte Bücher. Unsere gläubigen Christen und der Vize-Provinzial konnten viele Figuren aus der Höhle nehmen, aber einige waren zu groß, so daß sie sie zusammen mit den anderen Gerätschaften, die der Teufel für seine Feste benutzt, dort oben verbrennen mußten. Viele junge Christen kamen und halfen, die Buddhastatuen zum Hafen zu transportieren, wo sie dann ihre dem Teufel angemessene Bestrafung erfuhren. Männer, Frauen und Kinder, die noch Heiden waren, zeigten Entsetzen in ihren Augen, als unsere jungen Gläubigen den Statuen ein Seil um den Hals banden und sie über den Platz schleiften. Auf diese Weise nahmen die Heiden Abschied vom Götzendienst. Sie erkannten, wie machtlos ihre Gottheiten sind. Unsere Gläubigen hingegen haben an Selbstsicherheit gewonnen.»

Aus dem Gebiet des Don Bartolomeo erfuhr Hideyoshi, daß der Hafen und die Stadt Nagasaki samt Umland und den darin lebenden Menschen gar nicht mehr japanisch waren, sondern sich längst, seit sieben Jahren schon, im verbrieften Besitz des Jesuitenordens befanden.

Außerdem erfuhr Hideyoshi vom Sklavenhandel, der über Nagasaki abgewickelt wurde. Fast jedes portugiesische Schiff, das seine Waren in Japan gegen Silber eintauschte, hatte bei der Rückkehr reichlich leeren Laderaum. Die Portugiesen benutzten ihn, um Kinder, meist zwölf- bis vierzehnjährige Mädchen, die sie über japanische Mittelsmänner von armen Bauern im Landesinnern einkauften, außer Landes zu bringen.

Die Kinder zogen in langen Kolonnen singend und mit Musik von ihren Heimatdörfern nach Nagasaki und verschwanden in den schwarzen Schiffen. Unter Deck wurden sie angekettet. Wie viele es insgesamt waren, ist nicht genau bekannt. Die Schätzungen bewegen sich um dreißig- bis vierzigtausend. Nur ein Bruchteil kam lebend am Bestimmungsort an, in den portugiesischen Besitzungen in Südostasien, in Indien und

Afrika, in Mexiko und anderen spanischen Kolonien in Südamerika, selbst in Europa.

Handelsleute in Sakai und Osaka, die aus Südostasien zurückkehrten, hatten schon wiederholt in Kyoto und Umgebung berichtet, daß sie in den Häusern reicher Portugiesen japanische Sklaven und Sklavinnen gesehen hätten – aber ehe Hideyoshi auf Kyushu den Sklavenhandel tatsächlich aufdeckte, hatte ihnen niemand so richtig geglaubt. Man hielt die Berichte darüber für bösartige Verleumdungen, die von gewissen Kreisen mit der Absicht lanciert wurden, christliche Missionare in schlechten Ruf zu bringen.

Immerhin schickten einige der besten Familien in Kyoto ihre Kinder zu den Jesuiten in die Schule, denn sie wollten, daß ihre Kinder etwas Besonderes lernten, was andere Schulen nicht bieten konnten – Länderkunde, Latein, europäische Geschichte und vor allem europäische Musik. Die Kinder lernten Choräle und Madrigale singen. Sie lernten Flöte, Viola, Harfe, Cembalo und sogar Orgel spielen.

Wie schwerwiegend die Frage des Sklavenhandels selbst für die Jesuiten in Kyushu war, zeigen einige Briefe, die sie schon in den Jahren 1560/70 – also vor der Gründung von Nagasaki – an den portugiesischen König in Lissabon schrieben. Sie drängten ihn, den Handel mit japanischen Sklaven zu verbieten. Sie wiesen darauf hin, daß es schwierig sei, den Sklavenhandel vor den Augen der Japaner mit der christlichen Botschaft in Einklang zu bringen. Deswegen möge der König ein generelles Verbot erlassen.

Der damalige König in Lissabon, Don Sebastian, erließ ein solches Verbot, aber es hatte keinerlei praktische Auswirkungen für Japan. Nachdem die Jesuiten Nagasaki gegründet und – mehr noch – die Stadt und den Hafen in Besitz und unter ihr eigenes Recht genommen hatten, konnte man dort Kindersklaven an Deck der portugiesischen Handelsschiffe bringen, ohne daß ungebetene Zuschauer an der Hafenmole standen und

Zeugen dieses Vorgangs wurden. Nun entstand der Mission kein Schaden mehr, denn außerhalb Nagasakis sorgten die japanischen Kindereinkäufer dafür, daß jeder Zug nach Nagasaki von noch fröhlicherem Gesang begleitet war. Sie hatten den Kindern viel Schönes über die bevorstehende Reise erzählt und den Eltern eine vereinbarte Kaufsumme gezahlt.

Hideyoshi entsandte mitten in der Nacht einen Boten an den Vize-Provinzial, der sich noch in Hakata aufhielt, und forderte ihn auf, eine Erklärung abzugeben, warum die Missionare in den Gebieten der christlichen Daimyo alle Einwohner zum Christentum zwängen, warum sie die Tempel und Schreine zerstörten, Mönche und Priester vertrieben, statt mit ihnen in Frieden zu leben, warum sie es zuließen, daß portugiesische Handelsleute japanische Kinder einkauften und als Sklaven außer Landes brächten.

Die Antwort des Vize-Provinzials ist ebenfalls erhalten. Er antwortete:

«Unsere Patres haben Gefahren und fast unvorstellbar große Leiden auf sich genommen, um die weite Reise von Europa nach Japan zu unternehmen. Sie taten es, um den Japanern zu helfen, indem sie ihnen die Lehre Jesu Christi brachten, durch die allein die Erlösung und das ewige Leben möglich sind. Dafür sind unsere Patres gekommen. Sie tun nur ihr Bestes, um den Japanern zu helfen. Es ist nicht ihre Art, Menschen zwangsweise zum Christentum zu bekehren. Niemand von uns hat das je getan. Die Japaner sind ihre eigenen Herren im eigenen Land. Die Patres sind im Vergleich zu ihnen machtlos. Selbst wenn die Patres es wollten, könnten sie die Japaner doch nicht zwingen, das Christentum anzunehmen. Alles, was die Patres getan haben, ist, den Japanern zu erzählen, daß Gottes Lehre die einzig wahre Lehre ist. Die Japaner sind daher von sich aus Christen geworden und haben selber angefangen, Tempel und Schreine zu zerstören, weil sie erkannt haben, daß von ihnen keine Erlösung kommt. Statt dessen haben sie an den gleichen

Orten geheiligte Gotteshäuser errichtet. Daß die portugiesischen Händler japanische Menschen einkaufen, kommt daher, daß Japaner sie ihnen zum Kauf anbieten. Die Patres sind tieftraurig darüber und haben alles getan, um dies zu verhindern. Aber sie sind hier machtlos. Da alles von den Heiden ausgeht, dürfte es Eurer Majestät nicht schwerfallen, den Menschenverkauf zu verbieten und mit hohen Strafen zu belegen.»

Als Hideyoshi dieses Antwortschreiben erhalten hatte, erließ er an zwei aufeinanderfolgenden Tagen, am 18. und 19. Juni 1587, einige Verfügungen, die den Gang der Geschichte Japans änderten. Diese Verfügungen sind erhalten. Ich möchte auch sie in ihrem Wortlaut wiedergeben – nur ganz unwesentlich gekürzt –, da sie viel von der Einstellung der Japaner zu sich selbst, zur Religion und zu den Missionaren aus dem fernen Europa verraten. In der ersten Verfügung heißt es:

«Christ sein kann man nur aus eigener Entscheidung. Weder die buddhistischen Mönche und Priester noch die allgemeine Landbevölkerung dürfen von den Herrschenden zur Annahme des Christentums gezwungen werden, denn dann ist ihre Entscheidung nicht frei. Daimyo und Samurai sind Herren nur auf Zeit, während die Bauern auf ewig an ihre Erde gebunden sind. Es ist strafbar, diese Bauern zu einem Glauben zu zwingen, den sie nicht haben wollen. Die Kirishitan sind vergleichbar mit den Jodo-Anhängern, die nur eigene Tempel duldeten, Steuern nur an ihren Jodo-Orden zahlten, ihre weltlichen Herren vertrieben und ihren Einfluß von den von ihnen beherrschten Gebieten aus auf die benachbarten Gebiete ausdehnten. Während die Jodo-Sekte aber ihre Macht vom einfachen Volke her ausbaute, besteht die Methode der Patres darin, die Oberen zu bekehren und durch sie die Unteren zu zwingen. Das ist noch bedrohlicher. Wessen Einkommen mehr als zweihundert Cho beträgt, muß ab sofort seine Zugehörigkeit zu Kirishitan-Sekte melden. Wer aber aus eigenem Herzen Christ sein oder Christ werden möchte, soll dies auch in Zukunft dürfen. Das Christentum ist allen anderen Religionen gleich.»

Es gibt, so glaube ich, in der europäischen Geschichte aus vergleichbarer Zeit kein Dokument, in dem ein Herrscher mit solcher Selbstverständlichkeit von religiöser Toleranz und Einsicht spricht. In Europa mußten die Menschen darauf noch lange warten. In der Zeit um 1587 war Europa von Reformation und Gegenreformation zerrissen. Die Menschen, die im Dreißigjährigen Krieg umkommen sollten, waren Kinder oder noch gar nicht geboren. Die Bartholomäusnacht in Frankreich lag gerade fünfzehn Jahre zurück. Daß es einmal einen Gotthold Ephraim Lessing geben könnte, der ein Drama «Nathan der Weise» schreiben würde, war noch unvorstellbar.

Der Sklavenhandel und die zynische Antwort des Vize-Provinzials müssen Hideyoshi innerlich sehr beschäftigt haben. Es war den Japanern damals völlig unbekannt, daß es in Europa die Leibeigenschaft gab und daß die Europäer seit jeher Sklavenhandel getrieben hatten. Sie wußten nicht, daß nach der Entdeckung Amerikas der Sklavenhandel einen neuen Aufschwung erlebt hatte. Sie ahnten nicht, daß der Bedarf an arbeitswilligen Sklavinnen und Sklaven aller Hautfarben in den von den Europäern eroberten Ländern unersättlich war.

Hideyoshi konnte nichts anderes tun als ratlos darauf hinzuweisen, daß Menschenhandel in Japan überhaupt verboten sei. Der letzte Satz in seiner Verfügung vom 18. Juni 1587 lautet:

«Es ist in Japan schon längst verboten, Menschenhandel zu treiben. Daß japanische Menschen nach China, Europa und den südlichen Ländern verkauft werden, ist unerhört.»

Der Vize-Provinzial und die ihn begleitenden Jesuiten dachten, ihre letzte Stunde sei nun gekommen und sie würden jetzt alle geköpft. Sie nahmen sich gegenseitig, wie in ihren Berichten steht, die Beichte ab und bereiteten sich aufs Sterben vor.

Da kam die zweite Verfügung, datiert vom 19. Juni 1587. Ihr Anfang liest sich wie eine Erläuterung zur ersten Verfügung, fast als ob Hideyoshi seine eigenen Worte vom Vortag noch einmal für alle verständlich hätte darlegen und seine Gründe erklären wollen:

«Japan ist die Heimat vieler Gottheiten. Es ist nicht gut, aus fremden Ländern eine Lehre zu bringen, die zu diesem Land nicht paßt. Die Patres haben an vielen Orten zahlreiche Japaner zu ihrer Lehre bekehrt und sie dazu veranlaßt, Schreine und Tempel zu verwüsten. Dies ist ein einmaliger Vorgang in der Geschichte unseres Landes. Die Patres sind von der Richtigkeit ihrer Lehre überzeugt, aber sie zerstören die religiösen Grundlagen unseres Volkes. Deshalb will ich sie hier nicht mehr sehen. Sie sollen innerhalb von zwanzig Tagen das Land verlassen. Wer ihnen bis zu ihrer Abreise ein Leid zufügt, wird streng bestraft. Die schwarzen Schiffe der Fremden sollen uns aber nach wie vor willkommen sein, solange es ihr alleiniges Ziel ist, Handel mit uns zu treiben. Jeder Fremde kann nach wie vor zu uns kommen und sich in unserem Land aufhalten, solange er unsere Gefühle respektiert.»

Wer nur ein wenig Einblick in die europäische Geistesgeschichte und in die Einstellung der Europäer gegenüber Menschen anderer Rasse und anderer Religion hat, erkennt die Naivität in Hideyoshis Verfügungen. Hideyoshi glaubte offenbar, daß ein starkes Wort von ihm genüge, die Patres von ihrer christlichen Mission abzubringen und den Religionsfrieden zwischen den Kirishitan und allen anderen Religionsgemeinschaften in Japan wiederherzustellen. Er glaubte, daß alle Patres binnen der von ihm gesetzten Frist das Land wirklich verlassen würden. Er glaubte, daß es möglich sei, mit den Portugiesen Handel zu treiben – ohne Druck und Bedrohungen durch Missionare.

Was Hideyoshi verlangte und von den Patres erwartete, erscheint heute politisch vernünftig und berechtigt. Heute – als

Realität erst seit der zweiten Hälfte des 20. Jahrhunderts – ist das, was Hideyoshi wollte, international anerkanntes Recht. Im 16. Jahrhundert jedoch war es noch völlig illusorisch zu glauben, die Europäer würden einen Erlaß, der für Japan Gesetzeskraft besaß, respektieren.

9 Märtyrertum

Als die Jesuiten erkannten, daß ihnen keineswegs der Tod drohte, wurde der Vize-Provinzial bei Hideyoshi vorstellig und erklärte ihm, daß es ihm und den Patres nicht möglich sei, binnen zwanzig Tagen das Land zu verlassen. Sie würden mindestens sechs Monate brauchen, um zur Ausreise bereit zu sein.

Hideyoshi gab nach. Seine einzige Bedingung war, daß die Patres sich alle am gleichen Ort aufhalten und keine Reisen im Land unternehmen sollten. Luis Frois bemerkte dazu kühl: «Diese Verfügung wird nicht von langer Dauer sein.» Gleichzeitig mischte sich ein neuer Ton in die Berichte, die die Jesuiten nach Rom sandten. Hideyoshi sei, so hieß es, anmaßend und undankbar. Er sei nicht nur häßlich und machtgierig, sondern auch unberechenbar, hinterhältig, grausam und verlogen. Luis Frois gibt folgende Version, wie es zum Verbot der Mission gekommen sei:

«Als er (Hideyoshi) nach Kyushu kam, hatte er verschiedene schöne Frauen gesehen und wurde von höllischer, fleischlicher Lust ergriffen, obwohl er schon das Alter von fünfzig Jahren überschritten hatte. Aber die Frauen waren alle Christinnen, die solch schmutzige Gedanken weit von sich wiesen. Daraufhin war er beleidigt und gab dem Christentum die Schuld. Aus Wut, daß er seinen Willen nicht durchsetzen konnte, verbot er die Missionierung und sagte, unsere Patres hätten einen schlechten Einfluß auf die Bevölkerung.»

Wenn man sich in die Lage der Patres versetzt und versucht, die Welt mit ihren Augen zu sehen, dann wird klar, daß sie kaum eine andere Wahl hatten, als Hideyoshi, der plötzlich und unerwartet zu ihrem Gegner geworden war, zu diffamieren. Sie mußten ihn in den Schmutz ziehen, denn jede ernsthafte Auseinandersetzung mit dem Sinn und Wortlaut seiner Verfügungen hätte sie in eine geistig fast ausweglose Situation geführt.

Ein Heide wie Hideyoshi durfte – nach christlicher Selbstein-schätzung – nicht mehr Einsicht in das Wesen der Religion haben und durfte die Bedürfnisse der menschlichen Seele nicht besser verstehen als die christlichen Priester. Er durfte keine höhere Auffassung von Moral und Menschenwürde besitzen als die Patres des Jesuitenordens.

Die Jesuiten dachten überhaupt nicht daran, das Land zu verlassen. Sie wollten Zeit gewinnen. Kaum hatte Hideyoshi Kyushu verlassen und war nach Kyoto zurückgekehrt, versam-melten sich die Jesuiten in Nagasaki zu einer Lagebesprechung. Luis Frois hat als Chronist genau berichtet, worüber konferiert wurde und welche Entscheidungen dort fielen. Die Jesuiten entschieden sich dafür, trotz des Verbots in Japan zu bleiben.

«Wir müssen den Heiden und den Bekehrten notfalls mit unserem Blut beweisen, daß unsere Lehre die Wahrheit ist. Wir müssen trotz grausamer Verfolgung von seiten des japanischen Herrschers hier im Lande bleiben. Wir müssen gleichzeitig bemüht sein, den Herrscher zu beruhigen, indem wir in gewis-sen Dingen Zurückhaltung üben.»

Anschließend verrät der Text, was die weiteren Pläne waren. Es wurde entschieden, kurz vor Ablauf der Sechsmonatsfrist eine Delegation des portugiesischen Capitano mit vielen Ge-schenken zu Hideyoshi nach Kyoto zu schicken.

«Er soll sagen», notierte Frois, «das Schiff sei zu klein und schon so stark von portugiesischen Handelsleuten besetzt, daß es unmöglich sei, alle Patres auf einmal an Bord zu nehmen. Er soll weiterhin sagen, daß selbstverständlich große Anstrengun-gen gemacht würden, die Abreise der restlichen Patres im nächsten Jahr sicherzustellen.»

In Wirklichkeit haben nur drei Jesuiten im Jahr 1588 das Land verlassen – und dies auch nur auf kurze Zeit, denn sie segelten nach China, um dort den Vize-Provinzial zu treffen und mit ihm zusammen im gleichen Jahr nach Nagasaki zurückzukehren.

Luis Frois gibt eine genaue Aufstellung darüber, wieviele Jesuiten zu dieser Zeit in Japan waren – genau zweihundertzwanzig. Drei von ihnen waren in Kyoto untergetaucht. Alle anderen hielten sich in Kyushu auf, allein einhundertneunundachtzig im Gebiet des Don Protasio, denn Don Bartolomeo, der Daimyo, der den Jesuiten Nagasaki geschenkt hatte, war inzwischen ebenfalls gestorben. Don Protasio war der letzte christliche Daimyo, auf den sie bauen konnten.

Die Regierung in Kyoto hatte keinen Überblick über die Zahl der Jesuiten in Kyushu und in Japan insgesamt. Niemand wußte oder hielt es für notwendig festzustellen, wo sie sich aufhielten und welche Reisen sie unternahmen. Nach wie vor hielt man in Kyoto die Anwesenheit der Patres für zu unwichtig, um ihr mehr als eine vorübergehende Aufmerksamkeit zu widmen. Sie waren kaum mehr als ein paar exotisch bunte Blätter in einem riesig großen Wald.

Von japanischer Seite wurden deshalb keine Schritte unternommen, um zu prüfen, ob sich die Missionare an Hideyoshis Verfügungen hielten. Man wartete, daß sie endlich weggingen, und gab sich damit zufrieden, daß man seit dem Juni 1587 nichts mehr von neuen Anschlägen auf Tempel und Schreine oder von fortgesetztem Raub und Zerstörung der Buddhastatuen hörte.

Hideyoshi begnügte sich mit einer Überprüfung der Lage im Territorium des Don Justo, jenes früheren Schloßherrn aus Nara, der unter Nobunaga Daimyo geworden war und sozusagen vor Hideyoshis Haustür über ein Gebiet zwischen Kyoto und Osaka herrschte. Als Hideyoshi erfuhr, daß in diesem Gebiet die Zwangschristianisierung auch schon fast vollzogen war – einschließlich der Zerstörung fast aller Tempel und Schreine –, stellte er Don Justo vor die Wahl, entweder seinen christlichen Glauben abzulegen oder als Daimyo abzudanken. Don Justo entschied sich für den Glauben und dankte ab. Er war reich und lebte fortan zurückgezogen in der Provinz.

Nach den Angaben der Jesuiten soll es vor dem Juni 1587 rund hundertfünfundzwanzigtausend getaufte Christen in Kyushu gegeben haben. Die Zahl ist deshalb so groß, weil alle zwangschristianisierten Japaner in den Gebieten der drei christlichen Daimyo mitgerechnet sind. Nach dem Juni 1587 kehrten viele zu ihrem alten Glauben – Buddhismus und Shinto – zurück. Die Söhne des Don Francisco und des Don Bartolomeo, die deren Nachfolge als Daimyo angetreten hatten, waren zwar auch getaufte Christen, aber dem Glauben längst nicht so ergeben wie ihre Väter. Sie hielten sich an Hideyoshis Verfügung, daß das Christentum allen anderen Religionen im Land gleichgestellt sei und daß jeder frei über die eigene Religionszugehörigkeit entscheiden könne.

Die Jesuiten sprachen von Verfolgung und grausamer Willkür. In ihren Berichten, die sie 1587 und 1588 nach Europa sandten, beschreiben sie die unmenschlichen Qualen, die sie um ihres Glaubens willen hätten erleiden müssen. Die japanische Regierung führe einen Glaubenskrieg gegen sie.

Einige christliche Kirchen, Versammlungshäuser und auch Wohnhäuser der Patres in den ehemals zwangschristianisierten Territorien wurden in der Tat zerstört oder niedergebrannt. Hideyoshi ließ alle Kirchen in Kyoto, Osaka und Sakai überwachen, um sicherzustellen, daß kein Pater sich dort noch aufhalten konnte. Er bestimmte, da es offiziell ja keine Jesuiten mehr im Land gab, die Schließung aller jesuitischer Schulen und des Kollegs in Kyoto.

Aber von grausamer Verfolgung zu sprechen, ist verfrüht. Noch gab es keine Verfolgungen. Kein Missionar wurde getötet. Keiner saß im Gefängnis. Keiner stand unter Hausarrest. Keiner wurde wegen der Zerstörung der Tempel und Schreine angeklagt, nicht einmal, wenn er daran teilgenommen hatte.

Als Folge der bewegten Klagen, die die Jesuiten nach Rom geschickt hatten, erhob Papst Sixtus V. im Februar 1588 Japan in den Rang eines Bistums.

Kurz danach, im April 1588, erklärte Hideyoshi die Schenkung Nagasakis an den Jesuitenorden für null und nichtig. Er unterstellte die Stadt und den Hafen seiner direkten Kontrolle und setzte einen seiner Vertrauten als Gouverneur ein.

Daraufhin sandten die Jesuiten in rascher Folge mehrere Briefe an König Philipp II. von Spanien und Portugal, der zu jener Zeit der mächtigste Monarch der Welt war, in dessen Reich, wie es hieß, die Sonne nicht unterging. Ein Brief vom 6. Mai 1588 lautet:

«Der Herrscher Japans, der von niederer Herkunft ist und ein verabscheuungswürdiges Leben voller Lust und schmutziger Triebe führt, verfolgt unsere Kirche. Dies gibt Eurer Majestät mehr als genügend Gründe, mit kriegerischen Mitteln gegen diesen Herrscher Japans vorzugehen und ihn zu vernichten.»

Ein anderer, etwas späterer Brief enthält Angaben, wie die Eroberung Japans am besten durchzuführen sei: «Eure Majestät sollte vor der Landung Kontakt aufnehmen mit unserem christlichen Daimyo Don Protasio, dessen Gebiet als Ausgangspunkt für alle weiteren Operationen gut geeignet ist.»

Noch andere Briefe der Jesuitenpatres nach Spanien sind erhalten. Darin wird vorgeschlagen, wo und wie der militärische Angriff vorgetragen werden könnte. Selbstverständlich haben die Patres auch genaue See- und Landkarten nach Spanien übermittelt, in denen die Lage der Häfen und der Städte genauso eingetragen waren wie die Lage der unbewohnten oder nur von einem einzigen Fischerdorf belebten Buchten.

Im August 1588 aber widerfuhr der spanischen Armada im Ärmelkanal vor der englischen Küste das gleiche Schicksal wie der Eroberflotte des Kublai-Khan im 13. Jahrhundert in der

Meeresstraße zwischen Korea und Japan. Stürme und die mannhafte Verteidigung der Engländer sorgten dafür, daß von der größten Kriegsflotte der Welt kaum mehr als ein paar Schiffe übrigblieben.

Die Armada war der Stolz des spanischen Herrschers gewesen, gebaut zum Teil mit Geldern des Vatikans, um die abtrünnigen Engländer zu strafen und die Hinrichtung der katholischen Königin Maria Stuart von Schottland unter der Herrschaft der Königin Elisabeth I. von England zu rächen. Mit dem Untergang der Armada endete die Glanzzeit Spaniens.

Wenn aber die spanische Armada vor Englands Küste siegreich gewesen wäre, hätte die Situation für Japan ganz anders ausgesehen. Die große Entfernung zwischen Europa und Japan schreckte die Spanier sicher nicht. Immerhin hatten sie 1571 nach fünfzigjährigen zähen Kämpfen die Eroberung der Philippinen abgeschlossen und dort eine spanische Kolonie errichtet. Die Eroberung war von Acapulco aus erfolgt, Mexikos Pazifikhafen.

Es kommt letztlich nicht darauf an, ob Japan je von einer spanischen oder portugiesischen Flotte bedroht wurde oder nicht. Die Tatsache bleibt, daß es christliche Missionare waren, die das mächtigste Königreich des damaligen Europa aufgefordert haben, Japan militärisch anzugreifen und zu erobern.

Hätte die Eroberung stattgefunden, so gäbe es heute mit großer Wahrscheinlichkeit keine japanischen Dokumente mehr, aus denen sich der Ablauf der Ereignisse vor der Invasion rekonstruieren ließe. Die Welt wäre auf die jesuitischen Quellen angewiesen, in denen zu lesen steht, daß die Japaner grausame Christenverfolger waren, intolerant und vom Teufel besessen.

Dabei hatte – von japanischer Seite – die Christenverfolgung noch gar nicht begonnen. Noch war kein Blut geflossen. Noch war kein Missionar getötet worden. Bis es dazu kam, mußten noch weitere zehn Jahre vergehen. Die japanische Geduld schien unermeßlich zu sein.

Manchmal stelle ich mir vor, was heute in den europäischen Geschichtsbüchern stehen würde, wenn irgendwann, vielleicht vor fünfhundert Jahren, irgendwo im südlichen Europa, vielleicht auf Sizilien, in der Nähe von Palermo, eine Handvoll buddhistischer Mönche gelandet wäre, die unter der dortigen Landbevölkerung ihre Lehre mit einigem Erfolg hätte verbreiten können. Nehmen wir an, sie waren der Meinung, daß das Christentum eine falsche Religion sei, ein Gaukelspiel des Teufels. Um die Menschen, die diesem Irrglauben anhingen, vor ewiger Verdammnis zu retten, brannten sie viele christliche Kirchen nieder und bauten gleichzeitig mit Hilfe der von ihnen bekehrten Lokalfürsten militärisch starke Stützpunkte aus. Sie kochten ihr buddhistisches Gemüse besonders gern mit dem Holz von zerhackten Kruzifixen, Madonnen- und Heiligenfiguren. Die mit ihnen verbündeten buddhistischen Kaufleute brachten viele interessante Dinge aus ihrer fernen Heimat mit, die man damals in Europa noch nicht kannte. Wenn ihre Schiffe wieder absegelten, hatten sie Kinder dabei, die sie in Italien eingekauft hatten, um sie unterwegs oder zu Hause als Sklaven zu verkaufen.

Immer wieder bestätigte sich, was die Jesuiten längst wußten, daß Anordnungen aus Kyoto in der Provinz nicht so ernst genommen wurden und daß sich die Ämter in der Hauptstadt selten überzeugten, ob eine Verfügung durchgeführt worden sei oder nicht. Noch lief das Leben in gutmütigen, vertrauten Bahnen ab.

Das Verbot, als Missionar in Japan zu bleiben, behielt nach wie vor Gültigkeit. Da aber niemand überprüfte, ob es eingehalten wurde, fiel es den Jesuiten vielerorts leicht unterzutauchen. Sie konnten sich auf die treugebliebene christliche Minderheit verlassen und sich in ihren Kreisen verhältnismäßig frei, völlig ungefährdet, bewegen. Noch machte niemand in Japan Jagd auf sie, wie ein paar Jahrzehnte später.

Im Gegenteil, Hideyoshi empfing den Visitator Valignano, der zwar nicht als Jesuit, sondern als Gesandter des Vizekönigs von Goa zu ihm nach Osaka kam.

In Valignanos Begleitung befanden sich vier junge Kirishitan, Söhne aus hochstehenden Samurai-Familien in Kyushu, die neun Jahre zuvor zu einer Europareise aufgebrochen waren. Die Reise hatte sie über Macao, Malaga, Goa, rund um Afrika nach Lissabon geführt.

In Lissabon waren die vier Kirishitan erstaunt gewesen zu sehen, daß sie nicht die ersten Japaner in Europa waren. Nach ihrer Rückkehr berichteten sie von «zahlreichen Menschen aus Japan, fast alles noch Kinder, die überall, wo wir waren, als Sklavinnen und Sklaven ein trauriges Leben führten».

König Philipp II. hatte die vier Kirishitan in Madrid empfangen. Dann waren sie nach Rom weitergereist und hatten Papst Gregor XIII. gesehen. Er war von ihrem Besuch so gerührt, daß er dem Jesuitenorden für die nächsten zwanzig Jahre jährlich viertausend Escudos versprach und ihm das alleinige Recht zusprach, in Japan missionarisch tätig zu sein.

Die vier Kirishitan waren noch in Rom, als Papst Gregor XIII. starb. Sie erlebten die Inthronisierung des Papstes Sixtus V., eines Franziskaners, der als Inquisitor von Venedig so unerbittlich hart gewesen war, daß der damalige Papst Pius V. seine Abberufung hatte verfügen müssen. Papst Sixtus V. war es auch, der die spanische Armada finanzieren half. Er versprach dem Jesuitenorden für seine Missionsarbeit in Japan auf unbegrenzte Zeit zweitausend Escudos jährlich.

Hideyoshi hörte an, was die vier Kirishitan in Valignanos Anwesenheit von ihrer schönen Reise nach Europa berichteten. Er stellte wenige Fragen, so wie Nobunaga es getan hätte. Für ihn war das Treffen eher eine diplomatische Angelegenheit, der er sich nicht entziehen konnte. Valignano überbrachte ein offizielles Schreiben des portugiesischen Vizekönigs von Goa, in dem Hideyoshi gebeten wurde, das Verbot einer missionarischen Tätigkeit der jesuitischen Patres aufzuheben.

Hideyoshi antwortete, ebenfalls in einem Brief: «Japan ist das Land vieler Gottheiten. Die christliche Lehre ist keine gute Lehre, denn sie kennt keinen Respekt vor unseren Göttern und vor Buddha. Sie ist unvereinbar mit der Grundlage unserer Auffassung von Menschlichkeit und Gerechtigkeit.» Hideyoshi bekräftigte, daß – bei aller Offenheit des Landes für den Handel – das Verbot für die Patres weiter in Kraft bleibe und daß er jeden Verstoß dagegen ahnden werde.

Aus Hideyoshis Antwort ist zu entnehmen, daß er in den vier vorangegangenen Jahren, seit dem Juni 1587, gegenüber den Christen strenger geworden war. Es war ihm nicht verborgen geblieben, daß selbst in seiner unmittelbaren Umgebung Christen waren. Eine Zofe seiner Gemahlin war zum Beispiel Christin. Luis Frois berichtet, daß sie sich bemüht habe, Hideyoshis Gemahlin von der Grausamkeit des Missionsverbots und von den Leiden der Patres zu überzeugen.

Bei einigen christlichen Samurai wurde ein fundamentaler Loyalitätskonflikt offenkundig. Dieser Konflikt war von den Jesuiten jahrelang geschürt und vorbereitet worden. In der Lernfibel, die sie an alle getauften Samurai verteilten, steht:

«Deus ist allmächtig und ewig. Ihm gehören Himmel und Erde. Er gibt mir Gnade und ewiges Leben. Mein weltlicher Herr ist Herr nur auf Zeit. Er kann mir nichts geben außer weltlichem Gut. Deus aber ist der Herr meiner Seele in alle Ewigkeit. Ihm den Rücken zu kehren um meines irdischen Herrn willen, selbst wenn dieser sehr hoch steht, ist abgrundtiefe Treulosigkeit.»

Damit sollte erreicht werden, daß die christlich gewordenen Samurai ihre Loyalität bedingungslos auf die Kirche übertrugen und sich im Zweifelsfall den Patres unterstellten.

Inzwischen hatte sich – von Hideyoshi zunächst noch unbemerkt – eine neue Situation ergeben, die Zündstoff für weitere Konflikte barg. Aus ihr entwickelte sich schließlich das Drama der Christenverfolgungen der kommenden Jahrzehnte.

Franziskanermönche und wenig später auch Dominikaner- und Augustinermönche tauchten plötzlich in Japan auf und wetteiferten mit den Jesuiten. Sie kamen vornehmlich als Gesandte des spanischen Statthalters der Philippinen und sagten, sie wollten die Handelsbeziehungen zwischen Japan und den spanischen Besitzungen verbessern. Die Jesuiten erkannten sofort, was beabsichtigt war. Mit den Dominikanern lagen sie ohnehin seit langem in erbitterter Fehde – vordergründig über die Auslegung des Begriffs der Göttlichen Gnade.

Im August 1592 startete der Dominikaner Copo als philippinischer Gesandter Hideyoshi einen Besuch ab und unterrichtete ihn bei dieser Gelegenheit davon, daß sich trotz seines Verbots immer noch zahlreiche Jesuiten in Kyushu aufhielten und daß sie nach wie vor in Nagasaki die Messe läsen. Daraufhin ordnete Hideyoshi die Zerstörung der Kirchen von Nagasaki an. Aber sein Befehl wurde schließlich doch nicht ausgeführt.

Die Jesuiten reagierten, indem sie den portugiesischen Capitano bei seinem nächsten Besuch in Kyoto bei Hideyoshi vorstellig werden ließen. Der Capitano teilte Hideyoshi mit, daß die portugiesischen Handelsleute, die alle gute Christen seien, in Zukunft nicht mehr nach Nagasaki kommen könnten, wenn es dort nicht mindestens zehn Patres gäbe, bei denen sie die Beichte ablegen und die Messe hören könnten. Die Handelsbeziehungen würden also abreißen.

An diese mögliche Konsequenz hatte Hideyoshi nicht gedacht. Er ließ sich noch einmal umstimmen und genehmigte offiziell, daß zehn Missionare zur religiösen Betreuung der portugiesischen See- und Handelsleute in Nagasaki leben dürften.

136

Wahrscheinlich hat der Capitano sein frömmstes Gesicht aufgesetzt, als er Hideyoshi erklärte, daß die christlichen Seeleute nach der Ankunft in Nagasaki als erstes das dringende Bedürfnis verspürten, zur Beichte und zur Messe zu gehen. Der Einfallsreichtum der Jesuiten war bewundernswert, und es war ihnen ein leichtes, die damals noch unerfahrenen Japaner zu überzeugen.

Dann aber kamen die Franziskaner als philippinische Gesandte und schwärzten die Jesuiten bei Hideyoshi als gefährliche Intriganten an. Sie sagten, die Jesuiten verfolgten im Grunde nur das einzige Ziel, ganz Japan unter ihren Einfluß zu bringen.

Die Jesuiten reagierten scharf. Unter dem Vorsitz des Bischofs, der im August 1596, von Rom kommend, in Nagasaki eingetroffen war, entschieden sie in ihrer Konferenz am 4. September 1596, durch geeignete Schritte die Franziskaner und anderen Störenfriede aus Japan zu verbannen.

Der Bischof reiste selbst nach Kyoto. Er traf am 16. November 1596 mit Hideyoshi zusammen und klärte ihn darüber auf, daß die sogenannten philippinischen Gesandten nichts anderes seien als gefährliche, verkappte spanische Mönche und Priester. Sie würden ihren diplomatischen Status in Kyoto, Osaka und anderswo für unerlaubte missionarische Tätigkeiten ausnutzen. In Wirklichkeit würden sie den Plan verfolgen, Japan zu erobern.

Die gegenseitigen Beschuldigungen der Jesuiten, Franziskaner und Dominikaner machten Hideyoshi mißtrauisch. Er wußte nicht, was er davon halten sollte. Er wußte nicht, wer log und wer die Wahrheit sprach. Vielleicht, so dachte er, lügen alle.

Inzwischen war etwas Unerwartetes geschehen. Vor der Küste von Shikoku, der südöstlichen Insel auf der pazifischen Seite, war während eines Taifuns die spanische Galeone San Felipe gestrandet, siebenhundert Tonnen groß, die mit voller Ladung und mehr als zweihundert Mann Besatzung an Bord von den Philippinen nach Mexiko unterwegs war.

Hideyoshi schickte einen seiner ranghöchsten Mitarbeiter dorthin, den Samurai Mashita, der in Hideyoshis Verwaltungshierarchie nach heutigem Maßstab den Rang eines Ministers bekleidete. Mashita nahm Beamte mit, die spanisch sprechen konnten. Durch sie ließ er die Überlebenden des Schiffbruchs befragen. Der spanische Navigator, Francisco de Sanda, brüstete sich mit der Glorie Spaniens. Er prahlte lauthals damit, wie sein König es vollbracht habe, ein Reich aufzubauen, in dem die Sonne nicht untergehe. Von ihm erfuhr Mashita, daß es sich in der Vergangenheit immer als ein erfolgreiches Verfahren herausgestellt hatte, zuerst Missionare in ein fremdes Land zu schicken und ruhig abzuwarten, bis sie einen Teil der Bevölkerung christianisiert hatten. Dann konnte sein König die Soldaten schicken. Ihnen fiel es nicht mehr schwer, unter Mithilfe der bekehrten Heiden – zusammen mit den Missionaren – das Reich Gottes und die spanische Herrschaft zu errichten.

Kurzerhand ließ Hideyoshi alle philippinischen Gesandten und eine Reihe ihrer japanischen Helfershelfer in und um Kyoto verhaften. Es waren sechs Spanier und zwanzig Japaner, darunter drei japanische Ordensbrüder der Jesuiten. Hideyoshi entschied, daß sie alle sterben sollten. Damit hatten die Patres nicht gerechnet. Sie waren von der Härte der Entscheidung überrascht.

Auf Hideyoshis Befehl wurden die sechsundzwanzig Gefangenen mit Seilen aneinandergebunden und zu Fuß von Kyoto nach Nagasaki geführt, über sechshundert Kilometer, mitten im Winter 1596/97, um allen zu zeigen, welche Strafe jenen drohe, die die geltenden Gesetze des Landes nicht achteten. In Nagasaki sollten sie auf der Richtstätte enthauptet werden, auf der auch Kriminelle und andere Gesetzesbrecher hingerichtet wurden.

Die jesuitischen Patres machten zusammen mit den portugiesischen Handelsleuten ihren Einfluß beim Gouverneur von Nagasaki geltend, um zu erreichen, daß die Hinrichtung nicht auf dem vorgesehenen Richtplatz und durch Enthauptung vollzogen werde, sondern durch Kreuzigung auf einem der Berge, die die Bucht von Nagasaki umschließen. Der Gouverneur willigte ein, denn er versprach sich von dieser wesentlich grausameren und langsameren Tötungsmethode, wie die Jesuiten sie ihm vorschlugen, einen größeren Abschreckungseffekt auf die vornehmlich christliche Bevölkerung von Nagasaki.

So kam es am 5. Februar 1597 zu einem nie vorher gesehenen, makabren Spektakel auf dem Nishioka, dem westlichen Hügel. Von dort reicht der Blick weit über die Stadt, über den Hafen, über die langgezogene schmale Bucht von Nagasaki und die umliegenden Berge. Diese Landschaft war geeignet, die letzte Phase der Passion Christi auf dem Berg Golgatha nachzuvollziehen. Sechsundzwanzig Kreuze standen in langer Reihe nebeneinander.

Tausende von Zuschauern drängten sich. Unter ihnen waren auch die etwa zweihundert Schiffbrüchigen der spanischen Galeone San Felipe. Viele der Zuschauer wurden von einer religiösen Ekstase ergriffen. Kaum waren die sechsundzwanzig Gekreuzigten tot, durchbrachen sie alle Absperrungen, stürzten auf die Kreuze, rissen den Märtyrern die Kleider vom Leib, benetzten sich mit ihrem Blut und versuchten, Teile ihrer Körper und Splitter der Holzkreuze als Reliquien zu erbeuten. Sie hoben die Steine auf, auf die der Märtyrer Blut getropft war, und scharrten mit bloßen Händen die Erde zusammen.

Für die nichtchristlichen Japaner war die Reaktion der Kirishitan unerklärlich. Sie sahen nur das Abstoßende, nicht die Gefahr. Sie konnten nicht ahnen, daß die Kunde von der Kreuzigung auf den Philippinen – kaum, daß die Schiffbrüchigen der San Felipe dorthin zurückgekehrt waren – eine Märtyrerhysterie auslösen würde. Sie erkannten nicht, daß durch die symbolhafte Art der Hinrichtung ein Mythos geschaffen worden war, der von diesem Tag an die Kirishitan in Japan zusammenschweißte.

Bald kamen Franziskaner-, Dominikaner- und Augustinermönche in Scharen von den Philippinen nach Japan. Sie wollten auch Märtyrer werden. Sie machten keine Anstrengungen, sich zu verstecken.

Der spanische Statthalter der Philippinen bat Hideyoshi um die Leichen der sechs gekreuzigten Spanier und schickte als Geschenk einen Elefanten. Hideyoshi teilte ihm mit, daß es keine Leichen mehr gebe, die er übergeben könne. Die Kirishitan von Nagasaki hatten nichts übriggelassen. Hideyoshi wiederholte, was längst bekannt war, daß Japan sich den weiteren Zulauf von christlichen Mönchen und Missionaren verbitte.

«Was würden Sie sagen», schrieb er, «wenn aus unserem Land Priester und Mönche zu Ihnen kämen, um Ihr Volk zu Shinto-Anhängern zu machen und zu sagen, die Religion, der Sie anhängen, sei falsch?»

In diesem Schreiben sprach Hideyoshi zum ersten Mal offiziell aus, was er inzwischen durchschaut hatte: daß hinter den Bemühungen der Missionare Eroberungspläne mit militärischen Mitteln steckten.

Es gibt keine Zahlen darüber, wie viele Franziskaner, Dominikaner und Augustiner nach Japan kamen. Viele wurden aufgegriffen. Die japanischen Behörden reagierten nicht einheitlich. Im Grunde waren sie hilflos. Es ist nicht genau bekannt, was mit jedem einzelnen Eindringling geschah, aber nach allen vorliegenden Quellen, einschließlich der Berichte der Jesuiten, wurde keiner getötet.

Die Japaner sahen allmählich, daß eine Hinrichtung der Eindringlinge die Gefahr in sich barg, neue Märtyrer zu schaffen. Es würde nur dazu beitragen, den kleinen Kreis der zu allem entschlossenen Kirishitan zu stärken.

140

Aus heutiger Sicht erinnert die Situation, in der sich Japan damals befand, an manche böse Erfahrungen moderner Staaten mit fanatisierten Minderheiten, die sowohl spirituell als zum Teil auch finanziell von Kräften außerhalb der eigenen Landesgrenzen gesteuert werden.

Die Möglichkeit, die nach Kyushu und anderswohin eingesickerten Franziskaner, Dominikaner, Augustiner und auch die untergetauchten Jesuiten konsequent abzuschieben, bestand damals in Japan noch nicht. Wenn die Japaner die aufgegriffenen Mönche und Priester auf ein Schiff setzten und nach den Philippinen oder nach Macao transportierten, wurden sie dort als Helden gefeiert, und es dauerte nicht lange, bis sie wieder in Japan auftauchten. Eine Möglichkeit, die fast unendlich lange und reichgegliederte Küstenlinie zu überwachen, gab es nicht. Auch das Untertauchen illegal eingereister Personen bei japanischen Kirishitan war nicht zu verhindern. Um einen modernen Ausdruck zu gebrauchen, kann man sagen, daß die Kirishitan die Rolle der Sympathisanten spielten, die den illegal eingereisten Franziskanern, Dominikanern, Augustinern und auch ihren eigenen geistigen Zuchtherren, den Jesuiten, beliebig viel und beliebig oft Unterschlupf gewährten.

Die Situation war unentschieden. Das Aufenthaltsverbot für fremde Missionare – außer für die offiziell genehmigten zehn Jesuiten in Nagasaki – blieb in Kraft. Aber niemand sorgte dafür, daß es eingehalten wurde.

Inzwischen starb Hideyoshi, dreiundsechzigjährig, im Jahre 1598. Ein politisches Vakuum entstand. In Japan brachen Machtkämpfe aus. Mehrere der ehemals engsten Berater Hideyoshis machten sich Hoffnung, seine Nachfolge anzutreten. Hideyoshis eigener Sohn war noch minderjährig.

Diese Zeit der politischen Unentschiedenheit wirkte sich günstig aus auf die Ausbreitung der christlichen Bewegung. Im Februar 1599 schrieben die Jesuiten aus Nagasaki, daß für einen Angriff von außen die Situation in Japan jetzt besonders günstig sei. «Ein katholischer König muß Japan erobern», steht in dem Brief des Pedro da Cruz.

Im Jahr darauf, 1600, kamen die ersten nichtkatholischen Europäer nach Japan. Es war die Besatzung des dreihundert Tonnen großen niederländischen Schiffes Liefde, das im Verband mit vier anderen Schiffen zwei Jahre zuvor von Rotterdam aufgebrochen war, um die portugiesische Blockade zu durchbrechen, die entlang aller Küsten von Afrika bis China nichtportugiesische Schiffe an der Weiterfahrt hinderte.

Nur die Liefde schaffte den Durchbruch, zerschellte dann aber in einem Sturm an der Küste von Kyushu. Von den einhundertzehn Seeleuten überlebten nur vierundzwanzig. Unter ihnen befand sich der Navigator, der Engländer William Adams, der in den folgenden zwei Jahrzehnten als Berater der Regierung für ausländische Angelegenheiten – so sein Titel – eine wichtige Rolle spielen sollte.

Bevor das Jahr 1600 zu Ende ging, erteilte Papst Clemens VIII. in Rom offiziell allen katholischen Orden die Erlaubnis, in Japan zu missionieren. Dadurch wurden die katholisch-protestantischen Auseinandersetzungen, die seit Luthers Reformation Europa zerrissen und in blutige Kriege gestürzt hatten, nach Japan getragen.

10   Wende zur Tokugawa-Zeit

Im Jahr 1600 kam in Japan ein Mann an die Macht, der das nächste Vierteljahrtausend prägen sollte und dessen Schatten noch heute auf jeder japanischen Seele liegt. Sein Name war Tokugawa Ieyasu. Dieser Name machte Jahrhundertgeschichte. Er wurde zum Signum einer ganzen Epoche. Der Name steht für Vorsicht, Berechnung, Kontrolle, Organisation.

Ieyasu war neunundfünfzig Jahre alt, als er an die Macht kam. Unter Nobunaga war er ein stiller, zurückhaltender Daimyo, der sich durch treue Ergebenheit auszeichnete, später war er einer der engsten Vertrauten Hideyoshis. Er gehörte dem Rat der Fünf an, der nach Hideyoshis Tod die Regentschaft übernahm.

Ieyasu war ein kleiner, untersetzter Mann, pausbackig und mit jovialem Gesicht. Er konnte entgegenkommend und schmeichlerisch sein. Dahinter verbarg sich gebündelte Schläue, Gerissenheit und Härte. Als Kind war er ein Stotterer gewesen. Er war ein vorsichtiger Mann. Er ging nie ein Risiko ein, sondern zog im stillen an den Fäden, bis er die Dinge so zurechtgerückt hatte, daß sie reif waren für eine Entscheidung. Er war ein geduldiger Tiger.

Ihm fehlte jene volksnahe, ein wenig naiv anmutende Wärme, die Hideyoshi besessen hatte und die ihn in Japan zu einer heute noch beliebten historischen Figur werden ließ. Ieyasus Charakter ist umwölkt. Ihm fehlt jener feurige Glanz, der an Nobunaga fesselt. Ieyasu unternahm kein geistiges Wagnis, er war kein Sucher, kein Frager. Ihm fehlte die Leidenschaft.

Als Ieyasu 1600 an die Macht kam, erließ er innerhalb eines Jahres ein Gesetzeswerk, durch das er das Leben der buddhistischen Orden – sämtlicher Orden – bis in kleinste Detail regelte. Er schrieb ihnen vor, wie sie ihre jeweilige Lehre zu pflegen haben, welche Stufen der Hierarchie einzurichten und zu beachten seien, welche Reihenfolge in der Beförderung von Mönchen zu Äbten eingehalten werden müssen. Er schuf eine Behörde in seiner Regierung, das «Amt für Tempel und Schreine», die über die Durchführung seiner Anordnungen zu wachen hatte.

Offensichtlich traute Ieyasu dem Hossu immer noch nicht, obwohl dieser seit seiner Unterwerfung unter Nobunaga friedlich in dem neuen Haupttempel des Jodo-Ordens in Kyoto, dem Honganji, residierte. Ieyasu ordnete die Errichtung eines zweiten Haupttempels an, ganz in der Nähe des ersten, und setzte dort einen Gegen-Hossu ein. Aufs gerissenste wählte er dazu den Bruder des amtierenden Hossu und dessen Intimfeind. Seitdem ist der Jodo-Orden gespalten und beschäftigt sich – bis heute – mit dem nie enden wollenden Zank zwischen dem östlichen und dem westlichen Honganji-Tempel.

Ieyasu stülpte über alles ein dichtes Geflecht von Verboten, Vorschriften und Gesetzen. Er war ein perfekter Planer und ein perfektionistischer Organisator. Er überließ nichts dem Zufall. Er überdachte jeden einzelnen Schritt und tat den nächsten nur, wenn er sicher war, daß er in die gewünschte Richtung führte. Er verlor ein einmal gestecktes Ziel nie aus den Augen.

Im Jahre 1603 wurde Ieyasu vom Tenno zum Shogun ernannt. Mit diesem Datum beginnt offiziell die Tokugawa-Zeit, die oft auch Edo-Zeit genannt wird, weil Ieyasu seinen Regierungssitz nach Edo, dem heutigen Tokyo, verlegte.

Ieyasu hatte viele Frauen. Seine Ehefrau hatte er sehr früh geheiratet. Die Verbindung war aus rein politischen Erwägungen geschlossen worden. Er nahm sich Nebenfrauen, legte aber wenig Wert auf deren Abstammung, Bildung oder Schönheit. Ihm war es wichtiger, daß sie ihm viele Söhne gebaren. Weil man bei einer unverheirateten Frau nie ganz sicher sein kann, ob sie Kinder haben wird, nahm er am liebsten junge Witwen, die schon geboren hatten. Diese Witwen waren ihm dankbar, daß er sie zur Nebenfrau nahm, und stellten keine Ansprüche. Er steckte sie alle in einen gesonderten Frauenflügel seines Schlosses, dessen Oberaufsicht er seiner Ehefrau übertrug. Er schuf für seine Frauen und deren zahlreiche Zofen eine sehr straffe und fein unterteilte hierarchische Ordnung mit genau umrissenen Aufgaben und Pflichten. Er duldete es nicht, daß es zwischen seinen Frauen zu Eifersuchtsszenen kam.

Ieyasu war ein großer Esser, aber legte wenig Wert auf erlesene Speisen. Er war zufrieden, wenn er satt wurde.

Er war ein Finanzgenie und wußte diese Begabung für sich und seine Regierung virtuos einzusetzen. Sein Lieblingsmetall war Gold. Er war raffgierig. Sein persönlicher Goldschatz betrug, als er starb, siebzehn Tonnen. In seinem Tresor, den er für den Fall äußerster Bedrängnis eingerichtet hatte, hinterließ er seinen Erben als Notgroschen weitere sechs Tonnen Gold. Sein privater Silberschatz belief sich auf zweihundert Tonnen.

Ieyasu war der unangefochtene Herrscher Japans. Er hatte seine breite, fleischige Hand auf ein Viertel des Landes gelegt – auf das ertragreichste Ackerland. Er kontrollierte die großen Handelsstädte und schröpfte sie durch Steuern, die in seine Kassen flossen. In seinem Schatzhaus lagen, als er starb, viertausend Ballen Seide. Er legte seine Reichtümer auf die hohe Kante und lebte selbst äußerst haushälterisch. Wenn er Luxus und Pracht entfaltete, dann tat er es, um seine Macht zu zeigen. Sein Schloß in Edo besaß eine riesige Ausdehnung. Wegen der häufigen Erdbeben war es bis auf einen zentralen Wachtturm niedrig gebaut, meist einstöckig. Es lag in einem ausgedehnten, von Wassergräben umgebenen Areal – dem Areal des heutigen Kaiserpalastes in Tokyo.

Ieyasu blieb nur zwei Jahre lang Shogun. Auf dem Höhepunkt seiner Macht zog er sich aus dem Amt zurück, um es offiziell seinem Sohn zu übertragen. Damit stellte er unmißverständlich klar, daß er das von ihm begonnene Shogunat als den Anfang der Herrschaft seiner Familie betrachte. Gleichzeitig wollte er seinem Sohn, der zu jenem Zeitpunkt sechsundzwanzig Jahre alt war, die Möglichkeit geben, sich rechtzeitig mit den Regierungsgeschäften vertraut zu machen.

Ieyasu verlegte seinen Wohnsitz von Edo in die landschaftlich herrliche Gegend am Fuße des Berges Fuji, nur einige Reitstunden von Edo entfernt. Dort an der pazifischen Küste, wo heiße Quellen im Überfluß vorhanden sind, wo das Klima auch im Winter mild bleibt und wo dichte Kiefernwälder im Sommer Kühle bieten, lebte er aber nicht zurückgezogen. Er war der Große Herrscher, mehr als eine graue Eminenz.

Befreit von den vielen kleinen und protokollarischen Regierungsverpflichtungen, die er seinem Sohn übertragen hatte, entwickelte er sein umfassendes gesellschaftliches, wirtschaftliches und politisches Konzept. Er ging der Frage nach, wie Japan im Inneren beschaffen sein müsse, damit die noch junge Regierungsgewalt seines Clans für alle kommenden Generationen unantastbar bleibe.

Ieyasu wollte keine Möglichkeit unbedacht lassen, durch die eine etablierte Dynastie, sei es aus eigenem Versagen oder aufgrund widerstrebender Kräfte aus anderen Gesellschaftsgruppen, stürzen kann. Er wollte eine absolut sichere Gesellschaftsform finden. Er wollte absolute Stabilität. Er plante die Zukunft der Tokugawa-Familie und plante damit die Zukunft Japans.

Eines, was Ieyasu nicht gewollt und auch nicht vorausgesehen hat, war der Rückzug Japans in die Isolation. Dies ist deshalb wichtig, weil aus Unkenntnis der geschichtlichen Entwicklung Japans die Tokugawa-Zeit oft mit dem Zeitalter der Isolation gleichgesetzt wird. Ieyasu, der Architekt des Shogunats in Edo, bedachte nicht, daß sein Enkel dreiundzwanzig Jahre nach seinem Tod die Grenzen des Landes würde schließen müssen. Ieyasu gründete sein System auf die Zuversicht, daß die innen- und außenpolitische Situation für Japan beherrschbar bleiben werde.

Er war der erste japanische Staatsmann, der durch Kontakte mit nichtkatholischen Europäern, mit Niederländern und Engländern, Informationen über die wahren Machtverhältnisse in Europa und in den damals von den Europäern beherrschten Teilen der Welt einholen konnte. Er war der erste, der erkannte, welch bedeutende Stellung das silberreiche Japan im Weltwirtschaftssystem seiner Zeit einnahm. Er war gerissen genug, das Spiel um Geld und Macht zu durchschauen, das die internationalen Beziehungen der Völker dieser Welt – damals wie heute – prägt.

Gerade weil Ieyasu der Architekt eines Regierungs- und Wirtschaftssystems war, in dem die Zentralgewalt, die Regierung des Shogunats, in totalitärer Weise alles kontrollierte, glaubte er bis an sein Lebensende, daß Japan wirtschaftlich und militärisch stark genug sei, um sich in einer Welt zu behaupten, die unter dem Einfluß der Portugiesen, Spanier, Niederländer und Engländer stand.

Diese Hoffnung war nicht unrealistisch. Die Silber- und Goldproduktion war zu Ieyasus Lebzeiten so hoch, daß kein anderes Land auf der Welt sich darin mit Japan messen konnte. Sie war sogar seit den Zeiten Nobunagas und Hideyoshis noch weiter gestiegen. Auf vielen technischen Gebieten waren die japanischen Leistungen damals denen der Europäer vergleichbar.

Vor der Ankunft der schwarzen Schiffe der Portugiesen hatten die Japaner im wesentlichen Küstenschiffe gebaut, stabil, widerstandsfähig und sturmfest wie chinesische Dschunken. Sie waren zwar durchaus brauchbar für längere Fahrten über das offene Meer, sie waren aber nicht so hoch gebaut und konnten nicht so sicher vor dem Wind segeln wie die Schiffe aus Europa. Die Portugiesen und Spanier hatten sich immer bemüht, die Details ihrer Schiffskonstruktionen vor den Japanern geheimzuhalten. Aber die Japaner studierten jedes Schiffswrack, das der Sturm gegen ihre Küste warf, und lernten schnell, die Geheimnisse der damals führenden europäischen Schiffsbaunationen zu enträtseln. Als Ieyasu zur Macht gelangte, lag die Tonnage der japanischen Handelsschiffe bei zweihundert bis dreihundert Tonnen, vergleichbar mit den Schiffen der Portugiesen und dem ersten niederländischen Segler, der an Japans Küsten strandete.

In den Jahren 1600 bis 1632 baute man bereits Schiffe von siebenhundert bis achthundert Tonnen. Das größte Schiff hatte sogar siebzehnhundert Tonnen. Es war als Kriegsschiff für den Schutz der Stadt Edo gedacht.

Die Chinesen kannten lange vor den Europäern den Gebrauch des Kompasses. Sie besaßen ein eigenes Navigationssystem, das sich nach den Sternbildern richtete. Nun konnten die Japaner die europäische Navigationskunde studieren, die anders, mehr geometrisch aufgebaut war als das alte algebraische System der Chinesen.

Im Jahr 1613 überquerte ein japanisches Schiff – allerdings mit einem spanischen Navigator an Bord – den Pazifik, um in Acapulco die Möglichkeiten direkter Handelsbeziehungen mit Mexiko zu erkunden.

Im Jahr 1618 erschien in Japan ein umfangreiches Werk, geschrieben von einem japanischen Navigator, in dem der damals letzte Stand der europäischen Navigationskunde dargelegt wurde.

Um 1620 lieferten die Japaner einen Großsegler an die spanische Regierung der Philippinen, die ihn auf der Pazifikroute nach Mexiko einsetzte. Die alten Quellen berichten, daß das in Japan gebaute Schiff um ein Viertel billiger und gleichzeitig besser gewesen sei als ein Schiff, das man sich aus Europa hätte kommen lassen können. Auch Engländer kauften in jenen Jahren Schiffe von den Japanern und nutzten sie für ihre Handelsfahrten in Ostasien. Beim Bau der Schiffsrümpfe für die großen Segler waren die Japaner den Europäern gegenüber im Vorteil, weil sie über eine hochentwickelte Zimmermannskunst verfügten, geschult am Bau der Tempel und Pagoden in taifun- und erdbebengefährdeten Gegenden. Noch heute trifft man fast überall in Japan auf fünfstöckige Pagoden, die viele Jahrhunderte, viele Stürme und manche Erdbeben überdauert haben. Die Beanspruchung solch großer und hochragender Holzbauwerke ist dem eines Schiffsrumpfes bei hohem Wellengang nicht unähnlich. Die alten Tempel und Pagoden sind alle aus dem Holz der japanischen Gebirgszeder und ohne einen einzigen Metallnagel gebaut, nur durch geschickte Verstrebungen und Verschränkungen der Balken gehalten, so daß sie sich bei einem stärkeren Sturm oder bei einem Erdbeben verwinden können, ohne zu brechen. Die älteste Pagode dieser Art, die heute noch erhalten ist, steht in Nara. Sie wurde im Jahr 607 vollendet. Sie ist das älteste Holzbauwerk der Welt.

In der Herstellung von Stahlklingen waren die Japaner den Europäern deutlich überlegen. Die japanische Schwertschmiedekunst hat hochelastische und harte Stähle erzeugt, deren Werkstoffeigenschaften in Europa erst von den Stählen des 20. Jahrhunderts erreicht wurden.

Die Schwertschmiedekunst wirkte sich auch auf die Herstellung anderer stählerner Waffen, Geräte und Werkzeuge günstig aus. Stahlwerkzeuge wurden zu einem der Hauptexportartikel der Japaner, als sie in den ersten Jahrzehnten der Tokugawa-Herrschaft ihre Handelsbeziehungen zu den Ländern Südostasiens ausbauten.

Auch im Metallguß standen die Japaner nicht hinter den Europäern zurück, wie die großen japanischen Bronzegußarbeiten zeigen. Der Große Buddha von Nara, der im Jahre 752 gegossen wurde, ist die größte Bronzefigur der Welt, gefolgt vom Großen Buddha von Kamakura aus dem Jahr 1252, der mit mehr als elf Metern Höhe die zweite Stelle einnimmt. Der Guß der großen Gongs für die buddhistischen Tempel war in Japan genauso vollkommen wie der Guß der großen Kirchenglocken in Europa. Daher verfügten die Spezialisten hier wie dort über

das technische Wissen, das den Guß bronzener Kanonen ermöglichte.

Was die Japaner noch nicht besaßen, waren mechanische
Uhrwerke, aber um das Jahr 1600 hatten sie diesen Rückstand
längst aufgeholt. In Nagasaki und anderswo hatten sich Handwerker angesiedelt, die Uhren und Zündmechanismen für
Gewehre bauten.

Insgesamt bietet Japan am Anfang des 17. Jahrhunderts, als
Ieyasu die Bühne der Geschichte betrat, das Bild eines wirtschaftlich und technisch leistungsfähigen Staatswesens.

11 Wirtschaftsexpansion

Im April 1600 kam die Nachricht, daß vor Kyushu jenes fremde Schiff gestrandet sei, das anders aussah als die schwarzen Schiffe der Portugiesen und Spanier. Die Seeleute, die sich hatten retten können, seien rot- und gelbhaarige Kerle mit grünen und blauen Augen. Es war die niederländische Liefde, von der schon die Rede war. Ieyasu sandte sofort ein Schiff aus von Sakai, um das Wrack zu untersuchen und die Überlebenden zu befragen.

So kamen William Adams zu ihm, der Navigator der Liefde, und Jan Josten, ein Holländer aus Delft, Sproß einer dort hochangesehenen Familie, die viel Kapital in die damals sich gerade formierende Ostindische Kompanie gesteckt hatte. Jan Josten war gebildet und belesen; William Adams dagegen war eher ein versierter Praktiker. Er hatte zwölf Jahre lang in London als Schiffsbauer gearbeitet und danach unter Königin Elisabeth I. als Offizier auf einem Kriegsschiff gedient. Während der Seeschlacht im Ärmelkanal, bei der die spanische Armada vernichtet wurde, befehligte er als Kapitän ein englisches Schiff und wurde hinterher für seine Tapferkeit ausgezeichnet.

Für die Gespräche mit dem Holländer und dem Engländer holte Ieyasu einen Jesuiten als Dolmetscher. So erfuhren die Portugiesen und Spanier sehr schnell, daß ein niederländisches Schiff bis zur japanischen Küste vorgedrungen war.

Das alarmierte sie. Noch während Jan Josten, William Adams und die niederländischen Seeleute von Ieyasus Beamten verhört wurden – die Schiffbrüchigen befanden sich vierzig Tage lang in Untersuchungshaft – sprachen hintereinander verschiedene Jesuiten und Franziskaner bei Ieyasu vor. Auch eine Delegation der portugiesischen Handelsleute kam aus Nagasaki herbeigeeilt. Sie alle warnten Ieyasu vor diesen

Piraten und Seeräubern, diesen Lügnern und Gesetzesbrechern, diesen ruchlosen Ketzern aus den aufsässigen Niederlanden und dem abtrünnigen England.

«Wenn Euer Majestät», so steht es im offiziellen Protokoll einer Audienz, bei der eine Petition überreicht wurde, «solche verabscheuungswürdigen und allgemeingefährlichen Verbrecher am Leben läßt, dann kann dies von großem Nachteil für Euer Land sein, denn alle anständigen Menschen werden, sobald sie davon erfahren, Euer Land meiden und keinen Handel mehr mit Japan treiben wollen.»

Man muß sich vorstellen, wie Ieyasu mit unbewegter Miene den Ausführungen zugehört und am Ende mit ernstem Gesicht genickt hat. Wahrscheinlich hat er sich höflich und formvollendet für die außerordentlich wichtige Information bedankt. Als die Bittsteller gegangen waren, hat er sicher gelacht und sich vielleicht vor Freude auf die Schenkel geklatscht.

Es war ganz nach seinem Geschmack, einen kurzen, aber aufschlußreichen Blick hinter die Kulissen zu tun. Für ihn war es wertvoll, zu wissen, daß diese Europäer sich offenbar untereinander bis aufs Blut haßten. Mit Vergnügen notierte er, daß die Jesuiten und Franziskaner, die sich bislang gegenseitig nicht hatten ausstehen können, nun plötzlich eng zusammenrückten, um gemeinsam die rot- und gelbhaarigen Kerle aus einem anderen Teil Europas zu verderben. Er überlegte, wie er die Feindschaft der Europäer nutzen und für Japan Vorteile daraus ziehen könne.

Entgegen dem jesuitisch-franziskanischen Wunsch, dem gefährlichen Engländer, seinem holländischen Kumpanen und allen anderen Niederländern die Köpfe abschlagen zu lassen, ließ Ieyasu den Gefangenen mitteilen, daß sie, so lange sie wollten, in Japan bleiben und sich frei im ganzen Land bewegen könnten. Für jeden der niederländischen Seeleute setzte er eine bestimmte Menge Reis pro Tag und ein monatliches Handgeld fest – ein bis zwei Dukaten.

Jan Josten aber und William Adams nahm er in seine Dienste. Er übertrug ihnen die Aufgabe, ihn in allen Fragen, die das Ausland betrafen, zu unterrichten. Später stiegen Jan Josten und William Adams bis in den Rang eines Staatssekretärs auf. Sie leiteten gemeinsam das Ressort für auswärtige Angelegenheiten. Beide erhielten von Ieyasu standesgemäße Residenzen in Edo und in Nagasaki, wohin sie öfter reisen mußten.

Jan Jostens Residenz in Edo lag dort, wo heute der Hauptbahnhof von Tokyo steht. Der Name dieses Stadtbereichs erinnert noch an ihn. William Adams heiratete eine Japanerin. Ihr gemeinsamer Sohn wurde später einer der großen Reeder. Er gehörte zu den letzten, deren Schiffe, als die Isolation schon nahte, noch in See stechen und freien internationalen Handel betreiben durften.

Beide, Adams und Josten, waren wohl sehr ausgeprägte Persönlichkeiten. Sie haben das in sie gesetzte Vertrauen nicht enttäuscht. Für Ieyasu mag auch ausschlaggebend gewesen sein, daß niemals Missionare im Gefolge von Adams und Josten auftauchten. Dann hätte er sie nicht behalten. Beide stimmten mit Ieyasu überein, daß Handel und Religion nicht miteinander vermischt oder verkoppelt werden sollten. Sie empfanden sich als Repräsentanten des Handels und wollten mit Repräsentanten der Religion nichts zu tun haben. Ohnehin waren sie gegen die Jesuiten, Franziskaner, Dominikaner und Augustiner, gegen sämtliche vom Papst entsandten Kleriker. Sie waren erklärte Gegner der Portugiesen und Spanier. Sie wollten das ihre dazutun, deren ostasiatisches Handelsmonopol zu brechen.

Dies war genau die Politik, die auch Ieyasu verfolgte. Er wollte, daß Japan schrittweise unabhängig würde von den Warenlieferungen der Portugiesen, insbesondere von dem fast ausschließlich über portugiesische Händler in Macao abgewickelten

Seidenhandel mit China. Die Portugiesen verfügten damals als einzige Ausländer über ein Einkaufsrecht in Kanton, der großen chinesischen Hafenstadt, in deren Nähe Macao liegt.

Die Ming-Dynastie in Peking weigerte sich nach wie vor, andere Handelsbeziehungen zuzulassen. Auch Ieyasus Versuche, über diplomatisch sorgsam vorbereitete Kontakte die chinesische Regierung zum Einlenken zu bewegen und einen direkten offiziellen Handel zwischen Japan und China einzurichten, schlugen fehl. Für die Portugiesen war dies äußerst günstig, denn als Zwischenhändler für die begehrten chinesischen Seiden hatten sie jahrzehntelang hohe Gewinne einstreichen können.

Erfolgreich war Ieyasu hingegen bei seinen Verhandlungen mit anderen Handelspartnern im ostasiatischen Raum. Aufbauend auf bestehende Handelsbeziehungen schloß er offizielle Verträge mit den Ryukyu-Inseln, dem heutigen Okinawa, mit Taiwan, den Philippinen und Batan, dem heutigen Java, mit den Königreichen Annam, Kambodscha und Siam und auch mit Korea.

Durch diese Verträge erreichte Ieyasu zweierlei. Zum einen wurde festgelegt, daß japanische Händler, deren Schiffe das offizielle rote Siegel des Shogun trugen, oder die für ein japanisches Handelshaus arbeiteten, das über die notwendigen Lizenzen verfügte, in dem jeweiligen Land besonderen Schutz genossen. Die Einrichtung überseeischer Handelsstationen wurde vereinfacht und das Leben der dort oft für mehrere Jahre ansässigen japanischen Kaufleute sicherer.

Zum anderen erreichte Ieyasu, daß der unkontrollierte Überseehandel, der Handel ohne sein rotes Siegel, bald abnahm und fast völlig verschwand, weil die vertragschließenden Länder sich verpflichtet hatten, keine unlizenzierten japanischen Händler mehr an Land gehen zu lassen.

So erhielt Ieyasu nicht nur eine genaue Kontrolle über den gesamten japanischen Außenhandel, sondern konnte auch seine Steuern erheben, was ihm sicher genauso wichtig war. Um in den Genuß des roten Siegels zu kommen, mußten die Kaufleute aus Kyoto, Sakai, Osaka und Edo beträchtliche Summen aufwenden und Ieyasu mit Geschenken aus purem Gold erfreuen.

Noch ein weiteres Ziel hatte Ieyasu durch die straffe zentrale Kontrolle des Überseehandels und überhaupt des japanischen Schiffsverkehrs mit dem Ausland erreicht: Es wurde für spanische und portugiesische Mönche, die illegal von den Philippinen nach Japan einreisen wollten, sehr schwer, sich von japanischen Schiffen als Passagiere mitnehmen zu lassen – nicht einmal gegen hohe Bezahlung. Wenn ein japanisches Schiff mit solchen Fremden verraten oder aufgegriffen wurde, würde dies mindestens das rote Siegel kosten.

Deswegen betrachteten die Niederländer auf hoher See mit ihren Fernrohren eifrig jedes nach Japan segelnde japanische Schiff, um vielleicht katholische Mönche an Deck auszumachen. Die Erfindung des Fernrohrs war damals noch ganz neu, und die meisten Mönche kannten diese technische Neuerung noch nicht. Galileo Galilei hatte erst wenige Jahre zuvor mit Hilfe von Glaslinsen, die er aus den Niederlanden bezog, das erste Fernrohr gebaut und seine aufsehenerregenden Beobachtungen am Sternenhimmel gemacht. Die Niederländer und Engländer waren danach die ersten, die Fernrohre bauten, während in Italien die Inquisition Material über Galilei sammelte, um ihn wegen seiner astronomischen Schriften als Ketzer vor Gericht stellen zu können.

Wenn man sich die Import- und Exportlisten der großen japanischen Handelshäuser aus der frühesten Edo-Zeit ansieht, bekommt man einen Eindruck davon, wie ähnlich das damalige Grundmuster des Warenflusses dem des heutigen Japans ist. Importiert wurden hauptsächlich Rohstoffe, während Fertigwaren und veredelte Produkte zurück ins Ausland flossen.

Unter den im Ausland eingekauften Waren stand Rohseide an erster Stelle. Daneben führen die alten Listen auf: Baumwolle, Wolle, Leder, Felle, Horn, Elfenbein, Kampferholz, andere tropische Hölzer, Süßholz, Rohrzucker, Gewürze wie Pfeffer und Zimt, Safran und andere pflanzliche Farbstoffe, spanische und portugiesische Weine, den Saft des Sumach-Baumes, aus dem der kostbare Lack für Lackarbeiten gewonnen wird, Bienenwachs, Bernstein, Juwelen, Korallen, Zinn, Quecksilber und Nitrat.

Im Gegensatz dazu exportierten die Japaner damals hauptsächlich Eisen und Stahlprodukte in die asiatischen Länder, zum Beispiel Gebrauchswaren wie eiserne Töpfe und Kessel, geschmiedete Gegenstände wie Pflugspitzen, Hacken, Meißel, Beile, Scheren und Messer und schließlich Waffen wie Speerspitzen, Pfeilspitzen, Dolche und Schwerter. Außerdem exportierten sie Gefäße aus getriebenem Kupfer und Silber, Schmuck, Spiegel und dichtschließende Medikamentendosen. An Lebensmitteln lieferten sie getrocknete Fische und Meeresfrüchte, gepökelte Fische und fermentierte Sojabohnenpaste sowie Sojasoße, Gerstenmehl, Reiswein und grünen Tee. Hinzu kamen Keramik und Porzellan, Reispapier, gewebte Stoffe, Lackarbeiten, einfache und bemalte Faltschirme, Regenschirme, Möbel wie Tische, Truhen und Schränke, hölzerne Badewannen, Schwefel zum Ausschwefeln von Fässern, insektenabwehrende Räucherstäbchen und Pappstreifen.

Aus den alten Unterlagen der japanischen Handelshäuser geht hervor, daß schon damals die Zentralen in Kyoto, Osaka und Sakai ihre in den überseeischen Niederlassungen ansässigen Angestellten beauftragten, neben ihrer kaufmännischen Tätigkeit Zeit und Gelegenheit zu nutzen, um häufig ins Hinterland zu reisen und ausfindig zu machen, welche Waren dort verlangt würden, die Japan eventuell liefern könne.

Offensichtlich sind schon damals die japanischen Vertreter von den Hafenstädten aus emsig und zielbewußt auf schmalen

Dschungelpfaden in die Dörfer weitab von allen Straßen ausgeschwärmt und haben Marktforschung betrieben, um nach Hause berichten zu können, welche speziellen Wünsche zum Beispiel die vietnamesischen Hochlandbauern, die buddhistischen Mönche in Laos, die Wasserbüffel-haltenden Reisbauern im Mekong-Delta, die Bootsfahrer auf Sumatra und die Schattenpuppenspieler auf Java hegten.

Dies erinnert an die Methoden der japanischen Marktforscher von heute. Sie schicken ihre Firmenvertreter bis in die entferntesten Ecken der Welt und lassen dort sorgfältig Marktanalysen durchführen, um herauszufinden, ob die Hochlandindianer in Bolivien, Chile und Peru sich Mopeds kaufen würden oder lieber einen einachsigen Minitraktor, wie groß der Markt für Richtantennen ist, mit denen man in abgelegenen Gegenden, zum Beispiel im australischen Busch oder in Afrika, Fernsehprogramme über Satellitenfunk einfangen kann, ob man in Arabien motorisierte Schneeschlitten für Fahrten über den feinen Flugsand der Wüste einsetzen würde, wieviel Geld die Skifahrer in den Alpen für ein kleines Notfunkgerät auszugeben bereit sind, das bei Lawinenkatastrophen die Rettungsmannschaften herbeirufen und zielgerichtet steuern kann.

Handel bedeutet Austausch. Man kann Waren auf lange Sicht nur dann gut verkaufen, wenn die Handelspartner entweder mit Edelmetallen bezahlen können oder geeignete Produkte zum Tausch haben. In den ersten zwei bis drei Jahrzehten nach 1600 haben die japanischen Stammhäuser im Hinterland der südostasiatischen Hafenstädte alle Möglichkeiten auskundschaften lassen, welche Rohstoffe von dort bezogen werden konnten. Am meisten, so steht es in den alten Handelsregistern, wurde Seide verlangt. Wie wertvoll die Seide war, kann man abschätzen, wenn man die Menge Silber kennt, die die Japaner für ein Kilogramm Rohseide zu zahlen bereit waren. Für ein Kilogramm erzielten die Erzeuger, je nach Qualität der Rohseide, zwischen zweihundert bis dreihundert Gramm Silber oder eine entsprechend größere Menge an Kupfergeld. Die zweihundert bis dreihundert Gramm Silber waren ein Fünftel dessen, was die Portugiesen bis dahin auf dem Markt von Nagasaki von den Japanern verlangt und erhalten hatten.

Eine Maßnahme, die Ieyasu schon sehr bald traf, war die Einberufung einer Kommission zur Überprüfung der portugiesischen Seidenpreise in Nagasaki. Bis dahin hatten viele japanische Einkäufer, die alljährlich im Sommer nach Nagasaki kamen, wenn die portugiesischen Schiffe entladen wurden, für die angelandete Seide fast jeden Preis bezahlt. Die Konkurrenz unter den japanischen Händlern war groß und wurde durch die Knappheit der Ware weiter verschärft.

Ieyasu verfügte, daß seine Kommission, die aus erfahrenen Großkaufleuten aus Kyoto, Sakai und Osaka bestand, Richtpreise für die Rohseide festsetzte. Wie bei vielem, was Ieyasu anpackte, verfolgte und erreichte er auch hier mehrere Ziele gleichzeitig. Es ging ihm nicht nur um die Preise selbst, sondern auch um die Kontrolle des Rohseidenhandels.

Sehr rasch ergab es sich, daß die Kommission als Aufkäufer der von den Portugiesen nach Japan gebrachten Seide auftrat. Sie war finanziell in der Lage, ganze Schiffsladungen zu übernehmen. Gleichzeitig wurden die Zwischenhändler in Nagasaki – nämlich die Jesuitenpatres selbst oder die von ihnen beauftragten Kirishitan – ausgeschaltet.

Damit entfiel für die Jesuiten eine wesentliche Einnahmequelle. Dies, so hatte sich Ieyasu ausgerechnet, würde auch Rückwirkungen auf alle ihre anderen Tätigkeiten außerhalb der Stadtgrenzen von Nagasaki haben, insbesondere auf ihre nach wie vor aktive Missionstätigkeit, die ja schon längst illegal war. Die Stellung der Kirishitan in Nagasaki würde insgesamt durch die Wegnahme der hohen Zwischenhandelsspannen geschwächt.

Daß die Großkaufleute, die er in die Kommission berufen hatte, nun eine Monopolstellung einnahmen, war von Ieyasu durchaus gewollt und geplant. Diese Kaufleute konnten über ihre landesweit ausgedehnten, inzwischen längst nicht mehr von Binnenzollbarrieren behinderten Vertriebsorganisationen die Rohseide weiterverkaufen. Sie konnten sie auch als Auftragsarbeit im Seidenweberviertel von Kyoto und anderswo verspinnen und zu Stoffen weben lassen, um sie dann erst weiterzuverkaufen.

Selbstverständlich traf Ieyasu Vorkehrungen, daß er nicht leer ausging. Als Shogun reservierte er sich das Vorkaufsrecht für alle Waren, die die Portugiesen brachten.

Insgesamt führten die Kanalisierung und zentrale Kontrolle des Handels mit den Portugiesen nicht nur zu einer Schwächung der portugiesischen Stellung in Japan und im ganzen ostasiatischen Raum, sondern auf lange Sicht auch zu einer Schwächung der allgemeinen Wirtschaftslage in Nagasaki und den angrenzenden Gebieten, in denen viele Kirishitan lebten. Dieser wirtschaftliche Niedergang war eine der Ursachen der sozialen Unruhen, die später in diesen Gegenden ausbrachen und als der große Christenaufstand von Shimbara in die Annalen eingingen. Dieser Christenaufstand gab dann den letzten Ruck, der Japan in die Isolation trieb.

Um ein paar Zahlen zu nennen: Als Ieyasu an die Macht kam, importierte Japan – damals fast ausschließlich über die Portugiesen – jährlich etwa sechzig Tonnen Rohseide, für die den Portugiesen etwa das gleiche Gewicht an Silber gezahlt wurde. Dreißig Jahre später importierte Japan rund einhundertzwanzig Tonnen Rohseide, aber die Portugiesen waren nur noch mit etwa sechs Tonnen beteiligt. Um sich ein Bild von dieser Menge machen zu können, sollte man wissen, daß für die Gewinnung von einhundertzwanzig Tonnen Rohseide zwischen einer halben Milliarde und einer Milliarde Kokons der Seidenspinnerraupen verarbeitet werden müssen. Diese Zahlen zeigen, wie groß die Nachfrage nach Seide in Japan war – trotz steigender Rohseidenproduktion im eigenen Land – und welches wirtschaftliche Gewicht die japanische Nachfrage im ostasiatischen Handelsgefüge besaß.

Um Zugang zu den Quellen der Rohseidenproduktion zu erhalten und den japanischen Markt beliefern zu können, leisteten die großen japanischen Handelshäuser der damaligen Zeit und die ihnen angeschlossenen Banken in den ersten drei Jahrzehnten der Edo-Zeit regelrecht Entwicklungshilfe. Sie zahlten Vorschüsse, damit die Dörfer in den Provinzen der südostasiatischen Königreiche oder auf den Philippinen, wo der Maulbeerbaum gedieh, ihre Seidenraupenzucht ausbauen und die technischen Geräte für das Abspinnen der Kokons aufstellen konnten.

Sie ließen die Arbeiten und die anlaufende Rohseidenproduktion durch ihre in den Hafenstädten angesiedelten Niederlassungen überwachen. Um Silber zu sparen, wurde die Seide immer häufiger mit Kupfergeld bezahlt. Die damaligen japanischen Kupfermünzen waren rund und hatten in der Mitte ein quadratisches Loch. Diese Münzen wurden auf Stangen gehäuft oder waren mit einem Lederstreifen zusammengebunden. Noch heute werden auf Landmärkten in Indochina oder auf den Philippinen vereinzelt solche Geldkränze gehandelt. Auf den längst abgegriffenen Kupfermünzen ist die alte japanische Prägung noch erkennbar, die ihre Zuordnung als Münzen der ersten Jahrzehnte der Edo-Zeit möglich macht.

Die Japaner erreichten durch intensive Marktpflege, daß sie fast die gesamte Rohseidenproduktion in den südostasiatischen Ländern und sogar auf den Philippinen schon an der Quelle aufkaufen konnten. Die Portugiesen und Holländer, die in den Hafenstädten saßen und versuchten, durch die dortigen Zwischenhändler an die Rohseide zu kommen, gingen leer aus. Die einheimischen Zwischenhändler beklagten sich bei ihren Regierungen über den Schwund ihrer Gewinne.

160

Die Spanier auf den Philippinen zeigten sich erzürnt. Die japanische Handelsoffensive führte in jenen Jahrzehnten zu mannigfaltigen Konflikten. Der Gouverneur der Philippinen schickte Briefe an die japanische Regierung in Edo, in denen er sie aufforderte, mit geeigneten Maßnahmen zu verhindern, daß die Japaner in Zukunft den Rohseidenmarkt in Ostasien leerkauften. Er schlug vor, daß die Regierung die Zahl der nach Manila und den anderen philippinischen Häfen auslaufenden Schiffe freiwillig reduzieren solle.

Den Portugiesen war es ein Dorn im Auge, daß die Japaner begonnen hatten, direkt mit den chinesischen Seidenlieferanten zu verhandeln, die ihre Ware bis dahin an die Portugiesen verkauft hatten.

Die Niederländer schließlich sandten eine Flut von Klagen nach Den Haag, in denen sie sich zum Teil in herzzerreißendem Ton über die japanische Konkurrenz beschwerten. Sie fragten an, was sie in Anbetracht ihrer bedrängten Lage gegen die Japaner unternehmen könnten.

Seit 1609 besaßen die Niederländer die offizielle Erlaubnis des Shogunats, mit Japan Handel zu treiben. Drei Jahre später kamen die Engländer hinzu. Beide richteten in der Hafenstadt Hirado an der Nordwestspitze von Kyushu ihre Verkaufsstationen und Lagerhäuser ein. Die niederländischen und englischen Handelsleute konnten sich völlig frei in ganz Japan bewegen. Sie genossen die gleiche Immunität wie Diplomaten. Ihre Handelsmissionen wurden zu exterritorialem Gelände erklärt. Sie brauchten keinerlei Steuern und oder sonstige Abgaben zu zahlen.

Obwohl William Adams alles tat, um gerade für die Engländer günstige Handelsbedingungen zu erreichen, hielten sich die Engländer nicht lange in Hirado. Sie brachten Wolle, Quecksilber und Zinn. Ieyasu kaufte einige Kanonen von ihnen, aber das Handelsvolumen war gering, und die Engländer verstanden es nicht, den Japanern Produkte anzubieten, für die ein größerer

Bedarf bestand. Nach zehn Jahren schliefen die Handelsbeziehungen ein.

Die Niederländer waren ausdauernder. Sie gaben sich mit geringen Gewinnen zufrieden, nur um im Geschäft zu bleiben. Sie waren in hohem Maße auf japanisches Silber angewiesen, denn sie hatten sonst kaum Zugriff zu Silberbergwerken, weder in ihrer Heimat noch in den von der Ostindischen Kompanie erschlossenen Handelsgebieten. Sie hofften, daß sich die Handelslage in Zukunft zu ihren Gunsten entwickeln würde.

Um dem Schicksal ein wenig nachzuhelfen, verstärkten die Niederländer ihre Flotte im ostasiatischen Raum. Ihre Schiffe waren damals die schnellsten und wendigsten der Welt. Sie waren gut bewaffnet. Ihre Kapitäne besaßen bereits Fernrohre. Deshalb gingen die Niederländer bald dazu über, Jagd auf alle portugiesischen Handelsschiffe zu machen. Wo immer sie konnten, kaperten oder versenkten sie diese. In sechs Jahren verloren die Portugiesen 150 Schiffe.

Außerdem fingen die Niederländer spanische Silbertransporte ab, die von Mexiko aus nach den Philippinen unterwegs waren. Sie blockierten die Bucht von Manila. Sie kaperten chinesische Dschunken, die als freie Handelsschiffe, ohne Billigung der Ming-Dynastie, mit Seide beladen nach Manila segeln wollten. Sie nahmen die Seide und brachten sie nach Hirado, wo sie sie gegen Silber verkaufen konnten. Sie eroberten den südlichen Teil von Taiwan und errichteten dort den Stützpunkt Zeelandia. Sie griffen erfolglos Macao an, konnten die Portugiesen aber aus Malakka vertreiben.

Später, als der Freundschaftsvertrag zwischen England und den Niederlanden abgelaufen war, kam es auch zu kriegerischen Auseinandersetzungen zwischen den beiden nichtkatholischen Seemächten. Die Niederländer konnten sich im ostasiatischen Raum gegen die Engländer durchsetzen.

Die Niederländer ließen während dieser ganzen Zeit alle freien chinesischen Schiffe, die nach Japan unterwegs waren, unbehelligt und attackierten auch nie ein japanisches Schiff auf hoher See. Nur einmal griffen sie ein japanisches Handelsschiff vor der Küste von Taiwan an und enterten es.

Daraufhin schloß die japanische Regierung sofort die niederländische Handelsstation in Hirado und beschlagnahmte die im Hafen liegenden niederländischen Schiffe, bis die Niederländer eine formelle Entschuldigung vorbrachten. Sie fügten ihrer Entschuldigung zwei große persische Teppiche, einige Ballen Samt, zwölf Pistolen und eine kunstvolle, in Amsterdam aus Kupfer getriebene Laterne bei.

Außerdem lieferten sie den niederländischen Kommandanten von Zeelandia aus, der das Entern des japanischen Handelsschiffes zu verantworten hatte. Er war gerade erst, aus Europa kommend, in Taiwan eingetroffen und hatte gutgemeinte Warnungen seiner dort schon länger tätigen Landsleute in den Wind geschlagen.

«So können Sie mit den Japanern nicht umspringen», hatten sie gesagt.

«Ach, was denn ... diese Eingeborenen ...», soll er geantwortet haben.

Die Direktion der Ostindischen Kompanie, deren Sitz auf Java war, stellte es den japanischen Behörden frei, den Zeelandia-Kommandanten zu verurteilen und eventuell sogar hinzurichten.

Dieser Vorfall ist in mehrfacher Hinsicht erwähnenswert. Er zeigt, wie besorgt die Niederländer um den Verlust ihres Handels mit Japan waren, der in jener Zeit mit über siebenhunderttausend Gulden jährlich etwa zwei Drittel des gesamten außereuropäischen Handelsvolumens der Niederlande ausmachte. Sicher hat es in der Zentrale der Ostindischen Kompanie hitzige Diskussionen gegeben, ob man es überhaupt mit dem europäischen Stolz vereinbaren könne, den Kommandanten von Zeelandia – schuldig oder nicht – an diese «Farbigen» auszuliefern, denn es stand ja keinesfalls fest, ob die Japaner den Kommandanten nicht doch einfach köpfen würden. Ob der Entschluß zur Auslieferung von niederländischer Seite nur kühle kaufmännische Berechnung war, ist nicht überliefert.

Von japanischer Seite ging es nach dem Zeelandia-Vorfall nicht um Rache, sondern um die Unantastbarkeit des freien Handels. Deshalb ließen die Japaner den Zeelandia-Kommandanten, nachdem er sich in Edo entschuldigt hatte, nicht nur frei, sondern gaben ihm als Anerkennungsgeschenk zweihundert geprägte Silberbarren mit auf den Weg. Gleichzeitig erteilte die Shogunatsregierung die Erlaubnis zur Wiedereröffnung der Handelsstation in Hirado.

12 Christenverbot

Nach diesem Ausflug in die bewegte Wirtschaftsgeschichte des ostasiatisch-pazifischen Raumes, die von der europäischen Öffentlichkeit damals nicht zur Kenntnis genommen wurde und bis heute fast unbekannt geblieben ist, stellt sich jetzt um so mehr die Frage, wieso es zur Isolation kam. Was war der Anlaß, was waren die Gründe?

Daß die Isolation zu einem Zeitpunkt begann, als der Handel mit dem Ausland florierte und als die japanischen Niederlassungen im südostasiatischen Raum sich in einer Phase heftiger Expansion befanden, erscheint geradezu widersinnig. Japans internationale Stellung war stark. Im Inneren herrschte eine Regierung, die so fest im Sattel saß wie nie eine andere japanische Regierung zuvor. Es gab keine Symptome der Schwäche und Labilität, nur Prosperität und Stolz. Weshalb dann die Isolation?

Häufig hört oder liest man die Meinung, daß der Entschluß der japanischen Regierung, die Grenzen des Landes zu schließen, rational nicht zu verstehen sei. Irgendwie habe es in Japan plötzlich einen Ruck in Richtung auf isolationistische Tendenzen gegeben, verbunden mit Fremdenhaß und emotioneller Christenfeindlichkeit. Irgendwie seien die Japaner von plötzlicher Angst vor der großen Welt ergriffen worden. Sie hätten die Überlegenheit der europäischen Kultur gespürt und keinen anderen Ausweg gesehen, als sich schamhaft zu verkriechen. Vorher hätten sie noch schnell alle Christen umgebracht, damit keine Spur mehr von europäischem Geist und christlicher Ethik in Japan erhalten bliebe.

Ich glaube, daß die Leute, die so etwas sagen oder schreiben, es sich sehr einfach machen. Der Prozeß der Schließung des Landes durchlief viele Phasen, und der Entschluß zur Isolation stellt nur den dramatischen und tragischen Höhepunkt dar.

Noch bestand unverändert das Verbot der Missionierung. Offiziell war die Zahl der Jesuiten, die sich zur Betreuung der portugiesischen Handels- und Seeleute in Nagasaki aufhalten durften, immer noch auf zehn beschränkt. In Wirklichkeit aber hielten sich zu Beginn des 17. Jahrhunderts allein einhundertneunzehn Jesuiten in Japan auf, unter ihnen ein Bischof, der von Rom gesandt war und der 1604 in Nagasaki die Botschaft des Papstes verlas, alle Christen in Japan sollten am katholischen Glauben festhalten und für seine Weiterverbreitung sorgen.

Wenig später ermahnte der Papst alle in Japan missionarisch tätigen Orden, daß sie ohne brüderlichen Zwist zusammenarbeiten und das Hauptziel, Japan ganz zu christianisieren, nicht aus den Augen verlieren sollten. Bis zum Jahre 1612, einem entscheidenden Datum, wuchs die Zahl der Jesuiten in Japan – nach eigenen Angaben – auf zweihundertfünfzig an.

Ieyasu schrieb mehrmals sowohl nach Manila als auch nach Macao und Goa, daß die Anwesenheit christlicher Missionare gegen bestehende Gesetze verstoße.

Selbstverständlich glaubten die katholischen Mächte Europas in jener Epoche des Frühkolonialismus, auf Souveränitätswünsche nichtchristlicher und nichtweißer Völker keine Rücksicht nehmen zu müssen. Deshalb ignorierten sie alle von japanischer Seite erlassenen Gesetze, die nach den bedenklich stimmenden Erfahrungen der ersten fünfzig Jahre christlicher Missionstätigkeit der weiteren Ausbreitung des Christentums Einhalt gebieten sollten. Sie ignorierten den ständig wiederholten japanischen Wunsch nach einer sauberen Trennung zwischen Religion und Handel.

Daß die Niederländer und auch die Engländer ihrerseits bereit waren, die Religion aus dem Handel herauszuhalten, war eine neue Entwicklung, die sich erst zu Anfang des 17. Jahrhunderts in den japanisch-europäischen Beziehungen abzeichnete. Hinzu kam, daß Ieyasu von Jan Josten und William Adams erfuhr, welche Rolle das Papsttum in Europa spielte. Er hörte von der Reformation und der Gegenreformation, von den Leiden der Niederländer unter der vom spanischen König eingesetzten Inquisition, und von ihrem Kampf gegen den Herzog von Alba. Er hörte von dem Blutbad der Bartholomäusnacht in Paris, bei dem Tausende Protestanten der französischen Hauptstadt getötet wurden.

Eine nicht zu unterschätzende Bedeutung für den Ablauf des weiteren Geschehens hatten auch mehrere Briefe, die der niederländische König Moritz von Nassau an Ieyasu schrieb. Moritz von Nassau war der Sohn Wilhelms von Oranien, unter dessen Führung die Niederländer ihren Freiheitskampf gegen Spanien erfolgreich geführt hatten. Er warnte Ieyasu in beschwörenden Worten vor den Spaniern und den Portugiesen.

«Sie tragen im Herzen den Willen des Papstes, der alle Religionen von der Erdoberfläche tilgen und die Japaner wie viele andere Völker auch zum Katholizismus bekehren möchte», heißt es in einem dieser Schreiben, «damit Japan dem Herrschaftsbereich des Papstes einverleibt werden kann.»

Über die Jesuiten steht zu lesen: «Sie täuschen Edelmut vor, verfolgen aber als Ziel nur die Spaltung des Reiches Eurer Hoheit, das jetzt noch leuchtend dasteht. Wenn sie genügend Menschen bekehrt haben, säen sie Unfrieden und entfachen einen schrecklichen Krieg im Innern des Landes.»

Es ist nicht bekannt, wie Ieyasu diese Berichte aufnahm und welche unmittelbaren Folgerungen er daraus zog. Sicher hat er sie beachtet und ernst genommen, unabhängig von der Tatsache, daß er bestimmt auch durchschaute, welche wirtschaftspolitischen Ziele der niederländische König verfolgte: Er wollte die Portugiesen und Spanier aus dem Handel mit Japan verdrängen, damit sein Land mehr Profit erzielen konnte.

Ieyasu war kein Mann, der sich Entscheidungen von außen aufdrängen ließ. Er hatte selbst gesehen, mit welcher Unverfrorenheit die katholischen Missionare, die Jesuiten und andere, trotz des bestehenden Verbots immer wieder nach Japan kamen und sich dort recht unbekümmert bewegten. Sie taten, als gebe es in Japan kein Gesetz, dem sie sich unterwerfen müßten. Es war, als ob ihr Europäersein ihnen das Recht gäbe, nach eigenem Gutdünken zu handeln und ihrer Missionstätigkeit nachzugehen, obwohl sie damit die japanischen Gesetze verletzten.

Ieyasu hat die Kirishitan immer wieder mit den Jodo-Anhängern verglichen. Er erkannte, daß in beiden Fällen eine große politische Gefahr von der Fanatisierbarkeit ihrer Anhänger ausging. Er selbst war in früheren Jahren, als Nobunaga noch lebte, in viele Kämpfe gegen die Jodo-Aufständischen verwikkelt gewesen und hatte deren religiös motivierten Fanatismus fürchten gelernt. Bei den Kirishitan war die politische Gefahr noch größer, weil sie von außen, von einer Macht außerhalb Japans gesteuert wurden, deren Ehrgeiz keine Grenzen kannte.

Auf die Frage, warum Ieyasu trotzdem zwölf Jahre lang nichts gegen die illegal tätigen Missionare unternahm, gibt es eine ganz eindeutige Antwort: Er wollte nicht den gleichen Fehler begehen wie Hideyoshi und ein Verbot erlassen, dessen Einhaltung er nicht durchsetzen konnte. Deshalb wartete Ieyasu, bis aufgrund seiner Gesetze alle Tempel und Schreine der religiösen Gemeinschaften erfaßt waren, denn für das, was er vorhatte, brauchte er die Zusammenarbeit der buddhistischen Tempel und jener zentralen Aufsichtsbehörde, des Amtes für Tempel und Schreine, das kurz nach 1600 seine Tätigkeit aufgenommen hatte.

Im April 1612 war es soweit: Ieyasu ließ in den Städten Edo, Kyoto, Osaka, Sakai und Nagasaki verkünden, daß sämtliche ausländischen Missionare, die sich dort aufhielten, das Land endgültig zu verlassen hätten, daß die christlichen Kirchen zu zerstören seien und daß alle Kirishitan entweder ihren angenommenen Glauben ablegen oder Japan verlassen müßten.

Eineinhalb Jahre später wurde dieses Verbot auf ganz Japan ausgedehnt.

Ieyasu hätte auf sein Christenverbot ohne weiteres sofort brutale Gewalt und Grausamkeit folgen lassen können. Er hätte so handeln können wie Katharina von Medici, die Königinwitwe hinter dem französischen Thron, die vierzig Jahre zuvor in der Bartholomäusnacht in Paris ein Blutbad unter den ihr nicht genehmen Protestanten anrichten ließ.

Aber nichts dergleichen geschah. Ieyasu ließ auf sein Verbot zunächst eine ausführliche schriftliche Begründung folgen, in der er auf die Unvereinbarkeit des nach Alleinherrschaft strebenden Christentums mit der pluralistischen Struktur der Religionsgemeinschaften in Japan einging. Er erläuterte, warum seiner Meinung nach das Christentum eine Gefahr für den inneren Frieden in Japan darstellte und gleichzeitig einer möglichen militärischen Bedrohung von außen Vorschub leistete.

Selbstverständlich besaß Ieyasu keine Kenntnis davon, daß die Jesuiten bereits mehrmals und in drängendem Ton die militärische Unterstützung Spaniens angefordert und längst sogar detaillierte Pläne zur Strategie der Eroberung Japans aufgestellt hatten. Diese für die christliche Mission nicht gerade schmeichelhaften Dokumente wurden bis in die jüngste Vergangenheit hinein in den Archiven des Vatikans und des Jesuitenordens unter Verschluß gehalten. Aus ihnen geht hervor, wieweit die Missionsarbeit eindeutig machtpolitische Ziele verfolgte, und daß militärische Mittel erwogen wurden, um sie durchzusetzen. Diese wohl auch heute noch längst nicht vollständig offengelegten Unterlagen zeigen, daß Ieyasu die Lage intuitiv richtig eingeschätzt hatte, als er die Missionare als Agenten einer fremden ausländischen Macht bezeichnete, die auf eine Zerstörung der japanischen Kultur und Souveränität hinarbeiteten.

Als Ieyasu Ende 1613 das Christenverbot auf ganz Japan ausdehnte, schickte er gleichlautende Briefe an sämtliche

Daimyo, in denen er sie aufforderte, alle Kirishitan, die in ihren Gebieten lebten, eingehend über die Hintergründe seines Christenverbots aufzuklären. Sie sollten verstehen, so schrieb er, warum die christliche Religion und ihre Träger, die fremden Patres, eine Gefahr für Japan darstellten.

Wer daraufhin vom Christentum abrücken wollte, brauchte dies nur bei dem nächstgelegenen, dem jeweiligen Wohnbezirk zugeordneten buddhistischen Tempel zu tun und sich von dort eine entsprechende Bestätigung des buddhistischen Priesters geben zu lassen. Diese Bestätigungen sollten dann im Gebiet eines jeden Daimyo erfaßt und dem Amt für Tempel und Schreine in Edo zur Kontrolle übergeben werden.

Wer aber, so steht es in Ieyasus Schreiben, am christlichen Glauben festhalten wolle, der müsse Japan zusammen mit den Patres verlassen. Auf jeden Verstoß gegen diese Anordnung stand die Todesstrafe.

Die Shogunatsregierung stellte sieben Küstenschiffe zur Verfügung, die von Osaka aus in Begleitung von zwei Kriegsschiffen die Patres, die man in Kyoto und der weiteren Umgebung aufgegriffen hatte, sowie die auswanderungswilligen Kirishitan mit ihren Familien nach Nagasaki brachte. Von dort aus sollten sie dann endgültig das Land verlassen.

In der noch immer überwiegend von Kirishitan bewohnten ehemals jesuitischen Hafenstadt formierten sich im Frühjahr 1614 große Prozessionen, die von den Patres der verschiedenen Orden – Jesuiten, Franziskaner, Dominikaner und Augustiner – angeführt wurden. Sie marschierten, streng nach Ordenszugehörigkeit getrennt, durch die Straßen. Je näher Ostern heranrückte, um so deutlicher trat der Passionsgedanke in den Vordergrund. Christsein heißt bereit sein zum Märtyrertum, hämmerten die Patres den japanischen Kirishitan ein. Sie gaben diese Parole in den Bibelstunden aus, an denen alle Kirishitan teilnehmen mußten. Wer nicht kommen wollte, wurde exkommuniziert.

170

Der psychische Druck steigerte sich mit dem Herannahen des Osterfestes. Die Patres benutzten die ihnen verbliebenen Wochen, um den Widerstandswillen der Kirishitan aufzubauen und um sie auf ein Leben im Untergrund vorzubereiten. Das Leben der Urchristen in den Katakomben von Rom wurde als leuchtendes Beispiel dargestellt. Christsein bedeute Widerstand gegen die Tyrannei der Heiden – Widerstand bis in den Tod. Allen, die für ihren Glauben bereit seien zu sterben, stehe das Paradies weit offen. Wer aber Christus verrate und seinen Glauben wegwerfe, dem drohe die ewige Verdammnis.

Die Menschen, die in den Prozessionen gingen, geißelten sich bis aufs Blut. Sie schlugen ihre nackten Körper mit Ketten, an denen eiserne Spitzen angeschmiedet waren, oder mit Bambuspeitschen, in die sie Dornenzweige eingeflochten hatten. Sie gingen mit schweren Steinen, die sie sich an den Hals gebunden hatten. Sie schleppten Kreuze auf dem Rücken, um die Passion Christi nachzuempfinden. Die Patres beabsichtigten, durch diese Prozessionen den japanischen Behörden den unbeugsamen Willen der Christen vor Augen zu führen und gleichzeitig gegen das Christenverbot zu protestieren.

Wieviele Menschen an diesen Prozessionen in Nagasaki im Frühjahr 1614 teilgenommen haben, ist nicht genau bekannt. Ein Spanier von den Philippinen berichtete als Augenzeuge von eindrucksvollen Massen – zweitausend bis achttausend –, die sich jeden Tag zu neuen Prozessionen formiert hätten. Der größte Teil dieser Menschen stammte aus Nagasaki und Umgebung. Die meisten von ihnen hatten nicht vor, Japan zu verlassen.

Die endgültige Evakuierung der Abreisewilligen erfolgte schließlich erst im Oktober 1614. Sie fanden auf drei Schiffen Platz. Zwei der Schiffe segelten nach Macao, eines nach Manila. An Bord befanden sich nur fünfundachtzig Jesuiten, vier Franziskaner, zwei Dominikaner und zwei Augustiner.

Nur wenige Japaner folgten den Patres ins Exil. Insgesamt

dreiundfünfzig Kirishitan wählten Macao, und etwa gleich viele segelten nach Manila. Zu ihnen gehörte Don Justo, einst Daimyo unter Nobunaga, der unter Hideyoshi abgedankt hatte. Er war der vornehmste der Kirishitan und schon ein alter Mann. Bei ihrer Ankunft wurden die Exilierten sowohl in Manila als auch in Macao mit Salutschüssen aus den Kanonen der dortigen Festungen begrüßt. Danach fanden große Umzüge und offizielle Ansprachen statt, bei denen der endgültige Sieg des Christentums heraufbeschworen wurde.

Vieles, was in den folgenden Jahren in Japan geschah, geht darauf zurück, daß die meisten Patres kurz vor der Verschiffung aus Nagasaki irgendwo in der Nähe untergetaucht waren. Die japanischen Behörden wußten dies. Sie brauchten ja auch nur die Zahl der in Nagasaki zusammengeführten Patres mit der Zahl der tatsächlich abgereisten zu vergleichen.

Um die Untergetauchten zu finden, ordnete Ieyasu eine systematische Befragung aller Japaner an, die irgendwann Kontakt zu Christen gehabt hatten und vielleicht Auskunft über versteckte Patres geben konnten. Es wurden Belohnungen ausgesetzt, was denn auch in den folgenden Monaten zur Entdeckung zahlreicher Patres führte.

Bis 1616 wurde jedoch immer noch keiner der so aufgegriffenen Patres getötet. Sie wurden auf ganz zivile Weise mit japanischen Schiffen unter Bewachung abgeschoben und nach den Philippinen oder Macao gebracht. Ihre japanischen Helfershelfer allerdings, die ihnen Unterschlupf gewährt hatten, wurden hingerichtet – nicht weil sie Kirishitan waren, sondern weil sie einen in den Augen der Regierung schwerwiegenden Verstoß gegen das Gesetz begangen hatten.

Wie wenig man hier von einer Christenfeindlichkeit sprechen kann, geht daraus hervor, daß alle Kirishitan, die sich bisher nicht gemeldet hatten, noch immer nur eine einfache mündliche Erklärung abzugeben brauchten, um der Verfolgung und einer möglichen Bestrafung zu entgehen. Nur wer trotz

Entdeckung und trotz des Angebots, zum alten Glauben zurückzukehren, den christlichen Glauben nicht ablegte, galt in den Augen der Regierung als Mitglied einer ausländischen Verschwörerbande, die Japan unter die Herrschaft des Papstes oder eines ihm hörigen katholischen Königs stellen wollte. Solche Kirishitan wurden hingerichtet.

In vielen Büchern über jene Zeit wird immer wieder von den äußerst grausamen Verfolgungen geredet, die die Christen in Japan erlitten hätten. Zahlen werden fast nie genannt. Dadurch entsteht der Eindruck, daß es Zehntausende gewesen seien, die getötet worden sind.

Insgesamt waren es, wenn man den gesamten Zeitraum von 1612 bis 1642 berücksichtigt, 602 Hinrichtungen in ganz Japan. Dazu gehörten die Patres, die man nach 1616 noch aufgriff, deren Helfershelfer und einige Kirishitan, die sich weigerten, den christlichen Glauben abzulegen. Es waren fast immer einfache Menschen, die lieber sterben und in das katholische Paradies eingehen als abschwören und der von den Patres angedrohten Hölle anheimfallen wollten.

Aber im Jahre 1616 war Ieyasu sogar noch voller Zuversicht, weil er für die endgültige Ausweisung der Patres gesorgt hatte und weil das Volk anfing, die Zusammenhänge zu erkennen. Er glaubte davon ausgehen zu können, daß mit dem Abzug der Patres die christliche Bewegung bald abflauen und irgendwann völlig aufhören werde.

Nach wie vor war das Land für den Handel offen. Nach wie vor durften christliche Handelsschiffe – Portugiesen, Spanier, Niederländer und Engländer – ungehindert zwei Häfen anlaufen, Nagasaki und Hirado. Umgekehrt durften japanische Hochseeschiffe, die das rote Siegel besaßen, von allen großen Häfen Japans aus segeln und Handel mit dem Ausland treiben.

Dies war der Stand im Jahre 1616, als Ieyasu starb. In Italien verwarf die Inquisition im gleichen Jahr Galileis Lehre von der im Sonnensystem kreisenden Erde und vom heliozentrischen Weltbild. In Mitteleuropa verschärften sich die Spannungen zwischen dem katholischen Lager und dem Lager der Reformierten, die zwei Jahre später zum Ausbruch des Dreißigjährigen Krieges führten – jenes Krieges mit seinen vordergründig religiösen Rechtfertigungen, der die Bevölkerung Deutschlands um fast die Hälfte dezimierte und noch heute erkennbare Narben in der deutschen Seele hinterließ.

Als in Nagasaki, ein Jahr nach Ieyasus Tod, vier Missionare aufgegriffen wurden, ein Jesuit, ein Franziskaner, ein Dominikaner und ein Augustiner, sprach das Shogunat zum ersten Mal Todesurteile gegen Weiße aus. Alle vier wurden enthauptet.

Im Jahre darauf wurden sieben Missionare aufgegriffen, die versucht hatten, sich an Bord portugiesischer oder spanischer Handelsschiffe nach Japan einzuschmuggeln. Im nächsten Jahr waren es sechs, im Jahr darauf zwei, dann wieder sechs. Einige von ihnen verhielten sich sehr sonderbar. Sie traten, nachdem sie schon an Land waren und eigentlich hätten untertauchen können, plötzlich mitten in Nagasaki auf die offene Straße, zogen ein Kreuz unter ihrem Hemd hervor und redeten auf die Menschen ringsumher ein. Die meisten sprachen nicht japanisch, riefen aber Worte wie Deus und Christus in die Menge. Später, beim Verhör, gaben sie an, sie seien gekommen, um mit ihrem Blut für die Wahrheit des katholischen Glaubens zu zeugen. Sie schmähten die Heiden und sagten, kein Heide werde der Strafe Gottes entgehen. Sie sagten, es sei ihnen recht, wenn man sie töte, denn dadurch würden sie die ewige Glückseligkeit gewinnen und im Himmel direkt zu seiten Jesu sitzen.

Die Behörden verhielten sich vorsichtig. Sie wollten nicht durch neue Hinrichtungen noch mehr todessüchtige, christliche Fanatiker nach Japan locken. Sie sperrten alle einundzwanzig aufgegriffenen Weißen ins Gefängnis.

Gleichzeitig wurde die Suche nach Patres im ganzen Land

verstärkt. Eine Psychose breitete sich aus. Die Regierung wurde selbst das Opfer der Angst, die sie schürte. Es war eine Situation, die an hitzige Terroristenfahndungen in jüngster Vergangenheit erinnert. Die Methoden der Verfolgung wurden rabiater. Erstmals sprechen die Dokumente aus den Jahren 1619 und 1620 von Folterungen. Mögliche Sympathisanten wurden festgenommen und durch die Folter zu Aussagen gepreßt. Wie immer in solch angespannten Situationen, griff das Denunziantentum um sich. Die Saat der Gewalt ging auf.

Im Jahre 1620 gelang es den Engländern auf hoher See an Deck eines in Richtung Japan segelnden japanischen Handelsschiffes mit ihren Fernrohren zwei Fremde auszumachen, die wie Spanier aussahen. Sie kaperten das japanische Schiff und stellten fest, daß es sich in der Tat um einen Spanier und einen Portugiesen handelte. Diese sagten, sie seien Handelsleute, keine Mönche. Die Engländer übergaben das gekaperte Schiff und die beiden Fremden den japanischen Behörden. Der Vorfall zog weite Kreise. Es kam zu einer sich sechs Monate hinziehenden Gerichtsverhandlung.

Der Spanier und der Portugiese leugneten hartnäckig, irgend etwas anderes als harmlose Kaufleute zu sein. Jedoch in dem aufgebrachten Schiff waren vergoldete Kruzifixe entdeckt worden.

«Wir sind gute gläubige Kaufleute», sagte daraufhin der Portugiese. Gleichzeitig stellte sich aber heraus, daß der japanische Kapitän des Schiffes, das völlig ordnungsgemäß das rote Siegel führte, ein unerkannter Kirishitan war. Er konnte keinen überzeugenden Grund nennen, warum er zwei Fremde an Bord habe. Auch schwieg er zu der Frage, woher das Silber stamme, das in seiner Kajüte gefunden worden war und spanische Prägezeichen trug.

Als Zeuge der Anklage trat schließlich ein blinder Japaner auf, der früher in Nagasaki in einem Augustinerkloster angestellt gewesen war. Er sagte aus, daß er den Portugiesen an seiner Stimme und seinem unverwechselbaren Akzent erkenne. Er sei Pater Zuninga, der in jenem Augustinerkloster gelebt habe. Nach dieser Aussage gab der Portugiese zu, daß er in der Tat Pater Zuninga sei. Sein Begleiter gab sich als Dominikanermönch zu erkennen. Beide wurden zum Tode verurteilt und zusammen mit dem japanischen Kapitän verbrannt. Zwölf weitere Besatzungsmitglieder des japanischen Handelsschiffes wurden enthauptet.

Der Vorfall war insofern bedeutend, als damit den japanischen Behörden zum ersten Mal der völlig sichere Beweis geliefert worden war, daß die Missionare auch japanische Handelsschiffe benutzten, um illegal nach Japan zu gelangen. Die Niederländer und Engländer hatten dies schon seit langem behauptet. Man konnte also – so war die offizielle Version – sogar den japanischen Schiffen und ihren Besatzungen nicht mehr trauen.

Das führte zu den ersten, noch zögernden Schritten in Richtung auf eine verstärkte Kontrolle auch der japanischen Handelsschiffe und endete schließlich, fünfzehn Jahre nach diesem Vorfall, mit der Einstellung des gesamten japanischen überseeischen Handelsverkehrs.

Außerdem heizte der Vorfall die antichristliche Stimmung in Japan an. Diejenigen in der Regierung, die einen harten Kurs verfolgten, gewannen an Gewicht. Sie setzten durch, daß sämtliche in den Gefängnissen einsitzenden Patres, die man in den letzten Jahren aufgegriffen hatte, zusammen mit ihren japanischen Helfershelfern hingerichtet werden sollten. So wurden 1622 insgesamt fünfundfünfzig Menschen gekreuzigt, diesmal wieder auf jenem Berg in Nagasaki, wo fünfunddreißig Jahre zuvor die ersten sechsundzwanzig Kreuzigungen stattgefunden hatten.

Im gleichen Jahr wurde in Rom Franz Xaver, der erste Missionar in Japan, heiliggesprochen. In ihm sollte den japanischen Christen eine Symbolfigur gegeben werden, an die sie sich in der schweren Zeit klammern konnten.

Nach der Hinrichtung der Fünfundfünfzig riß der Zustrom von Mönchen, die nach dem Martyrium verlangten, aber nicht ab. Sie kamen vornehmlich von den Philippinen. Neben Spaniern und Portugiesen wurden Italiener, Franzosen, Flamen und Polen in Japan aufgegriffen. Die japanischen Behörden töteten jetzt jeden, den sie fassen konnten. Die Belohnungen, die zur Ergreifung eines Paters führten, wurden ständig erhöht.

Gleichzeitig verschärften die Behörden ihren Druck auf alle jene Kirishitan, die sich entgegen den Weisungen aus Edo noch immer nicht in einem buddhistischen Tempel hatten registrieren lassen, um ihre Rückkehr zum Glauben der Vorfahren zu erklären. Die Folterungen, die renitente Kirishitan zur Umkehr zwingen sollten, wurden häufiger und grausamer angewendet.

Was die Folter betrifft, so gibt es einen bedeutsamen Unterschied zwischen den japanischen Behörden, die damit gegen die Kirishitan vorgingen, und der Inquisition in Europa, die sie bei Abweichlern, Ketzern und Hexen anwandte.

In Japan wurden ohne Ausnahme alle Beschuldigten sofort freigelassen, wenn sie ihre Abkehr vom christlichen Glauben, der als politisch gefährlich angesehen wurde, erklärten. Die Inquisition hingegen hat in vielen, wenn nicht sogar in den meisten Fällen, selbst nach einem Schuldbekenntnis und der Zusicherung der Abkehr von den sogenannten falschen Ideen die Beschuldigten trotzdem verbrannt, um, wie es in den juristischen Begründungen hieß, die sündig gewordene Seele zu läutern, sie trotz der schweren Verfehlung der Hölle zu entreißen und ihr einen Platz im Paradies zu sichern.

Selbst während des Höhepunkts der Kirishitanverfolgung – sechshundertzwei Hinrichtungen, einschließlich der aufgegriffenen Patres, in insgesamt dreißig Jahren in ganz Japan – war eine solche Unnachgiebigkeit und ein solcher Mangel an Barmherzigkeit unbekannt. Wer sich beugte wie ein Bambus im Sturm und versprach, den falschen Glauben – das Christentum – wegzuwerfen, wurde nicht weiter gequält oder gar getötet. Sogar die Patres, die widerriefen, wurden begnadigt. Sie werden natürlich in den einschlägigen Schriften und Geschichtsbüchern, die aus jesuitischer Feder stammen, als Verräter gebrandmarkt. Der berühmteste Fall ist der des Provinzials der Gesellschaft Jesu, Christvão Ferreira, der 1633 seinem Glauben abschwor und bis 1650 in Nagasaki lebte.

In Europa ist die Bambusweisheit nicht anwendbar. Millionen von Beispielen aus vielen Jahrhunderten – von den Hexenverfolgungen und dem Terror der Inquisition früherer Zeiten bis hin zu der Judenvernichtung der jüngsten Vergangenheit – zeigen, daß es den Verfolgten nicht möglich ist, durch Unterwerfung und Demutsgebärde Gnade zu erlangen. Im Gegenteil, wer sich sanft gibt, wird meist um so härter geschlagen, um so heftiger gequält und um so konsequenter vernichtet.

In Japan kann man die Bambusweisheit anwenden, weil diejenigen, die sich stark fühlen und die die Macht besitzen, durch eine Demutsgebärde zu besänftigen sind. Sie sind nicht so konsequent in ihren Verfolgungen. Das war ja das schwankende Hin und Her, das die Behandlung der Missionsfrage in Japan charakterisiert hatte – seit jenem Sommer 1587, als Hideyoshi glaubte, mit einem einzigen Machtwort alles bereinigen zu können. Jesuiten sind aber aus anderem Holz geschnitzt. Dies hatte Ieyasu, der schlaue Tiger, wohl als erster erkannt, wenngleich seine Bemühungen, die Gefahr der Unterwanderung zu bannen, noch immer lückenhaft waren.

Während bei den Verfolgungen einzelner ertappter oder verratener Kirishitan die Bereitschaft zur Milde nach wie vor erhalten blieb, setzten sich aber in der Regierung – in den Jahren nach Ieyasus Tod – die «Falken» durch. William Adams, der längst als naturalisierter Japaner galt und einen japanischen

Namen trug, sowie Jan Josten lebten zu jener Zeit nicht mehr. Für die «Falken» im Shogunat in Edo war die Grenze der Nachgiebigkeit erreicht. Sie wollten endlich Schluß machen mit der lästigen Christenfrage. Unter ihrem Einfluß wandelte sich die Christenfrage grundsätzlich zur Ausländerfrage.

13   Zeichen am Himmel

Nach dem Prozeß gegen die beiden Missionare, die auf dem japanischen Handelsschiff entdeckt worden waren, und nach einem immer noch nicht abreißenden Zustrom fanatischer katholischer Mönche, die das Martyrium suchten, verstärkte sich allgemein das Gefühl, daß man am besten gar nichts mehr mit den Weißen zu tun haben sollte. Sie waren alle irgendwie verrückt und gefährlich. Und sie waren unverständlich, unbegreiflich und unheimlich. Von ihnen gingen nur schlechte Einflüsse aus. Man mußte sich vor den Weißen in acht nehmen.

Zwar war das Land immer noch offen, und ausländische Handelsleute durften sich, unabhängig von ihrer Nationalität, im Prinzip in Japan frei bewegen, aber das Jahr 1623 brachte die ersten einschneidenden Maßnahmen. Allen japanischen Handelsschiffen wurde das Anlaufen von Häfen auf den Philippinen verboten. Der japanisch-spanische Handel brach zusammen. Über Portugiesen wurde eine Aufenthaltsbegrenzung verhängt. Sie durften sich nicht mehr außerhalb von Nagasaki blicken lassen. Die Engländer gaben von selber auf und schickten keine Schiffe mehr nach Hirado.

Nur die Niederländer hielten durch. Sie waren außerordentlich vorsichtig und gaben keinen Anlaß zu irgendwelchen Verdächtigungen. Sie befolgten peinlich genau jede Anweisung aus Edo. Sie wollten unter keinen Umständen ihre Handelslizenz verlieren. Von dem Augenblick an, da die japanischen Handelsschiffe nicht mehr auf große Fahrt gehen durften, würden die Niederländer – neben den Chinesen – die einzigen Handelspartner sein, über die Japan sich auf dem internationalen Markt noch mit Waren eindecken konnte.

In Anbetracht des enormen japanischen Handelsvolumens, das von Jahr zu Jahr trotz aller Isolationstendenzen weiter gewachsen war, wußten die Niederländer genau, was auf dem Spiel stand. Sie sparten deshalb nicht mit guten Ratschlägen, die sie regelmäßig nach Edo übermittelten. Sie wiesen wiederholt darauf hin, daß japanische Handelsschiffe im Ausland stets der Gefahr ausgesetzt seien, durch die undurchsichtigen Machenschaften der katholischen Mächte in schlechten Ruf zu geraten. So trugen die Niederländer ihr Scherflein dazu bei, die Befürchtungen der Regierung zu schüren.

Das Mißtrauen, das den Weißen galt, wehte bald auch den Auslandsjapanern entgegen, wenn sie von den japanischen Handelsstationen im südostasiatischen Raum in die Heimat zurückkehrten. Die Regierung hatte Angst, daß sie christlich infiziert sein könnten. Von 1633 an durften Japaner, die länger als fünf Jahre im Ausland gelebt hatten, nicht mehr nach Japan zurückkommen. Zwei Jahre später wurde diese Verfügung verschärft: Allen Japanern, die sich zu diesem Zeitpunkt im Ausland aufhielten, wurde die Rückkehr in die Heimat bei Todesstrafe verboten. Davon waren acht- bis zehntausend Personen betroffen. Gleichzeitig wurden sämtliche rote Siegel eingezogen und die Bewegungsfreiheit aller japanischen Schiffe auf die Küstengewässer beschränkt.

Alle Portugiesen, die sich noch in Nagasaki aufhielten, wurden ausgewiesen. Viele waren mit Japanerinnen verheiratet und hatten mit ihnen Kinder – es waren insgesamt zweihundertsiebenundachtzig Personen.

Inzwischen hatte sich auf Kyushu etwas zusammengebraut, was den schlimmsten Befürchtungen der Regierung recht zu geben schien. Im Hinterland von Nagasaki, im früheren Territorium des Don Protasio, brach im Spätherbst 1637 ein bewaffneter Aufstand aus. Zehntausende Kirishitan malten sich das Aschenkreuz auf die Stirn und erhoben sich gegen den von Edo eingesetzten Daimyo. Sie stürmten gegen sein Schloß an, konnten es aber nicht erobern. Sie schrien, der Untergang der

Welt stehe unmittelbar bevor. Gottes Jüngstes Gericht komme. Nur wer an Christus glaube, würde gerettet werden.

Dieser Aufstand ist als die Shimabara-Revolte in die Annalen eingegangen.

Shimabara ist eine große Halbinsel unweit von Nagasaki. Ein eintausenddreihundertsechzig Meter hoher steiler Vulkankegel erhebt sich im Zentrum. An der Küste bilden die mächtigen Lavaströme, die einst dort ins Meer geflossen sind, schwarze, senkrecht abfallende Klippen.

Die ganze Halbinsel und die nahe gelegene zerklüftete Inselgruppe von Amakusa waren immer arm gewesen. Das Land gab wenig her. Früher lagen dort die Schlupfwinkel der Piraten, die man in ganz Südostasien fürchtete. Unter Don Protasio war die Bevölkerung zwangschristianisiert worden. Inzwischen wuchs die dritte und vierte Generation Kirishitan heran. Vom alten japanischen Glauben, von Buddhismus und Shinto, waren kaum noch Erinnerungen übriggeblieben.

Der Aufschwung Nagasakis hatte dem Hinterland einen gewissen Wohlstand gebracht. Die Jesuiten und die portugiesischen Handelsleute holten sich einen großen Teil ihres Dienstpersonals aus Shimabara und Amakusa. Mit dem Niedergang des portugiesischen Handels in Nagasaki und der Ausweisung der Jesuiten schwand der bescheidene Wohlstand. Viele Jesuiten konnten in dieser unübersichtlichen Gegend, in der nur Kirishitan lebten, leicht untertauchen.

Schon seit Hideyoshis ersten Verfügungen gegen die Missionare hatten die Jesuiten Shimabara und Amakusa als Fluchtburgen und als einen möglichen Ausgangspunkt für die Rückeroberung des verlorenen Terrains vorbereitet. Seit dem Tage, an dem Ieyasu das Christentum verbot, überzogen die untergetauchten Jesuiten Shimabara und Amakusa mit einem dichten Netz von Confraria, verschworenen Brüderschaften, einer Organisation zur Hilfe und Selbsthilfe in Zeiten der Bedrängnis.

Die Confraria dienten gleichzeitig der Festigung des inneren

Zusammenhalts im wahren Glauben. Wer davon abwich, wurde exkommuniziert und verlor die Lebensmöglichkeit in der Gemeinde. Das Shogunat in Edo hatte gerade dieser Gegend eine besonders hohe Steuerlast aufgebürdet. Man wollte die Kirishitan zermürben. Das schweißte sie aber nur noch enger zusammen. Das Shogunat verstärkte seinen Druck und entsandte Folterknechte, um die Kirishitan zur Umkehr zu bewegen. Man versuchte zudem, die Confraria von innen aufzuweichen und zu unterwandern. Aber all diese Versuche schlugen fehl. Eingeschleuste Spitzel wurden von den Kirishitan umgebracht.

Dann, im Spätherbst 1637 war es plötzlich soweit. Zehntausende malten sich das Aschenkreuz auf die Stirn und holten Tausende von Gewehren und andere Waffen aus ihren Verstecken hervor. Das Shogunat entsandte ein Samuraiheer – insgesamt hundertfünfundzwanzigtausend Mann –, dem es erst nach fünf Monaten und nach anfänglich schweren Verlusten gelang, den Aufstand niederzuwerfen.

Es wurde bekannt, daß im Jahre 1612 ein Jesuit den Kirishitan von Shimabara und Amakusa vorausgesagt hatte, die Welt werde in sechsundzwanzig Jahren untergehen. Schreckliche Zeichen würden am Himmel erscheinen, flammende Sterne und brennende Wolken. Städte, Dörfer, Wälder und Felder würden versengt. Alle Menschen, die nicht Kirishitan seien, würden sterben und in die Hölle stürzen. Die einzige Art, sich zu retten, sei, sich das Kreuz des Bekenntnisses auf die Stirn zu malen. Vorher würde einer unter den Kirishitan aufstehen, ein schöner reiner Jüngling, der von Gott dazu auserkoren sei, alle, die den wahren Glauben behalten hätten, aus der Not herauszuführen.

Rätselhaft und in seiner Bedeutung bis heute nicht erkannt scheint die genannte Zeitspanne von sechsundzwanzig Jahren. Warum eine so eigentümlich genaue Angabe? Was steckt hinter dieser Zahl?

Die übliche Reaktion wäre zu sagen: Aberglaube. Aber eine solch vorschnelle Erklärung reicht hier nicht aus.

Die Voraussage der Zeichen am Himmel, flammender Sterne und brennender Wolken, aus denen Unheil auf die Erde hinabregnet, entspricht genau dem, was Aristoteles über Kometen gesagt hat und was im Alten Testament, im Buch Joel, Kap. 2, Vers 30–31 steht: «Ich werde Wunder im Himmel und auf der Erde geschehen lassen, Blut und Feuer und Säulen von Rauch. Die Sonne wird verdunkelt werden und der Mond zu Blut, bevor der große schreckliche Tag des Herrn kommt.»

Im Lehrgebäude der römisch-katholischen Kirche hatte der Glaube, die Kometen seien Vorboten großen Unheils und anderer schrecklicher Ereignisse, einen festen Platz. Man nahm an – so wie Aristoteles –, daß die Kometen sich durch die Atmosphäre der Erde bewegten, in brennende, giftige Gase gehüllt. Diese Lehre wurde ex cathedra verkündet und galt noch lange nach der Reformation.

Andererseits aber hatte gerade in jenen Jahren der große dänische Astronom Tycho Brahe, in den Augen der Katholiken ein verdammungswürdiger Ketzer, an Hand seiner genauen Beobachtungen des Kometen von 1577 nachweisen können, daß er weit außerhalb der Erde, jenseits der Mondbahn seine Spur über den Himmel zog. In dem Buch, das Tycho Brahe veröffentlichte, gab er zum ersten Mal Bahnberechnungen an, aus denen sich folgern ließ, daß Kometen vielleicht wiederkommen könnten. In der Tat stand im Jahr 1607 wieder ein hellleuchtender Komet am Himmel, der Halleysche Komet, der zu den eindrucksvollsten Himmelserscheinungen überhaupt gehört.

Die Jesuiten, die als Verfechter der Gegenreformation die astronomischen Schriften ihrer Zeit genau verfolgten, um dieses wichtige Gebiet der Wissenschaft nicht den Feinden Roms allein zu überlassen, hatten wahrscheinlich auch in Japan Kenntnis von Tycho Brahes Buch.

184

Es ist möglich, daß jener Pater, der 1612 in Shimbara die unheilvolle Prophezeiung machte, geglaubt hat, der Komet von 1607 sei der gleiche wie der von 1577 gewesen. Zwischen diesen beiden Himmelserscheinungen lagen dreißig Jahre. Zählt man zu 1607 wieder dreißig Jahre hinzu, dann würde sich ergeben, daß im Jahre 1637 oder 1638 erneut ein Komet am Himmel auftauchen mußte. Im Jahre 1612 waren es noch sechsundzwanzig Jahre bis zu jenem Tag.

Die Szene ist makaber. Die damals erst aufkeimende Erkenntnis, daß Kometen Himmelskörper sind, die sich auf weiten Bahnen in sicherem Abstand fern der Erde bewegen, widerlegte gerade jene mittelalterliche Vorstellung – an der die katholische Kirche noch verbissen festhielt – daß sie gottgesandte Unheilbringer und Vorboten schrecklicher Ereignisse seien. Jener Jesuit aber bediente sich des ketzerischen Gedankens von der möglichen Rückkehr des Kometen, um in Shimabara Zehntausende naiver gläubiger Menschen auf einen Weg zu bringen, der sie unweigerlich ins Verderben stürzen mußte.

Je näher das Jahr der Prophezeiung heranrückte, um so stärker wuchs die innere Unruhe. Man fand in der Tat einen Jungen, den Sohn eines Kirishitan Samurai, der engelsgleiche Züge trug. Alle sagten, er müsse jener angekündigte Retter sein.

Die Bauern vernachlässigten die Feldarbeit. Mißernten stellten sich ein. Sie galten als Vorankündigungen des kommenden Unheils. Die Fischer flickten ihre Netze nicht mehr, denn alles schien sinnlos.

Irgendwann wurde das Warten unerträglich. Ein Hauptmann der Confraria, Johann mit Namen, entschied im Oktober 1637, die Zeit sei gekommen, die Aschenkreuze auf die Stirn zu malen. Waffen wurden verteilt. Der Aufstand brach los.

Die Kirishitan hatten im Grunde keine Chance. Sie verfügten zwar über reichlich Waffen und konnten in dem unwegsamen gebirgigen Gelände der Halbinsel Shimabara das von der

Regierung entsandte Samuraiheer anfangs aufhalten, aber als aus Edo die Verstärkung kam, mußten sie sich zurückziehen. Siebenunddreißigtausend Kirishitan, davon vierzehntausend Frauen und Kinder, verbarrikadierten sich in einem verlassenen, zum Teil schon verfallenen Schloß, das hoch auf einer Felsenklippe direkt am Meer stand. Ihr Engel, der Samurai-Sohn, war bei ihnen, aber kein jesuitischer Pater.

Der General des Samuraiheeres bot den Eingeschlossenen immer wieder an, sie möchten ihren sinnlosen Widerstand aufgeben, denn niemand, der jetzt aufgebe, werde bestraft. Nachts kamen einige wenige, ein knappes Dutzend, heraus. Alle anderen blieben und warteten auf die versprochenen Zeichen des Himmels. Der Himmel aber blieb stumm und blank.

Versuche, die Schloßruine zu stürmen, scheiterten. Die Niederländer schickten aus Hirado Schiffe und beschossen mit ihren Kanonen vom Meer her die belagerte Festung.

Zuerst verhungerten die Kinder, dann die Frauen. Eines Morgens im Februar 1638 war es seltsam still. Als der General des Samuraiheeres eine Einheit losschickte, um die Lage auszukundschaften, fand man nur noch Zehntausende von Leichen. Alle Kirishitan hatten sich in der Nacht selbst umgebracht.

Noch während in Shimabara die Totenfeuer brannten und die mit dumpfer monotoner Stimme gemurmelten Sterbesutren erklangen, begann im gesamten Hinterland von Nagasaki und überall sonst, wo es je eine größere Anzahl von Kirishitan gegeben hatte, eine fieberhafte Suche nach versteckten Patres.

Die Regierung rief den Daimyo ab, unter dessen Herrschaft der unselige Aufstand ausgebrochen war. Sie setzte einen neuen Daimyo ein, zu dessen Auftrag es gehörte, für Ruhe und Ordnung zu sorgen. Der Daimyo aber erkannte das Elend der Menschen in diesem teilentvölkerten Gebiet, ihre Armut und ratlose Verzweiflung. Er sandte eine Petition nach Edo, man solle die Steuerabgaben, deren Eintreibung zu seinen Aufgaben gehörte, um die Hälfte verringern, denn mehr könnten die Menschen hier nicht aufbringen. Die Shogunatsregiuerung aber blieb unerbittlich. Sie hielt an den alten Steuersätzen fest, die aus der Zeit vor dem Aufstand stammten. Sie rügte den Daimyo offiziell und in scharfer Form dafür, daß er eine Verringerung der Steuern überhaupt erwogen hatte.

Daraufhin beging der Daimyo Harakiri, um durch seinen Tod zu beweisen, wie ernst es ihm mit seiner Fürbitte gewesen war. Zum Andenken an ihn und an seine Barmherzigkeit errichteten die Menschen auf Shimabara einen Shinto-Schrein, in dem seine Seele wohnt.

. Während jener spannungsgeladenen Zeit kamen zweimal portugiesische Schiffe aus Macao, um die abgerissenen Handelsbeziehungen zu den Japanern wieder anzuknüpfen.

Die Regierung in Edo ließ beide Schiffe abweisen und den Kapitänen mitteilen, daß sie, die Portugiesen, letztlich die Verantwortung für den Tod von siebenunddreißigtausend Menschen in Shimabara trügen. Ohne den christlich geschürten Fanatismus, ohne die jahrelangen illegalen Tätigkeiten der Patres und ohne die riesigen Mengen an eingeschmuggelten Waffen wäre das Drama von Shimabara nicht geschehen: «Laßt euch nie mehr bei uns blicken.»

1640 kam trotzdem zum dritten Mal ein portugiesisches Schiff, diesmal mit einem Sonderbotschafter an Bord. Er wollte mit vielen Geschenken und dem heiligen Versprechen, daß man niemals mehr von portugiesischer Seite Handel und Religion vermischen werde, die japanischen Behörden umstimmen. Aber es war zu spät. Die Regierung ließ den Sonderbotschafter und sechzig weitere Portugiesen enthaupten und das portugiesische Schiff verbrennen. Sie schonte nur das Leben von dreizehn einfachen Matrosen. Sie gab ihnen ein kleines japanisches Schiff, damit sie nach Macao zurücksegeln und dort über das berichten könnten, was sie gehört und gesehen hatten.

Kürzlich, im Jahre 1981, kam der Papst persönlich nach Japan, küßte den japanischen Boden und hielt eine große Messe in Nagasaki. Unter Hinweis auf die Leiden aller derer, die um ihres Glaubens willen verfolgt worden seien, forderte er die Japaner auf, ihre Herzen der wahren Menschlichkeit zu öffnen und sich nie mehr dem Ungeist religiöser Intoleranz hinzugeben.

14 Die unheimlichen Weißen

Ausländer, die heute nach Japan kommen oder dort für einige
Zeit leben, berichten häufig nach ihrer Rückkehr, wie sehr sie
von den einfachen Japanern angetan waren – den Menschen,
denen man auf den Straßen begegnet, die man an Ausflugszie-
len sieht, mit denen man in Läden und Kaufhäusern zu tun hat.
Kinder und Schulkinder erwecken durch die Unbefangenheit,
mit der sie sich Ausländern nähern, oft deren uneingeschränk-
tes Entzücken. Die Kinder fragen die Ausländer nach ihren
Namen, möchten ein Autogramm, wollen sich gern mit ihnen
fotografieren lassen. Sie sind fröhlich. Sie sind zutraulich, aber
auch scheu.
Die Zutraulichkeit schwindet ein wenig mit zunehmendem
Alter, aber viele Ausländer berichten davon, was für einen Spaß
sie mit Schüler- oder Schülerinnengruppen erlebt haben, denen
sie an Ausflugsorten oder im Zug begegnet sind. Die Schüler
und Schülerinnen möchten alle gern English conversation
treiben. Sie probieren ihre Englischkenntnisse an allen Ausländern aus. Sie lachen über sich selbst, wenn die Verständigung
nicht so richtig klappt. Sie lachen noch mehr, wenn die
Ausländer ein paar japanische Worte an ihnen ausprobieren
wollen. Sie sind anhänglich, ohne aufdringlich zu sein. Sie
genießen die Begegnung mit Ausländern wie einen Schluck
frischen Wassers nach einem heißen Tag. Gleichzeitig bewahren sie ihre Scheu. Sie bewahren einen Fluchtabstand wie
wehrlose Tiere. Sobald ein Ausländer versucht, enger mit
ihnen in Verbindung zu treten, weichen sie zurück. Sie setzen
keine abweisenden Mienen auf, sondern bleiben freundlich.
Irgendwann aber lassen sie in ihrem Verhalten erkennen, daß
ihre Fluchtgrenze erreicht ist. Wo diese Grenze liegt, kann von
Fall zu Fall sehr verschieden sein.
Auch unter Erwachsenen in Japan trifft man auf jene eigen-

tümliche Mischung von Zutraulichkeit und Scheu, die häufig ein wenig naiv wirkt. In ihr drückt sich jenes immer noch ambivalente Gefühl aus, das die Japaner dem Ausland gegenüber hegen. Sie möchten gern freundlich sein und Kontakte knüpfen, aber irgendwo tief im Inneren sitzt die Angst, daß das unangenehme Folgen haben könnte.

Die Angst stammt aus der Edo-Zeit, als die Regierung die Furcht vor den Weißen schürte, um die Isolation einzuführen und durchhalten zu können. Auf diese Furcht gründete die Regierung ihr Bemühen, die Sicherheit des Landes zu garantieren. Sie schürte diese Furcht länger als zweihundert Jahre. Die Regierung hatte um das Jahr 1638 aus den Ereignissen der vorangegangenen Jahrzehnte nach langem Zögern die Lehre gezogen: Es gibt für Japan entweder keine Sicherheit oder nur die völlige Isolation. Man entschied sich für die Isolation. Nachdem der Entschluß einmal feststand, war die logische Folge, daß die Regierung alle nur denkbaren Schritte unternahm, um die Isolation wirksam werden zu lassen.

Das als notwendig empfundene Programm wurde aufgegliedert in verwaltungstechnische Maßnahmen, die der äußeren und inneren Sicherheit des Landes dienten, und in psychologisch wirksame Belehrungen, die dem Volk die Gefährlichkeit der Weißen immer wieder vor Augen führte.

Alle Daimyo, deren Gebiete an der Küste lagen, mußten gegenüber der Regierung in Edo mit ihrem Leben dafür einstehen, daß kein Fremder bei ihnen an Land gehen konnte. Die Daimyo ihrerseits übertrugen den Fischern die Haftung und bauten gleichzeitig ein Nachrichtenübermittlungsnetz auf, damit sie frühzeitig über alles informiert werden konnten, was an den Küsten ihres Territoriums geschah. Die Fischer mußten fremde Schiffe melden, die sich der Küste näherten.

Falls verdächtige Gestalten an Land auftauchten, durften die Fischer keinesfalls Kontakt mit ihnen aufnehmen. Sie mußten den Dorfobmann verständigen, der seinerseits dafür verantwortlich war, daß die Information ohne Zögern an den für das Dorf zuständigen Samurai weitergeleitet wurde. Dieser hatte dann geeignete Maßnahmen zu ergreifen, damit alle Verdächtigten verhaftet und vor den Daimyo gebracht werden konnten.

Der Daimyo mußte, falls Fremde in seinem Territorium aufgegriffen wurden, das zuständige Amt in Edo informieren und Weisungen von dort abwarten. Verstöße gegen diese sehr präzisen und ausführlichen Vorschriften wurden unnachsichtig geahndet, in der Regel mit der Todesstrafe.

Vor einiger Zeit sah ich in Japan die choreographische Bearbeitung eines Vorfalls, der sich in der frühen Edo-Zeit an der japanischen Küste abgespielt hatte. Eine Fischersfrau wusch Wäsche an einem Bach, der ins Meer floß. Ein Schiffbrüchiger, ein Weißer, rettete sich mit letzter Kraft ans Ufer. Durch pantomimische Gesten drückte er seine Erschöpfung aus und seinen verzweifelten Durst. Die Frau, die zu ihm hingeeilt war, brachte ihm eine Schale Wasser, die er in einem langen Zug leerte. Die Frau lief wieder zum Bach, um neues frisches Wasser zu holen.

Als der Schiffbrüchige sich ein wenig erholt hatte und mit dem Ausdruck der Dankbarkeit die Schulter der Frau berührte, erschrak sie. Plötzlich änderte sich ihr Gesichtsausdruck von warmer Hilfsbereitschaft in Furcht. In Panik rannte sie zum Dorf, um den Obmann zu rufen. Die Männer des Dorfes kamen sofort zum Strand. Sie umkreisten den Schiffbrüchigen. Langsam begannen sie drohend zu tanzen.

Der Weiße, der den Tanz der Fischer für eine Form der Begrüßung hielt, fing an, ihre Bewegungen nachzuahmen. Aber sein Versuch, mit ihnen in Gleichklang zu kommen, mißriet. Je länger er tanzte, um so stärker nahmen seine Bewegungen den Charakter eines Dämonentanzes an. Die Mienen der Fischer wurden immer bedrohlicher.

Als im Hintergrund der Samurai erschien, prächtig gekleidet, mit gemessenen Schritten – die Verkörperung des unerbittlichen Staates – stockte der Tanz der Fischer. Dann rückten sie langsam konzentrisch vor und töteten den Schiffbrüchigen, bevor der Samurai den Strand erreichte.

Weiße, die diese Darstellung sahen, waren erschüttert von der Grausamkeit der Japaner, ihrer Herzlosigkeit und ihrer Unmenschlichkeit. Sie drückten in starken Worten ihre Bestürzung darüber aus, daß die in diesem Tanz offenbarte Gefühlskälte ein Teil des japanischen Volkscharakters sei. Sie erörterten, wie wesensfremd ihnen die Japaner erschienen. Ich hörte sie sagen, daß es zwischen dieser abgrundtiefen Grausamkeit und dem Gebot der christlichen Nächstenliebe keine Brücke gebe.

Den japanischen Zuschauern war klar, daß die Fischer den Weißen töten mußten, um das Leben der Frau und auch ihr eigenes Leben zu retten. Weil die Frau aus spontanem Mitleid dem Schiffbrüchigen Wasser gegeben hatte, war sie schuldig geworden. Sie hatte sich zu nahe an einen Weißen herangewagt. Das war gegen das Gesetz der Edo-Regierung. Darauf stand die Todesstrafe – für sie und das ganze Dorf.

Die Kenntnis dieser Zusammenhänge bedarf in Japan keiner gesonderten Erklärung oder Erläuterung. Sie ist unter der Oberfläche vorhanden. Auch heute noch. Sie ist Teil der geschichtlichen Erinnerung. Noch heute kann es in abgelegenen Gegenden, wo selten ein Fremder hinkommt, geschehen, daß bei einem unerwarteten Erscheinen europäischer oder amerikanischer Touristen viele Dorfbewohner eilends wegrennen und sich im Inneren ihrer Häuser verstecken.

Der Küstenschutz war nur eine Maßnahme unter vielen, die das Shogunat in Edo nach der Isolation anordnete. Außerdem mußten sich alle Familien im Land einmal im Jahr, vertreten durch ihr Oberhaupt, in einem buddhistischen Tempel melden und dort eine Zugehörigkeitsbescheinigung der Tempelgemeinde holen. Dies hatte immer zwischen März und Juni zu geschehen. Jeder Familie stand es frei, sich die Tempelgemeinde auszusuchen, der sie angehören wollte – Shingon, Tendai, Jodo, Zen... mehr als ein Dutzend verschiedener Möglichkeiten. Das Familienoberhaupt mußte die Tempelbestätigung anschließend zum örtlichen Einwohnermeldeamt bringen, wo ein Samurai im Dienste des Daimyo über die genaue Einhaltung der Vorschriften wachte.

Alle Geburten, Heiraten, Sterbefälle wurden dort schriftlich vermerkt. Falls eine Familie Dienstpersonal unterhielt, war das Familienoberhaupt verantwortlich und mußte für sie unterzeichnen. Jeder Meister war verpflichtet, seinen Lehrling und Gesellen in sein Familienbuch eintragen zu lassen und jeder Kaufmann seine Angestellten. Die Vorschriften sahen außerdem vor, daß jede Reise in eine anderes Gebiet gemeldet werden mußte. Für Kaufleute, die viel auf Reisen waren, galten andere Vorschriften, aber auch sie unterlagen der genauen Kontrolle durch die Behörden.

Heute freuen sich viele Historiker und Soziologen, wenn sie das riesige Datenmaterial aufarbeiten, das ihnen in Form alter Familienbücher, Tempelarchive und Einwohnermeldeamtslisten zur Verfügung steht. Vieles ist durch Naturkatastrophen und Brände verlorengegangen, aber in günstigen Fällen sind die Eintragungen von mehr als zweihundert Jahren lückenlos erhalten geblieben und geben einen Einblick in die Bevölkerungsstruktur und das Leben der damaligen Zeit.

In den Gegenden von Kyushu, wo es besonders viele Kirishitan gegeben hatte, mußten alle, die über fünfzehn Jahre alt waren, Männer und Frauen, einmal jährlich vor einer streng dreinblickenden Kommission ihren Fuß auf ein Kruzifix setzen, um durch diese Geste zu bezeugen, daß sie nicht mehr der verbotenen Kirishitan-Sekte angehörten.

In Nagasaki und anderswo nahm diese Veranstaltung im

Laufe der Generationen allmählich einen fröhlichen Volksfestcharakter an. Am Neujahrstag kam die ganze Bevölkerung zusammen und bildete eine lange Schlange. Flötenmusik erklang. Trommeln wurden geschlagen, und die Schlange setzte sich in Bewegung. Mit rhythmischen Schritten und singend defilierte die Reihe an der erhöht sitzenden Kommission vorbei. Jeder mußte im Vorbeitanz mit einem Fuß auf das auf dem Boden liegende Christensymbol treten.

Mit diesen Bestimmungen, die sich gegen die Christen und Weißen richteten und die fünfzehn Generationen lang durchgehalten wurden, erreichte das Shogunat sehr tiefe Schichten des Fühlens und Denkens aller Japaner. Hinzu kamen als Teil der unmittelbaren psychologischen Einwirkung viele Bücher, die während der Edo-Zeit erschienen.

Zu ihnen zählen sehr ernsthafte theologische Auseinandersetzungen mit dem Christentum, wie sie zum Beispiel in den Schriften des Zen-Priesters Fukan zu finden sind, der Jesuit geworden war und fünfzehn Jahre später wieder zum Zen-Buddhismus zurückkehrte. Seine Analyse des Christentums setzt an der Wurzel an, beim ersten Gebot des Alten Testaments: Da das Christentum nur einen Gott kennt, dem die Menschen absoluten Gehorsam schulden, folgt zwangsläufig, daß in einer menschlichen Gesellschaft, die dieses Gebot streng befolgt, die Priester als Vermittler des göttlichen Willens alle Macht auf sich vereinigen. In einer Gesellschaft aber, die eine Trennung zwischen Religion und weltlicher Macht anstrebt, führt ein solches Gebot unweigerlich zu einem Loyalitätskonflikt.

Solch schwierige Bücher wurden natürlich nicht vom Volk gelesen. Für das Volk gab es illustrierte Bücher, Theaterstücke und Singballaden, in denen das Thema Kirishitan in vielen Varianten verarbeitet und szenisch umgesetzt wurde. Dort traten die Patres häufig als Dämonen auf, die von fernen Ländern nach Japan geflogen kamen. Besonders populär waren gesungene Balladen, die an alte Traditionen anknüpften. Dann stand ein einziger Schauspieler auf der Bühne, schlüpfte in die Rolle mehrerer Personen und erzeugte bei seinen Zuhörern Gruselschauer.

Die Europäer sind in einem hohen Maße in ihrem Denken und Geschichtsbewußtsein eurozentriert. Gedanken und Ereignisse zählen für sie nur, wenn sie in Europa geboren wurden oder stattfanden, wenn sie in Europa Furore machten und von Europa ausgingen. Die Weißen betrachten nichtweiße Völker gern als anthropologische Studienobjekte. Daß sie als Weiße selbst auch ein Studienobjekt sein könnten, kommt ihnen selten in den Sinn. Sie fragen nicht, wie andere Völker die Weißen sehen und beurteilen. Es ist ihnen gleichgültig. Sie haben ja ohnehin die Welt erobert und geprägt.

Japan hat sich allerdings verweigert. Es hat sich sowohl der Eroberung als auch der Prägung entzogen. Das macht Japan so andersartig. Japan stellt einen in sich geschlossenen Kulturraum dar, in dem ganz andere Modelle des Zusammenlebens der Menschen erdacht und erprobt worden sind.

Die Patres, die im 16. und 17. Jahrhundert in diesen Kulturraum einbrachen, besaßen kein Verständnis für diese anderen Lebensformen. Sie hielten es auch nicht für nötig, Verständnis aufzubringen, denn schließlich waren die Japaner für sie nur Eingeborene einer exotischen Gegend, potentielle Sklaven und vor allem: Heiden. Mit ihrem nicht zu erschütternden Hochmut schauten sie auf alle herab, die anders waren als sie selbst. Sie empfanden es als Zeichen größten Edelmuts, daß sie den Japanern anboten, die christlichen Grundwerte zu übernehmen. Da ihre Gedanken sich aber gleichzeitig in den dogmatisch bestimmten Traditionen der römisch-katholischen Kirche bewegten, war der Konflikt unvermeidbar.

Wenn man die verschiedenen historischen Quellen untersucht, sieht man, wie nach anfänglicher Faszination die Weißen für die Japaner langsam unheimlich und unheimlicher wurden.

Zu Beginn, als die ersten Patres gekommen waren, nannte man sie: Die südlichen Barbaren, die Menschen mit den großen Nasen. Das war vielleicht nicht gerade sehr schmeichelhaft, hinderte die Japaner aber keinesfalls daran, für einige Jahrzehnte in einen Modetaumel, in eine Art «Portugaiserie» zu verfallen. Sie fanden die Europäer, die von so weit her gekommen waren, aufregend, anregend und gebildet.

Dann machte man die ernüchternde Erfahrung, daß diese Weißen nicht bereit waren, sich in die japanische Umwelt einzuordnen. Sie wirkten auf eine beunruhigende Weise zersetzend und zerstörend. Sie ließen sich auch nicht abschrecken. Sie breiteten sich immer weiter aus. Sie ignorierten sämtliche Erlasse, Verfügungen und Gesetze.

Wenn man sie höflich und bestimmt des Landes verwies, tauchten sie unter. Wenn man sie aufspürte und auf Regierungskosten dorthin zurückbrachte, woher sie gekommen waren, dauerte es nicht lange und sie waren wieder da. Sie entzogen sich jeglicher legaler Kontrollmöglichkeiten, die die japanischen Gesetze vorsahen. Tötete man einige, kamen nur noch mehr. Tötete man auch diese, schwoll der Zustrom weiter an.

Den stärksten und letztlich bis heute in Japan noch nicht ganz abgeklungenen Eindruck machte die Hysterie der todessüchtigen Märtyrer, die das Land in mehreren Wellen erreichte. Sie war ein unverständliches, unbegreifliches und gleichzeitig abstoßendes Phänomen. Das zeigen die vielen Geschichten, die im Volk im Umlauf waren und die im folgenden Vierteljahrtausend, bis zum Ende der Isolationsperiode und noch darüber hinaus, in immer neuen Varianten weitererzählt wurden. Sie gehen nicht selten bis an die Grenze des Grotesken. Sie spiegeln die Angst wider, in die die anfängliche Bewunderung umgeschlagen war.

Die Weißen – das sind Christen. Christen aber sind Menschen, die einen Gott anbeten, der am Kreuz hängt und voller Wunden ist. Sie betrachten mit Verzückung sein leidendes Gesicht. Sie trinken sein Blut und essen sein Fleisch. Sie sind so besessen von diesem grausamen Ritual, daß sie nichts lieber mögen, als selber auch so ans Kreuz geschlagen zu werden und dort zu verbluten. Sie reisen von weit her über das Meer und kommen in allen möglichen Verkleidungen. Oft tragen sie schwarze Kappen. Ihre Augen liegen in tiefen Höhlen und werden von dichten Augenbrauen überschattet. Man weiß nie, wohin sie blicken und was sie denken.

Man kann sie aus Japan hinauswerfen, sooft man will – sie kommen immer wieder. Sie können sich unsichtbar machen, wenn sie wollen, und jahrelang versteckt leben. Plötzlich aber werden sie wieder sichtbar und schwenken ein goldenes Kruzifix durch die Luft, an dem ihr toter Gott hängt. Sie zeigen das Kreuz herum und sagen, sie möchten in gleicher Weise an ein Kreuz geschlagen werden.

Solche Geschichten gehörten ein Vierteljahrtausend lang zum Repertoire der Geister- und Gespenstererzählungen im Volk. Sie steigerten sich, je länger die Isolation andauerte und je mehr die wirklichen historischen Ereignisse im Grau der Vergangenheit ihre Konturen verloren.

Um das Verhältnis der Japaner – auch der heutigen Japaner – zu den Weißen wirklich zu verstehen, muß man sich ihre seelische Verfassung vor Augen führen. Sie lebten in einer geschlossenen Welt, in der es keine Weißen gab. Daher spielten die Weißen auch keine Rolle im täglichen Bewußtsein der Menschen. Trotzdem waren die Weißen, wie alle Japaner immer wieder hörten, der Grund für so viele einengende Maßnahmen, die die Regierung verhängt hatte. Manches, was auf Anordnung der Regierung getan werden mußte oder nicht getan werden durfte, wirkte nach hundert oder zweihundert Jahren wirklich gespensterhaft.

Dabei hatte das Volk selbst die Weißen nie konkret als «böse» erlebt. Die Weißen waren nie als Eroberer aufgetreten. Sie hatten nie ihre Heere nach Japan geschickt oder dort als grausame Herrscher ihre Macht entfaltet. Japaner sind nie Opfer der Weißen gewesen. Deswegen gibt es im Volk kein verstecktes Ressentiment. Es gibt keine eigentliche Ablehnung und keine tief in der Seele verankerte Feindseligkeit. Die Gefühle sind eher ambivalent.

Als die Herrschaftszeit des Tokugawa-Shogunats zu Ende ging und die Öffnung 1868 endgültig vollzogen wurde, schob die neue Regierung des Meiji-Tenno alle Schuld auf den Tokugawa-Clan. Man sagte, die Tokugawa-Shogune seien von Anfang an engstirnig, borniert, intolerant und inhuman gewesen. Sie hätten die Isolation nur deshalb durchgeführt, um ihre eigene Macht zu festigen. Sie hätten die Christenverfolgungen nur inszeniert, um einen Grund zu haben, das Land zu schließen.

Tag für Tag wurde während der Meiji-Zeit dem japanischen Volk eingehämmert, die Weißen seien rational handelnde Menschen, von überlegener Klarheit und Schärfe des Denkens. Ihre Motive seien von humaner Nächstenliebe geprägt. Sie seien im Grunde voller Güte. Daß die Fähigkeit zum rationalen Denken und die Fortschrittlichkeit in der westlichen Welt kein Gottesgeschenk waren, sondern das Ergebnis eines zähen geistigen Ringens, wurde aus psychologischen Gründen heruntergespielt.

Im Eifer des Bemühens, das neue Programm der Meiji-Regierung zum Erfolg zu führen und das japanische Volk auch innerlich auf die Abkehr von der Isolation einzuschwören, wurde – ich glaube, bewußt – die Überzeugung gesät, daß die Weißen schon immer so rational und fortschrittlich im Denken und Handeln gewesen seien, wie man sie in der zweiten Hälfte des 19. Jahrhunderts tatsächlich erleben konnte. Die Meiji-Regierung wollte – und mußte – sehr vorsichtig taktieren, denn im Lande gab es noch viele, die gegen die Öffnung waren. Ein Mord an einem Weißen hätte unabsehbare Folgen haben können.

Um die möglichen Argumente unbedachter Hitzköpfe, die es zur Genüge gab, oder ultranationalistischer Kreise zu entschärfen, hob die Regierung ständig hervor, welch großartige Menschen die Weißen, alle Weißen, seien. Sie hatte es nicht einmal schwer, denn die wenigen Weißen, die nach der Öffnung ins Land kamen, waren meist sorgsam ausgewählte Leute. Sie brachten den Duft einer faszinierenden Welt und viele Neuigkeiten mit, nach denen die Menschen in Japan hungrig waren. Sie schienen voller Wissen und Kultur. Sie traten in großer Garderobe auf und tanzten unter Kristalleuchtern. Mit ihnen verbunden war der Duft von Rosen, Parfum und Wein, waren hohe Kragen, tiefe Dekolletés, Brüsseler Spitzen, Satin und Zylinder. Sie waren mit Mozart, Beethoven und Chopin garniert.

Ganz offiziell durften nun wieder Missionare kommen, evangelische wie katholische. Auch die Jesuiten kamen zurück. Jedoch fanden keine Brandstiftungen und Ausschreitungen gegen buddhistische Tempel und Shinto-Schreine mehr statt. Keine Buddhastatuen verschwanden aus ungeschützten Tempeln. Es wurden keine Fälle von Teufelsaustreibungen bekannt. Kein Missionar war mit den Geschäftsleuten verfilzt und keiner betrieb unter der Hand die Verschiffung japanischer Kinder als Sklaven ins Ausland.

Im Gegenteil. In der christlichen Welt hatte man damals gerade die letzten Sklaven abgeschafft, und die Missionare in Japan hielten sich an die Gesetze des Landes. Sie gründeten Schulen und Universitäten. Sie bauten Kirchen in einem in Japan vorher nie gekannten Stil – mit spitzen Bögen, üppigen Verzierungen und hohen Innenräumen. Daraus klang, wenn man vorbeiging, wundersame Orgelmusik.

Die Jesuiten gründeten eine Universität. Sie waren engagierte Lehrer. Sie zogen genügend Schüler an, um ihrer Geschichtsdarstellung in Japan eine ziemlich große Verbreitung zuzusichern. Mit ihrer Betrachtungsweise und Eloquenz erreichten sie, daß viele Japaner sich für das zu schämen begannen, was in der frühen Tokugawa-Zeit den Missionaren und den Kirishitan angetan worden war. Das seither mit Flügeln versehene Wort von den grausamsten Christenverfolgungen der Menschheitsgeschichte seit Neros Zeiten kam auf.

Im Jahre 1862, wenige Jahre vor der sich schon abzeichnenden Öffnung Japans, hatte der Papst in einer feierlichen Zeremonie in Rom die ersten Märtyrer von Nagasaki zu Heiligen erklärt – jene Sechsundzwanzig, die im Jahre 1597 nicht ganz ohne das Zutun der jesuitischen Patres gekreuzigt worden waren. Jetzt standen sie als Heilige da, und die japanische Öffentlichkeit mußte sich an den Gedanken gewöhnen, daß in ihrem Land sechsundzwanzig Heilige grausam getötet worden waren.

Man kann doch nicht, so werden jetzt vielleicht viele Leser denken, dauernd in der Geschichte herumrühren und längst vernarbte Wunden aufreißen. Was früher geschah und in die hohe Zeit des europäischen Kolonialismus zurückreicht, sollte inzwischen wirklich überwunden sein. Man soll es ad acta legen. Man soll nicht zurück, sondern nach vorne schauen.

Das sagt sich leicht, aber es hängt vom Standpunkt des Betrachters ab. Auch die Japaner reden so, wenn aus jenen Ländern Asiens, für die das imperialistische Japan in der Vergangenheit eine Bedrohung war, Stimmen kommen, die alte Wunden frischhalten. Wenn die Koreaner an die fünfunddreißigjährige Besatzungszeit von 1910 bis 1945 und an ihre Einverleibung in das großjapanische Reich denken, wenn die Mandschuren mit Schrecken von der Herrschaft des japanischen Militärs in den dreißiger Jahren reden, wenn die Chinesen an das 1937 von japanischen Truppen in Nanking verübte

Massaker erinnern, wenn ein philippinischer Taxifahrer einem japanischen Touristen seine beiden Hände zeigt, an denen alle Finger fehlen – abgehackt als Teil der japanischen Repressionsmaßnahmen während des Krieges – ist die immer wiederkehrende Beschwörungsformel: «Hört auf . . . die Zeiten haben sich geändert . . . wir sind doch nicht mehr so.»

Wer Opfer ist, erinnert sich. Die Täter wollen vergessen. Das gilt für einzelne Menschen genauso wie für Völker.

Die Weißen sagen überall in der Welt: «Laßt Vergangenes vergangen sein . . . wir wollen an die Zukunft denken.» Sie – die Weißen – können dies sagen, weil sie selten oder nie Opfer von Aggressionen nicht-weißer Völker waren.

Es berührt mich seltsam, wenn ich in Deutschland bin und ab und zu plötzlich und unerwartet den uralten Erinnerungen der Europäer an die Hunnen und Mongolen begegne. Obwohl die schneesturmartigen Überfälle der wilden Reiterscharen unter Attila und den Nachfolgern Dschingis-Khans so viele Jahrhunderte zurückliegen, sind in den davon betroffenen Gegenden Europas Erinnerungen geblieben, die noch nicht ganz verblaßt sind. Damals waren die Weißen das Opfer – daran denken sie heute noch. Irgendwo in ihrer Seele nistet eine Urangst vor der «gelben Gefahr». Sie artikuliert sich selten. Erwachsene haben es meist gelernt, ihre unterschwelligen Gefühle zu kontrollieren. Kinder sind offener.

Über einen Zeitraum von mehr als zwanzig Jahren habe ich in verschiedenen Städten in Deutschland gelebt oder bin dort für kurze Zeit gewesen. Ob München, Hamburg oder Köln, ob Göttingen, Ravensburg oder Wiesbaden – überall ist mir mit seltsamer Monotonie ein Phänomen begegnet, das nur bei sechs- bis zwölfjährigen deutschen Kindern aufzutreten scheint: Wenn sie mich sehen, ziehen sie sich Schlitzaugen und rufen «Tsching . . . tschang . . . tschung . . .» Nie habe ich sie «ping, pang, pong» rufen hören, was ja auch recht chinesisch klingt.

Wenn die sechs- bis zwölfjährigen Kinder in Gruppen kommen und sich stark fühlen, vor allem in einem Park, wo alles recht weitläufig ist, Büsche und Bäume stehen, werfen sie mir bisweilen Sand ins Gesicht oder spucken mich an. Dies geschieht immer so plötzlich und unerwartet, daß ich einige Jahre brauchte, um mich innerlich zu wappnen. Erwachsene, die Zeuge einer solchen Szene werden, entfernen sich mit eigentümlich beschleunigten Schritten, während ich das Skandieren der Kinder höre: «Tsching... tschang... tschung.»

Die Kinder, die das vor zwanzig Jahren getan haben, sind inzwischen längst erwachsen und haben wahrscheinlich selber Kinder. Wenn ich aber Erwachsene nach der Quelle dieses Kinderverhaltens frage, antworten sie immer, sie wüßten davon nichts, sie hätten davon noch nie gehört, sie könnten es sich auch nicht erklären. Die Ausrede, daß Kinder eben manchmal komische Sachen machen, überzeugt mich nicht, denn dann würden sie ab und zu einmal ping, pang, pong hinter mir herrufen.

Nur einmal hat mir jemand in München lachend geantwortet: «Das mache ich bei meinem eigenen Sohn, wenn er nicht ins Bett gehen will. Das ist doch Spaß. Ich ziehe mir Schlitzaugen und sage ihm: ‹Tsching... tschang... tschung... der böse Mann kommt und frißt dich auf.›»

Mit diesem Beispiel möchte ich nur zeigen, wie unter der geglätteten Oberfläche der Konvention eigentümliche Vorstellungen weiterleben können, die weit, sehr weit in die Vergangenheit zurückreichen. Manchmal steigen sie aus dem Bodensatz der Seele auf. Erstaunlich ist nur, über wie lange Zeiten sich solche kollektiven Erinnerungen erhalten können. Mehr als fünfzehnhundert Jahre trennen die Jetztzeit von Attila, dem Hunnenkönig, und vor siebenhundertfünfzig Jahren fand der Überfall der Goldenen Horde unter dem Enkel Dschingis-Khans statt.

Die Gedankenverbindung ist noch heute negativ und macht sich in latenten Aggressionen Luft, wie das Beispiel der deutschen Kinder zeigt.

Daß die japanischen Kinder nach dem übereinstimmenden Urteil der Japanreisenden nicht aggressiv sind, ist wohl wahr. Ihre Unbefangenheit, Zutraulichkeit und scheue Neugier rufen häufig Entzücken hervor. Darin drückt sich aus, daß es im japanischen Volk keine direkten schrecklichen Erfahrungen mit den Weißen gegeben hat.

Alles, was während der Edo-Zeit in die Menschen hineingepflanzt wurde, kam nicht aus dem eigenen Erleben, sondern war von der Regierung verordnet. Deswegen sind keine Narben in den Seelen geblieben, die sich heute in latenten Aggressionen äußern würden.

Trotzdem bin ich immer noch etwas ungewiß, ob nicht doch irgendwo und irgendwann ein japanisches Kind einem Weißen eine Schneckennase machen würde, jene Geste, die in der Edo-Zeit zum stehenden Repertoire der Balladensänger gehörte, wenn sie die großen Nasen der Weißen auf ihrer Schaubühne andeuten wollten.

15   Gruppenmenschen

Den Japanern hält man im Westen vor, sie seien Gruppenmenschen. Das ist sicher richtig. Der Mensch ist ein soziales Wesen. Alle Fortschritte der menschlichen Gesellschaft, das, was wir Zivilisation und Kultur nennen, sind letztlich Gruppenleistungen.

Das soll nicht den Wert und die Bedeutung von Einzelleistungen mindern, die häufig den Anstoß zu einem großen Schritt vorwärts gegeben haben. Neue Ideen sind, wie neue Stilrichtungen in der Kunst, oft plötzlich aufgetaucht – als Leistungen eines einzelnen Denkers oder Künstlers. Aber auch diese Fortschritte sind nur Teil eines sozialen Gefüges, bei dem das Vorhandene das Fundament für das Neue bildet. Man sagt ja manchmal, daß das Neue schon in der Luft gelegen habe. Es fehlte dann nur noch jemand, es zu erkennen, es an sich zu reißen und zur eigenen Idee zu machen.

Die Zivilisation ist zu allen Zeiten die Summe vieler Einzelleistungen gewesen. Die Menschen haben sich immer gegenseitig angeregt, befruchtet und angestachelt. So hat die menschliche Gesellschaft über Jahrhunderte und Jahrtausende ein kollektives Wissen zusammengetragen und eine kollektive Intelligenz gespeichert.

Die Leistungsfähigkeit und damit auch die Überlebensfähigkeit einer Gesellschaft, die in vorgegebenen geographischen Grenzen eine kulturelle Einheit bildet, hängt von solchen kollektiven Faktoren ab – mehr als von vereinzelt, aber isoliert auftretenden Glanzleistungen. Diese können noch so überragend sein, wenn die Gesellschaft dafür noch nicht reif ist, bleibt die Wirkung gering. Erst die kollektive Bereitschaft, solche Glanzleistungen anzuerkennen, aufzunehmen und durch Wiederholungen weiterzutragen, macht eine Gesellschaft stark. Einzelne Hochleistungen geben Impulse, die die Entwicklung in günstigen Fällen beschleunigen können, aber man darf nie vergessen, daß sie immer eine in Generationen gewachsene starke Basis brauchen.

Das moderne Japan ist – genau wie das moderne Europa – durch einen fortlaufenden Prozeß der Evolution langsam entstanden. Jeder Schritt war wichtig. Die Evolution erfolgte meistens in kleinen Schritten, die aber von Millionen Menschen gleichzeitig getan wurden. Diese Millionen Menschen mußten im Gleichklang empfinden. Sie mußten die gleichen Wunschvorstellungen entwickeln. Sie mußten jeder für sich, in der Anonymität der Masse, ihre Leistung vollbringen. Sie bildeten den Grundstock, von dem die Geschichtsbücher selten berichten.

Die Europäer hatten immer eine ganz besondere Vorliebe für geniale Menschen, die hoch über ihre zeitgenössische Umwelt hinausragten. Die Umwelt hat ihre Genialität durch bleibenden Ruhm belohnt und ihre Namen zu Marksteinen der Geschichte erhoben. Deshalb liest sich die europäische Geistesgeschichte fast wie eine Aneinanderreihung vieler Biographien.

Die Japaner hingegen haben die Wertschätzung seit jeher auf Gruppenleistungen gelegt, bei denen die individuellen Beiträge sich nicht so kraß abheben. Sie haben die Leistungen einzelner nie losgelöst von ihrer jeweiligen Umwelt betrachtet. Sie waren selten oder nie bereit, Einzelleistungen des Individuums anzuerkennen und durch besonderen Ruhm zu belohnen. Sie haben kein geistiges Klima geschaffen, in dem das Genie wachsen konnte. Sie haben stets jene einzelnen gedämpft, die vielleicht die Genialität gehabt hätten, sich von ihrer Umwelt zu lösen, sich über sie zu erheben und in einem einzigen Anlauf etwas grundsätzlich Neues zu schaffen. Sie wollten sie nicht als Genies anerkennen. Dadurch haben sie ihnen an der Wurzel das Wasser abgegraben.

Das japanische Ideal ist das der kleinen aber gemeinsamen Schritte. Man möchte, daß alle voranschreiten. Man verlangt vom Individuum Rücksicht auf die Gruppe. Niemand soll so weit nach vorn preschen, daß andere das Gefühl bekommen, aussichtslos in Rückstand zu geraten. Genialität, die nur sich selbst kennt, wird als Störfaktor empfunden.

Wer wirklich groß ist, sagt die japanische Gesellschaft, wer eigene Ideen hat, soll eine Gruppe um sich scharen, die sich diese Ideen zu eigen macht und eine Schule bildet. Wenn die Schule stark ist, dann ist die Gesellschaft bereit, sie zu akzeptieren. Deshalb liest sich die japanische Geistesgeschichte wie ein Kompendium der Entwicklung einzelner Denkschulen, aus deren Mitte nur ab und zu ein Individuum hervorragt – Denkschulen statt Genie.

In diesem Sinne ist es zutreffend, die Japaner als Gruppenmenschen zu bezeichnen.

Wenn man im Westen allerdings das Wort Gruppenmensch gebraucht, dann ist damit meist eine deutlich negative Wertung verbunden. Diese Ablehnung leitet sich aus dem westlichen Verständnis des Begriffs Individualismus ab. Unter Individualismus versteht man in der westlichen Welt den Kontrast zur Gemeinschaft. Je stärker dieser Kontrast ist, um so heller leuchtet die Individualität. Dies hat allerdings auch zur Folge, daß die Menschen im Westen oft den Kontrast suchen oder künstlich erzeugen – auch dann, wenn sie eigentlich gar keine kontrastierenden Persönlichkeiten sind.

Die japanische Gesellschaft setzt andere Prioritäten. Mit der Gruppe verbindet sich eine deutlich positive Wertung. Unter Individualismus versteht man in Japan die schwer zu erlernende Fähigkeit, sich innerhalb der Gruppe durchzusetzen, ohne einen Mißklang zu erzeugen. Das Individuum gibt einen Teil seiner Leuchtkraft ab und verschmilzt mit seiner Umgebung.

Beide Methoden, eine leistungsfähige Gesellschaft aufzubauen, die japanische und die westliche, haben Licht- und Schattenseiten. Wie man Licht und Schatten abwägt und im einzelnen wertet, ist fast eine Frage des persönlichen Geschmacks, denn eine Gesellschaft, die nur Lichtseiten kennt, gibt es nicht.

Als nach der Isolation die Regierung in Edo die Einrichtung des Fünf-Familien-Systems anordnete, tat sie dies zur Stärkung der inneren Sicherheit des Landes. Gleichzeitig legte sie damit den Grundstein für eine Form der Gruppenentwicklung der Japaner, die bis heute das tragende Element der japanischen Gesellschaft geblieben ist.

Die Regierung beabsichtigte, ein Kontrollinstrument zu schaffen, mit dem auch die letzten Kirishitan entdeckt und allen subversiven Tätigkeiten ein Riegel vorgeschoben werden konnte. Um dies zu erreichen, legte sie ein engmaschiges Netz über das ganze Volk. Überall, in jeder Stadt und jedem Dorf, mußten sich jeweils fünf Familien, die nebeneinander wohnten, zu einer Gruppe zusammenschließen. Innerhalb dieser Gruppe sollte jeder jeden beobachten.

Falls es sich herausstellte, daß sich in der Gruppe eine verborgene Kirishitan-Familie befand, dann waren alle anderen verpflichtet, dies sofort den Behörden zu melden. Wenn das nicht geschah, machten sich sämtliche Mitglieder der Gruppe der konspirativen Verschwörung schuldig und mußten bei Entdeckung mit der Todesstrafe rechnen.

Wie alle Maßnahmen der Tokugawa-Regierung hatte auch die Einrichtung des Fünf-Familien-Systems ein zähes Leben. Der ursprüngliche Sinn, die gegenseitige Bespitzelung, überlebte sich ziemlich rasch, weil es – außer im Hinterland von Nagasaki, in den armen Provinzen von Shimabara und Amakusa – bald kein Kirishitan-Problem mehr gab.

Da die Regierung in Edo jedoch einen speziellen Verwaltungsapparat aufgebaut hatte, in dem viele Samurai arbeiteten und ihren Lebensunterhalt verdienten, blieb das Fünf-Familien-System erhalten – bis zum Ende der Tokugawa-Herrschaft und sogar noch zwanzig Jahre länger, bis 1888. Es verlor weitgehend seinen ursprünglichen Sinn als reine Kontrollinstanz des Staates. Es verselbständigte sich und wurde zu einer alle Lebensbereiche umfassenden Einrichtung. Aus ihr entwickelte sich eine Infrastruktur der japanischen Gesellschaft, für die es in westlichen Gesellschaften keine Parallele gibt.

Vom Ansatz her war eine solche Gruppeneinteilung, wie sie das Shogunat in Edo vorschrieb, den Japanern nicht völlig wesensfremd. Wie überall in der Welt, wo Reis das Grundnahrungsmittel ist, gab es in der japanischen Gesellschaft seit alters her Gemeinschaften, die sich im Rhythmus und mit den Erfordernissen des Reisanbaues gebildet hatten. Reis kann man nur anbauen, wenn bestimmte Voraussetzungen dafür da sind: Die Felder, in die man die Reissetzlinge pflanzt, müssen für die entscheidende Wachstumsperiode, von Ende Mai bis Ende August, wadentief unter Wasser gesetzt werden. Während der Reifeperiode aber, die bis zur Ernte Mitte Oktober dauern kann, müssen die Felder trockenliegen.

Das setzt komplizierte Bewässerungsanlagen voraus, die nur in Gemeinschaftsarbeit angelegt und unterhalten werden können. Die Zuteilung des Wassers aus den Kanälen erfolgt nach einem zwischen allen Reisfeldbesitzern abgesprochenen Schema, denn die Reiskultur ist äußerst anfällig gegen Unregelmäßigkeiten, Störungen oder unbedachte Eingriffe. Nur eine sehr intensive Pflege der Felder bei ständiger Zusammenarbeit der Bauern untereinander bringt ausreichende Ernten.

Deshalb war, als das Shogunat die Einrichtung des Fünf-Familien-Systems befahl, in der japanischen Gesellschaft schon die Bereitschaft vorhanden, sich in Schicksalsgruppen einteilen zu lassen, die – wie die Reisbauerngemeinden – auf Gedeih und Verderb miteinander verbunden sind. Deswegen wurde daraus auch kein Spitzelsystem, in dem das Denunziantentum blühte. Vielmehr nahmen die Fünf-Familien-Gruppen innerhalb kurzer Zeit den Charakter von Selbsthilfeorganisationen an. Das Bestreben war, ohne Einschaltung des Staates auf unterer Ebene möglichst alle Fragen und Probleme anzupacken und zu lösen.

Das fing bei den Steuern an. Den Behörden war es gleichgültig, wer im einzelnen die Steuern zahlte. Bei den Bauern mußte immer das ganze Dorf eine bestimmte Abgabenmenge entrichten. In den Städten waren es die Stadtviertel, die nach Berufen zusammengefaßt waren. Wenn die Steuerabgaben fällig wurden, kamen die Vorsitzenden aller Fünfergruppen zusammen und handelten ihre jeweiligen Anteile aus. War in einer Fünfergruppe durch Krankheit, Invalidität oder Tod ein größerer Arbeitsausfall eingetreten, galt es als selbstverständlich, daß die leistungsfähigeren Mitglieder der Gruppe für den Ausgleich sorgten.

Nach Naturkatastrophen, Feuersbrünsten und Mißernten konnten die Vorsitzenden aller Fünfergruppen eines Dorfes, eines Stadtviertels oder einer ganzen Region bei den Behörden gemeinsam um Steuererlaß nachsuchen. Dies gab ihrem Anliegen mehr Gewicht und eine größere Wirkung. Ein einzelner Bürger oder Bauer hätte sich nie an den Daimyo oder sogar nach Edo gewandt. Dies wäre undenkbar gewesen.

Aus Selbsterhaltungstrieb mußten alle Fünf-Familien-Gruppen der Edo-Zeit darauf achten, daß kein Gruppenmitglied auf die schiefe Bahn geriet und den Behörden unangenehm auffiel. Dies hätte Ärger für alle nach sich gezogen, in schweren Fällen, bei Kapitalverbrechen, sogar eine gemeinsame Bestrafung bis hin zur Hinrichtung. In einer Gesellschaft von fünf in der gleichen Straße eng nebeneinander lebenden Familien ist es fast unmöglich, daß ein einzelner unbemerkt kriminelle Handlungen begeht. So führte die Gruppenverantwortlichkeit zur Einhaltung sozialer Spielregeln.

Andererseits wußten diejenigen, die vielleicht labil waren oder zu Affekthandlungen neigten, daß sie durch unbedachte Taten gerade jene fünfzig oder hundert Menschen in Gefahr brachten, auf die sie sich am ehesten verlassen konnten. Dieser

Gedanke baute Barrieren auf, die die Kriminalität bis heute auf einem außerordentlich niedrigen Niveau gehalten haben.

Wenn ein Gruppenmitglied eine zivilrechtliche Klage vor Gericht erheben wollte, mußte das Einverständnis aller vorliegen, denn das Gericht betrachtete die Fünf-Familien-Gruppe als kleinste juristische Einheit. Das führte in der Praxis dazu, daß es nur selten zu Klagen vor Gericht kam, denn meistens setzte sich bei Bekanntwerden eines Streitfalls der Vorsitzende jener Fünfergruppe, aus der der Kläger stammte, mit dem Vorsitzenden der Gruppe zusammen, zu der der Beklagte gehörte. So wurden Streitfälle auf niedriger Ebene geregelt. Daher war der Bedarf an Advokaten in Japan immer nur gering. Noch heute kommt die japanische Gesellschaft mit unvergleichlich viel weniger Rechtsanwälten aus als die westlichen Länder – nicht mehr als ein Zwanzigstel bis ein Dreißigstel, bezogen auf die Einwohnerzahl. Die weitaus größte Zahl aller Japaner lernt nie im Leben einen Rechtsanwalt kennen.

Juristen neigen dazu, das geschriebene Gesetz zum Maßstab ihres Urteils zu machen, während doch die meisten Streitfälle zwischen Menschen aus inneren Beweggründen entstehen, für die es keine geschriebenen Gesetze gibt und auch nie geben wird, denn verletzter Stolz, Neid, Hinterlist, Eifersucht und verborgene Minderwertigkeitsgefühle sind nicht juristisch meßbar. Da sie aber die häufigste Quellen der Streitereien sind, ist es besser, sie außerhalb des Gerichts beizulegen.

Noch heute muß in Japan, bevor in einem zivilrechtlichen Fall bei Gericht Klage erhoben werden kann, der Beweis erbracht werden, daß die vorgeschaltete Schlichtung erfolglos war. Solche Schlichtungsbemühungen nehmen einen breiten Raum im japanischen Rechtsdenken ein. Es geht nicht um Schuldzuweisungen, denn selten sind beide in einen Streit verwickelte Parteien ganz frei von Schuld. Es geht vielmehr um den Ausgleich, um die Versöhnung, um die Wiederherstellung einer spannungsfreien Beziehung.

In keinem Land der Welt gibt es ein derartig differenziertes System von Schlichtungsmethoden. In der Praxis haben sie sich seit langem bewährt. Die Aufgabe, die Verstrickung in Emotionen, aus denen der Streit entstanden ist, wieder zu entflechten, verlangt Feingefühl und viel Takt von seiten der Schlichter. Von seiten der streitenden Parteien ist die Bereitschaft erforderlich, den Streit ohne Verhärtung der eigenen Rechtsposition beilegen zu wollen.

Letztlich geht es in jeder Gesellschaft darum, wie die Menschen ihr Zusammenleben regeln, so daß möglichst wenig Unfriede, Reibung und Streit entstehen. Vermeiden lassen sich Reibungen und Streit nie, denn jedes enge Zusammenleben erzeugt Konflikte. Konflikte sind Bestandteil des Lebens in jeder Gesellschaft. Sie lassen sich nicht dadurch vermeiden, daß man sie als moralisch schlecht abstempelt und immer wieder betont, daß sie sich durch Güte oder Nächstenliebe überwinden ließen.

In der westlichen Gesellschaft herrscht, so scheint es mir, jene Grundeinstellung vor, die von der utopischen Idee ausgeht, daß es so etwas wie eine ideale, konfliktlose Gesellschaft geben könne. Mit gutem Willen von allen Seiten, so heißt es, müsse es möglich sein, einen friedlichen Zustand zu erreichen, in dem es keinen Haß und Neid, keine Hinterlist, kein rücksichtsloses Vorwärtsstreben, keinen falschen Ehrgeiz und keine Herrschsucht gäbe. Dann gäbe es auch keine Unterdrückung, keine Minderwertigkeitsgefühle und keinen verletzten Stolz. Dann würde jener Zustand erreicht, der mir als die moderne Projektion dessen erscheint, was sich frühere Generationen unter dem Reich Gottes auf Erden vorgestellt haben. Da sich dieser ideale Zustand universeller Friedfertigkeit aber nie verwirklichen ließ, mußten die früheren Generationen den Teufel erfinden, der das Werk Gottes stört. Der Teufel ist es, der Unfrieden unter den Menschen sät.

So kam es, daß in der westlichen Welt alles nach Licht und Schatten geordnet wurde, nach Gut und Böse. Das Gute und das Böse entwickelten sich zu jenen entgegengesetzten Polen, nach denen die Gesellschaft das Tun der einzelnen Menschen maß. Konflikte wurden als das Werk des Teufels angesehen, denn sie paßten nicht in das Wunschbild der idealen menschlichen Gesellschaft. Deshalb mußte es immer, wenn irgendwo ein Konflikt entstand, mindestens einen Schuldigen geben, den man überführen und bestrafen konnte. Auf diesem Grundsatz von Gut und Böse ist das westliche Rechtssystem aufgebaut. Noch immer gehört die Suche nach dem Schuldigen zur vornehmlichen Aufgabe, die die Gesellschaft der Justiz übertragen hat.

Umgekehrt gehört es zur Überlebensstrategie der Menschen in der westlichen Welt, sich in einer aufflammenden Konfliktsituation mit größter Entschlossenheit selbst zu rechtfertigen. Sie müssen hart und unnachgiebig sein. Sie dürfen nicht weich werden, sondern müssen immer an ihre Rechtsposition denken. Gefühle für die anderen sind nicht gefragt. Mitgefühl ist sogar gefährlich, wenn es zu einer juristischen Auseinandersetzung kommt.

Am stärksten beeindruckt mich in Deutschland immer wieder die Tatsache, daß diejenigen, die aus irgendeinem Grund einen Verkehrsunfall verursacht haben, am besten beraten sind, wenn sie keine spontanen Gefühle des Bedauerns und des Mitleids zeigen. Wenn ein Autofahrer ein Kind überfährt und sich zu der menschlich verständlichen Reaktion hinreißen läßt zu sagen: «Es tut mir leid», dann kann ihm dies juristisch als Schuldbekenntnis ausgelegt werden, auch wenn es klar ist, daß das Kind unversehens vor den Wagen gelaufen ist.

Der Autofahrer hat zu sagen: «Das blöde Kind ist mir vor den Wagen gerannt... was kann ich dafür... die Eltern hätten besser aufpassen müssen... ich bin nicht schuld.» Falls er sich aus Mitgefühl um das verletzte Kind kümmert, es im Krankenhaus besucht und die Eltern erkennen läßt, wie sehr ihn der Unfall innerlich mitgenommen hat, schwächt er seine Rechtsposition.

Die Gesellschaft neigt dazu, in solchen Mitleidsbekundungen das Eingeständnis einer Schuld zu sehen. Das Gesetzesgefüge und die Gesetzesauslegung unterstützen diese Tendenz. Das spontan und aus Mitgefühl ausgesprochene Wort «Entschuldigung» wird in den Händen der Juristen leicht zu einem Strick, an dem man aufgehängt werden kann, falls es zu einem Prozeß kommt. Da sich aus einem gerichtlichen Schuldspruch viele unangenehme Konsequenzen ergeben können – Verlust des Versicherungsschutzes, Zahlungen in unabsehbarer Höhe –, nistet sich in den Menschen Härte ein, die genau das Gegenteil von dem ist, was die Bibel lehrt.

«Wenn man wirklich mit der Bibel aufgewachsen ist», sagte mir kürzlich ein Journalist, «ist es schwer, für das Leben umzulernen.»

In Japan, wo man keine Bibel kennt, ist die Reaktion der Menschen in einer vergleichbaren Situation grundsätzlich anders. Ein Autofahrer, dem ein Kind vor den Wagen gesprungen ist, würde sich in aller Augen im höchsten Grade verdächtig machen, wenn er nicht sofort beim Anblick des verletzten Kindes sein Mitleid und seine Erschütterung zu erkennen gäbe, wenn er nichts anderes zu sagen wüßte als «Es war nicht meine Schuld», wenn er nicht, sobald er kann, das Kind im Krankenhaus besuchen würde, wenn er nicht den Eltern sein Mitgefühl und sein Bedauern für den Unglücksfall aussprechen würde.

Natürlich kann sich kein Autofahrer, falls er schuldhaft einen Unfall verursacht, durch solche Worte und Gesten von der Verpflichtung zur Zahlung und von gerichtlicher Bestrafung freikaufen, aber der Mangel an Mitgefühl würde sich für ihn außerordentlich ungünstig auswirken. Die Fronten würden sich dann sofort verhärten, und auch jeder Richter würde voreingenommen sein. Niemand käme – wie im Westen – auf den Gedanken, den Ausdruck von Mitgefühl als Schuldeingeständnis zu werten und demjenigen, der Mitgefühl zeigt, daraus einen Strick zu drehen.

Deshalb hämmern die in Deutschland ansässigen japanischen Firmen ihren aus Japan kommenden Angestellten nachdrücklich ein, daß sie sich, falls sie in einen Verkehrsunfall oder überhaupt in einen Streit mit Deutschen verwickelt sind, niemals dazu hinreißen lassen sollen, das Wort «Entschuldigung» zu gebrauchen oder ein anderes Zeichen von spontanem Mitgefühl zu geben.

Hinter der Härte, die in der westlichen Gesellschaft zum Alltag gehört, steht letztlich die alte Vorstellung, daß es so etwas wie eine absolut konfliktlose, absolut friedliche, absolut harmonische Gesellschaft gibt – jener paradiesische Zustand, der einmal durch das Reich Gottes auf Erden verwirklicht werden soll. Deshalb müsse es, so denkt die westliche Gesellschaft, für jede Störung der Harmonie einen Schuldigen geben. Man brauche nur den oder die Schuldigen ausfindig zu machen und zu bestrafen, dann würde die Harmonie wiederhergestellt sein.

Aus einer solchen Grundhaltung, deren Wurzeln weit in die Vergangenheit zurückreichen, erwächst eine große innere Unsicherheit bei allen Menschen, die in dieser von paradiesischen Träumen heimgesuchten Gesellschaft leben. Jeder kann irgendwann und irgendwie in Konflikte hineingeraten oder hineingezogen werden. Dann besteht die Gefahr für ihn, bei der geringsten Unachtsamkeit oder bei einer spontanen Reaktion zum Schuldigen gestempelt zu werden, denn die Gesellschaft möchte ja, daß es immer eine klare Schuldzuweisung gibt.

Deshalb tragen alle jene permanente Furcht in sich, unschuldig schuldig zu werden. Sie greifen beim geringsten Anlaß zu starken Verteidigungsworten. Sie schieben Schuld, die es vielleicht gar nicht gibt, von sich weg. Aus verständlichem Selbsterhaltungstrieb versuchen sie, anderen die Schuld anzulasten.

Sie neigen dazu, dies um so eifriger zu tun, je unsicherer sie sich über den eigenen Schuldanteil sind. Deshalb ist im deutschen Sprachgebrauch das Wort ‹Entschuldigung› wirklich ein Strick, in den man sich verfangen kann.

Im Westen mokiert man sich bisweilen über das Nichtvorhandensein absoluter Maßstäbe in den ostasiatischen Gesellschaften, über das Fehlen eines klar definierten Begriffes von Gut und Böse, von Recht und Unrecht, von Gott und dem Teufel. Man kann sich nicht vorstellen, daß es möglich ist, ohne solch absolute Maßstäbe eine funktionierende Gesellschaft aufzubauen. Man fragt, wie schlechte Menschen davon abgehalten werden könnten, Schlechtes zu tun. Man wundert sich, wie es überhaupt Recht und Ordnung geben kann. Man denkt, Willkür und ein Unmaß an Korruption seien die vorherrschenden Elemente in solchen Ländern.

In Japan ist die Summe der Korruption nicht höher als in vielen westlichen Ländern, und die Sorge, Opfer der Willkür zu werden, beschäftigt die Menschen nicht. Das Rechtssystem funktioniert ohne paradiesische Träume von einem idealen, konfliktfreien Zustand des menschlichen Zusammenlebens. Es geht nicht darum, immer und bei jeder Gelegenheit Schuldige ausfindig zu machen und im Fall eines zivilrechtlichen Streits Schuldzuweisungen auszusprechen. Es geht vielmehr darum, einen Modus des Zusammenlebens zu finden, der Spannungen abbaut, Zwistigkeiten mindert, finanzielle Schäden einvernehmlich reguliert.

Der Druck der Gesellschaft liegt auf denjenigen, die schamlos alle Schuld von sich auf andere abwälzen wollen, die jede Möglichkeit für einen vernünftig erscheinenden Ausgleich ablehnen und die einen Streit hinziehen oder aufbauschen.

Das Wort Scham, das in der westlichen Gesellschaft vorwiegend in sexuellen Bezügen benutzt wird, trägt in Japan ausgesprochen soziologisch regulative Züge. Man fühlt sich unwohl, wenn man der Grund für einen Konflikt geworden ist. Man schämt sich, wenn man Unrecht tut und auf Unrecht beharrt. Man schämt sich, wenn man die Gefühle anderer verletzt.

Selbstverständlich gibt es in allen Bereichen und gesellschaftlichen Schichten immer – auch in Japan – genügend Menschen, die in diesem Sinne schamlos und unverschämt sind. Sie stehen aber stärker als im Westen unter einem allgemeinen gesellschaftlichen Druck, der sie neutralisiert und nicht sehr weit kommen läßt. Das soziologische Schamgefühl wird kultiviert.

Die westliche Gesellschaft besitzt keine gut funktionierende Abwehr gegen die Rücksichtslosigkeit und Unverschämtheit einzelner Menschen. Solange sie sich im Rahmen der bestehenden Gesetze bewegen, können sie im Alltag andere Menschen ruhig kränken, demütigen oder schamlos in die Enge treiben und unter Druck setzen. Wer Erfolg hat und seine Ziele erreicht, kann mit Anerkennung, sogar mit Achtung von seiten der Gesellschaft rechnen, denn ein soziologisches Schamgefühl, das eine wirksame Barriere sein könnte, ist im Westen kaum entwickelt.

In Japan gibt es die alten Regulative des Fünf-Familien-Systems, die in der Edo-Zeit ihre Feuerprobe bestanden haben. Sie sind immer noch wirksam und schützen die Allgemeinheit vor Exzessen auf allen zivilrechtlichen Gebieten. Anstelle der früheren Fünf-Familien-Gruppen, die eine zufällige Nachbarschaftsbeziehung zusammengewürfelt hatte, sind die Gruppierungen der modernen Leistungsgesellschaft getreten – Arbeitsplatzgemeinschaften in den Firmen und Behörden, Freizeitgemeinschaften in Freundeskreisen.

Allerdings zeichnet sich in Japan seit einiger Zeit eine beunruhigende Wende zu westlich inspiriertem Rechtsdenken ab. Unter Berufung auf westliche Vorbilder steigt der Prozentsatz derer, denen es, wie sie sagen, um die absolute Wahrheit geht.

Sie nehmen sich Rechtsanwälte, die das formale Recht nach dem reinen Wortlaut auslegen können, die jede Möglichkeit eines Kompromisses ablehnen, solange sie die Chance sehen, durch längeres und härteres Verhandeln einen Vorteil für sich und ihre Klienten herauszuschlagen.

Noch ist unsicher, wohin der Weg führt. Die Position der Verfechter westlicher Denkschemata ist stark. Sie sprechen von dem Erwachen des Individualismus, von der längst überfälligen Aufklärung, von Fortschrittlichkeit und Modernität. Da die schriftlich formulierten Gesetze in Japan den Gesetzestexten westlicher Nationen dem Wortlaut nach ähneln, sieht sich die Justiz vor einer schwierigen Lage. Sie muß, wenn sie bedrängt wird, die Gesetzesformeln textgerecht anwenden. Die einzige Abwehrreaktion, die die Justiz wahrnehmen kann, ist die unendlich langsame Behandlung aller an sie herangetragenen Streitfälle. So möchte sie verhindern, daß aus dem Rinnsal eine Flut wird.

16   Verstädterung

Edo lag mit seiner Bevölkerungszahl schon um das Jahr 1700 fast an der Millionengrenze und erreichte um 1750 mit rund anderthalb Millionen Einwohnern eine Größe, für die es im damaligen Europa keinen Vergleich gab. Edo war dreimal größer als Paris und als London. London zum Beispiel überschritt die Anderthalb-Millionengrenze erst nach 1830, nach dem Beginn der Industrialisierung der englischen Wirtschaft und der damit verbundenen Abwanderung der Menschen vom Land in die Städte.

Das Erstaunliche ist, daß nach dem Beginn der Isolation die japanischen Importe noch fünfzig Jahre lang ständig zunahmen. Es ist ein Zeichen dafür, wie gesund das Land war und wie gut es ihm ging. Die Isolation wirkte sich zunächst noch nicht hemmend auf die innere wirtschaftliche Entwicklung aus. Damals lebten auf allen Inseln Japans rund dreißig Millionen Menschen. Da das Land außerordentlich gebirgig ist, drängten sie sich entlang einiger Küstenstreifen in den wenigen Ebenen und Tälern. Noch heute, nach Ausnutzung aller Möglichkeiten der Landgewinnung, sind nur siebzehn Prozent der gesamten Fläche Japans bewohnbar. Heute leben etwa einhundertzwanzig Millionen Menschen in Japan. Während der ganzen Edo-Zeit hielt sich die Bevölkerungszahl nahe bei dreißig Millionen, eine für damalige Verhältnisse beachtliche Zahl.

In Japan hat die Verstädterung schon sehr früh eingesetzt. Am ausgeprägtesten war sie in den sechshundert Kilometer voneinander entfernten Ballungszentren, in Edo und dem traditionellen Macht- und Wirtschaftsdreieck Kyoto–Sakai–Osaka. Der Lebensstil in den großen Städten wurde tonangebend für ganz Japan, wie das Leben in Paris zur gleichen Zeit den Stil Frankreichs formte. Während Paris allein das kulturelle, wirtschaftliche und politische Leben Frankreichs bestimmte, baute sich in Japan ein Spannungsfeld zwischen den verschiedenen Schwerpunkten auf, das sich befruchtend auf die innere Entwicklung auswirkte.

Kyoto galt noch lange, noch mindestens hundert Jahre nach dem Beginn der Isolation, als führendes Kulturzentrum. Die Tatsache, daß der Tenno in Kyoto residierte, gab der Stadt ein besonderes Ansehen. Obwohl der Tenno und der Kaiserhof wenig oder fast gar keinen Einfluß auf das politische Tagesgeschehen in Edo nahmen, wahrte der Tenno die geistige Autorität. Das allmählich in Formalismus erstarrende Leben am Kaiserhof strahlte für einige Zeit immer noch eine gewisse Anziehungskraft aus.

Gleichzeitig aber war Kyoto – und blieb es während der ganzen Isolation – das Zentrum der Herstellung von Stoffen, Lackarbeiten, Keramik und Porzellan. Außerdem war die Stadt Sitz nicht nur vieler reicher Kaufleute, sondern auch Sitz zahlreicher Geldverleihinstitute, der Vorläufer der späteren Banken. In Kyoto lebten etwa dreihundertfünfzigtausend Menschen.

Sakai verlor nach der Isolation rasch an Bedeutung. Die ehemals mächtige Hafenstadt konnte den Verlust der Außenhandelsmöglichkeiten nicht ausgleichen. Die an Reichtum gewohnte Großkaufmannschaft verstand es nicht, sich der neuen Lage schnell genug anzupassen und statt des Außenhandels den Binnenhandel aufzubauen. Die Bevölkerungszahl von Sakai ging auf rund siebzigtausend zurück. Damit war die Stadt aber immer noch größer als Hamburg, Köln, Zürich und Rom zur gleichen Zeit. An Sakais Stelle stieg Osaka zum neuen Wirtschaftszentrum auf und wurde rasch Japans zweitgrößte Stadt.

Insgesamt gab es etwa zwanzig Handelsstädte im Japan der Edo-Zeit. Sie alle unterstanden wie Nagasaki der direkten Kontrolle des Shogunats und wurden von einem Gouverneur verwaltet. Die meisten waren mittelgroß bis klein. Auch die zweihundertfünfzig Schloßstädte mit den Residenzen der Daimyo waren eher Kleinstädte mit selten mehr als dreißigtausend Einwohnern. Sie waren über ganz Japan verteilt und nach einem recht einheitlichen Muster angelegt. Im Stadtkern stand das Schloß des Daimyo auf einem hohen Steinfundament und von Wassergräben geschützt. Um das Schloß ordneten sich ringförmig die Wohngebiete der Samurai, dahinter lagen in Sektoren eingeteilt die Viertel der Handwerker und der Kaufmannschaft. An der Peripherie, nicht eigentlich zur Stadt gehörig, siedelten die Eta, der niedrigste Stand der Gesellschaft. Sie waren zuständig für die Abfallbeseitigung, die Grubenentleerung, für die Beseitigung toter Tiere und für die Bearbeitung von Leder.

Tempel und Schreine standen entweder zwischen den Häusern, vornehmlich in den Handwerker- und Kaufmannsvierteln, oder lagen außerhalb der Stadt an landschaftlich besonders schönen Stellen, an Wasserläufen, in Tälern, an Berghängen.

Der größte Teil der Bevölkerung, etwa achtzig bis fünfundachtzig Prozent, arbeitete in der Landwirtschaft und lebte in Dörfern als bodenständige Bauern.

Die bloße Einwohnerzahl einer Millionenstadt wie Edo ist natürlich kein absolutes Maß für die Dynamik einer Gesellschaft. Es gibt genügend Beispiele auf der Welt, die zeigen, daß manche große Städte nur Auffangbecken für eine verzweifelte Landbevölkerung sind. Slumviertel entstehen, und das Elend wird immer größer. Das Wachstum der japanischen Städte fällt nicht in diese Kategorie.

Die Städte verdankten ihr Aufblühen der Entwicklung des Binnenmarktes seit Nobunagas Zeiten. Der Markt konnte sich ausweiten durch vermehrten Anbau in der Landwirtschaft und ein größeres Angebot an Gebrauchsgütern. In den Städten saß die Kaufkraft des Landes. Um diese Märkte zu erobern, wetteiferten die Kaufleute. Die Konkurrenz war äußerst scharf. Wer Ideen hatte oder ein Gespür für modische Tendenzen, wer gute Qualität zu günstigen Preisen anbot oder wer sich eine bessere Verkaufsstrategie ausdenken konnte als die Konkurrenz, hatte Chancen, rasch reich zu werden.

Genauso schnell konnte man aber auch wieder arm werden. Aus der Mitte der Edo-Zeit stammt das Sprichwort, das seine Gültigkeit bis heute nicht verloren hat: «Die Eltern mühen sich ab, die Kinder genießen das Geld, die Enkel tragen die Bettelschale.»

Edo entwickelte sich zu einer Großstadt, in der die Nachfrage nach Gebrauchsgütern besonders stark war, aber der traditionelle Schwerpunkt Kyoto-Osaka blieb dennoch erhalten. So wurde die rund sechshundert Kilometer lange Strecke, die Edo mit Osaka verband, zu einer belebten Hauptverkehrsstraße. Diese Straße trägt einen eigenen Namen: Tokaido, die Ostküstenstraße. Sie folgt über weite Strecken der pazifischen Küstenlinie und führt am Berg Fuji vorbei. Hiroshige hat die dreiundfünfzig Stationen der Tokaido-Linie in seinen farbigen Holzschnitten festgehalten.

Wer diese Strecke heute im Hikari zurücklegt, dem 250 Stundenkilometer schnellen Gliederzug, wundert sich bestimmt über die Zahl der Passagiere. Seit 1964 befahren die weißblauen Hikarizüge diese Strecke in beiden Richtungen im Zehnminutentakt von morgens sechs bis abends acht Uhr, und fast immer sind sie voll besetzt. Viele im Westen glauben, diese japanische Reiselust sei eine neue Erscheinung. Aber schon um 1700 zählte man auf der Tokaido-Linie etwa dreitausend Reisende pro Tag, mehr als eine Million im Jahr.

Dies waren aber nur die Landreisenden. Auf dem Seeweg von Osaka nach Edo reiste man wesentlich kürzer – nur vier bis fünf Tage, je nach dem Wind, gegenüber zwei Wochen auf dem Landweg.

Das Stadtgebiet von Edo war längst so groß geworden, daß

seine Bevölkerung nicht mehr allein aus dem umliegenden Land ernährt werden konnte. In Osaka aber befanden sich die riesigen Reisspeicher für all den Reis, der nicht an Ort und Stelle verbraucht wurde. Von dort wurde der Reis in die Großstädte gebracht.

Was tausend Pferde auf dem Landweg von Osaka nach Edo bringen konnten, transportierte ein einziges Schiff in einem Drittel der Zeit. Für ein Schiff brauchte man rund zwanzig Matrosen – für eintausend Pferde rund eintausend Pferdetreiber. Deshalb wurden aus Kostengründen die meisten Massenprodukte und – um Zeit zu gewinnen – auch viele verderbliche Güter über die See transportiert. Viele Reisende benutzten ebenfalls das Schiff. Insgesamt rechnet man für die Zeit um 1750 mit mindestens zweieinhalb Millionen Reisenden, die sich jährlich zwischen dem Dreieck Kyoto–Osaka–Sakai und Edo bewegten.

Die Tokaido-Linie war aber nur eine der fünf Fernstraßen, die alle Gebiete Japans verkehrsmäßig an Edo anschlossen. Auch über diese Straßen floß ein reger Verkehr. Sie waren gesäumt von Poststationen, die sich im Laufe der Zeit zu kleinen bis mittelgroßen Landstädten entwickelten.

Man sagt, das Kennzeichen der modernen Gesellschaft sei die hohe Mobilität der Menschen. In früheren Zeiten sei die Bevölkerung seßhafter gewesen. Die Menschen hätten weder die Möglichkeit gehabt, noch den Wunsch verspürt, ihren angestammten Wohnsitz aufzugeben und irgendwo anders hinzuziehen. Dies trifft sicher für weite Teile Europas zu, wo erst nach dem Beginn der Industrialisierung größere Bevölkerungsbewegungen einsetzten. Sie waren nicht nur das Ergebnis der Abwanderung aus ländlichen Gebieten in die Städte, sondern auch die Folge der besseren Erschließung des Landes durch Straßen und Eisenbahnen.

Von der eigentlichen Mobilität, dem Wechsel des Wohnorts

und des Arbeitsplatzes ohne einen unmittelbaren wirtschaftlichen Hintergrund wie Hunger, war ein viel geringerer Anteil der Bevölkerung betroffen – Beamte, die versetzt wurden, umherziehende Händler und Handwerksgesellen, Wissenschaftler, die die Universität wechselten, oder auch Pilger. Selbst heute, im Zeitalter höchster Mobilität, sind achtzig bis neunzig Prozent aller Menschen seßhaft.

Im Japan der Edo-Zeit reisten ständig beträchtliche Menschenmengen hin und her. Nicht nur die Kaufleute gingen auf Reisen oder suchten im Auftrag ihres Stammhauses die über das Land verstreuten Filialen auf. Auch die Samurai waren viel unterwegs. Dafür gibt es einen besonderen Grund. Ieyasu hatte verfügt, daß sämtliche zweihundertfünfzig Daimyo des Landes eine Residenz in Edo zu unterhalten hätten. Die Daimyo mußten jeweils ein Jahr lang selbst in Edo wohnen und durften dann für ein Jahr in ihr Territorium zurückkehren. Während ihrer Abwesenheit von Edo mußten sie aber dort ihre Residenz aufrechterhalten und ein Familienmitglied, entweder die Ehefrau oder den Erben, zurücklassen.

Der ursprüngliche Sinn der Anordnung war natürlich rein machtpolitisch. Ieyasu wollte die Daimyo ständig unter Kontrolle halten und auch ihre Finanzkraft schwächen, damit sie nicht zu einer Gefahr für das Shogunat werden konnten. Die Auswirkungen waren außerordentlich vielfältig und weitreichend. Einerseits standen der Regierung aufgrund dieser Anordnung immer die Hälfte aller Daimyo in Edo zur Verfügung, und sie konnte auf sie als Berater zurückgreifen. Andererseits bedeutete der ständige Wohnsitzwechsel der Daimyo, daß auch deren Samurai ständig zwischen Edo und der jeweiligen Schloßstadt hin- und herziehen mußten. Das Shogunat schrieb genau vor, mit wieviel Samurai die Daimyo reisen mußten – hundert bis zweitausend – und wieviel Stammpersonal sie in ihrer Residenz in Edo unterhalten mußten – zweitausend bis dreitausend. Diese Zahlen richteten sich nach der Bedeutung des jeweiligen Daimyo, nach der Größe seines Territoriums und nach seiner Stellung innerhalb der Daimyo-Hierarchie.

Da die Daimyo das Stammpersonal ihrer Edo-Residenzen im Rhythmus von zwei bis fünf Jahren austauschten, um allen in ihren Diensten stehenden Samurai und deren Familien die Gelegenheit zu geben, eine bestimmte Zeitlang in der Hauptstadt zu leben und dort Erfahrungen zu sammeln, mußte sich eine geradezu monströse Menschenmenge in Bewegung setzen. Sie ergoß sich zweihundertfünfzig Jahre lang, von Ieyasus Lebzeiten bis zum Ende der Isolation, jedes Jahr von allen Schloßstädten aus nach Edo und von Edo aus zurück in die Provinz. Jedes Jahr waren es zweihundertfünfzig- bis dreihundertfünfzigtausend Menschen, die so ihren Wohnsitz wechselten.

Zudem versetzte die Regierung die Daimyo immer wieder von einem Territorium in ein anderes, denn der Daimyotitel war zwar erblich, aber seit Ieyasu besaßen die Daimyo keinen Anspruch mehr auf das Land, das sie regierten. Sie waren de facto Verwaltungsbeamte der Regierung. Sie unterschieden sich dadurch deutlich von den Feudalherrn, Herzögen, Fürsten, Grafen und Baronen, die zu jener Zeit in Europa oft mit großer Willkür regierten, denn in Europa hatte gerade das Zeitalter des Absolutismus begonnen. Könige wie Fürsten beliebten, ihre Macht als gottgewollt zu bezeichnen – eine abstruse Idee, die in Japan erst nach der Öffnung des Landes, nach 1868, aus Europa importiert wurde.

Während der Edo-Zeit wurden die Daimyo in Japan so häufig hin- und herversetzt, daß am Ende nur zwei der insgesamt zweihundertfünfzig Daimyofamilien noch dort saßen, wo Ieyasu sie im ersten Jahrzehnt des 17. Jahrhunderts hingeschickt hatte. Jede Versetzung bedeutete in der Regel auch die Umsiedelung aller Samurai. Deshalb kann man im Fall Japans von einer Mobilität des gesamten Samuraistandes sprechen – immerhin zwei Millionen Menschen – für die es auf der gesamten

Welt, auch nicht in der modernen Zeit, einen Vergleich gibt – nicht einmal im heutigen Japan.

Da die Samurai gleichzeitig aufgrund eines hohen Bildungsstandes als Elite des Landes angesehen wurden und eine entsprechende Bedeutung im kulturellen Leben besaßen, hat ihre enorme Mobilität viel dazu beigetragen, die Sitten im ganzen Land einander anzugleichen, Ideen und Vorstellungen, die in Edo wuchsen, überall hinzutragen, und umgekehrt auch das Leben in Edo vielgestaltiger zu machen.

Man sagt, Zeitungen seien in Japan erst erschienen, als die Öffnung des Landes schon unmittelbar bevorstand oder nach 1868, als sie vollzogen war. Dies ist richtig, wenn man unter Zeitung nur etwas versteht, was aus Rotationspressen herauskommt, überwiegend ernsten Inhalt hat und offiziösen Charakter trägt.

Seit der frühesten Edo-Zeit, seit 1615, erschienen in Japan aber schon Nachrichtenblätter, die den Informationsdurst und die Sensationslust der Bürger befriedigten. Es waren Klatschblätter, satirische Blätter, erotische Blätter, ausnahmslos mit Zeichnungen und Darstellungen versehen. Sie erfüllten im Gesellschaftsgefüge die Art von Berichterstattung, die heute von den Illustrierten, Magazinen, Comics und Wochenblättern geboten wird.

Sie informierten darüber, welche Theaterstücke gespielt wurden, welche Affären und Skandale es hinter der Bühne gerade gab, wo Restaurants, Teehäuser, Badehäuser und Hotels neu eröffnet wurden, wie hoch die Preise für einen Abend oder eine Nacht mit Geishas lagen, was es an neuem auf dem Gebiet der Mode und der Schminkkunst zu berichten gab, welche Stoffmuster und Farben als schick galten, wo ein Mord geschehen war, wer lebensmüde von der Brücke gesprungen, aber doch gerettet worden war... Eine unerschöpfliche Quelle von Nachrichten und Klatsch. Gerüchte hatten Flügel.

Auch die Kunde von Feuersbrünsten, Verwüstungen durch Taifune und Überschwemmungen, von Vulkanausbrüchen, Erdbeben, Tsunamiwellen, wie sie bei Seebeben entstehen und mit haushohem Gischt über weite Küstenstreifen herfallen, wurden durch die Nachrichtenblätter dem Publikum zur Kenntnis gebracht. Vor Epidemien wurde gewarnt und über Hungersnöte wurde berichtet.

Es gab sogar schon Reporter, die überall dorthin eilten, wo etwas los war, wo ein Daimyo beim Ausritt vom Pferd gefallen war, wo zwei Samurai sich duellierten, wo ein Liebespaar gemeinsam in den Tod gegangen war, weil ihre Liebe nach dem geltenden Standeskodex keine Duldung fand. Manchmal griff die Regierung mit Verboten ein, wenn eine Satire zu weit ging oder wenn die erotischen Darstellungen zu gewagt waren.

Hunderte und Tausende solcher Nachrichtenblätter gab es in Edo und allen anderen großen Städten. Einige erreichten hohe Auflagen. Sie alle wurden an den Straßenecken mit Singsang ausgerufen oder am Theatereingang verkauft. Nicht wenige zirkulierten unter der Hand, damit das wachsame Auge der Regierung sie nicht entdeckte. Die frühesten dieser Nachrichtenblätter wurden von Tonplatten abgezogen, in die man vor dem Brennen die Texte und die Illustrationen eingeritzt hatte. Später ging man zu Holzschnitten über, zuerst einfarbigen, dann mehrfarbigen.

Oft gab es Sonderblätter, zum Beispiel aus Anlaß einer Theaterpremiere, die heute als kostbare Kunstwerke gehandelt werden. Landschaftsdarstellungen, Straßenbilder und Szenen aus den Geishavierteln gehörten zu den beliebten Themen, die oft wiederholt und variiert wurden. Künstler wie Hokusai, Utamaro, Harunobu, Sharaku und viele andere arbeiteten um wenig Geld für die Nachrichtenblätter. Fast alle schufen daneben, weil sie sonst kaum leben konnten, Kopfkissenbilder – erotische Darstellungen, die nicht auf dem offenen Markt zu haben waren.

Die Nachrichtenblätter reisten entlang der Fernstraßen und über die Küstenschiffahrtswege bis in die entlegensten Provinzen. Was in Kyoto, Osaka und Edo gedruckt wurde, fand begierige Leser im ganzen Land. Ganz Japan war also schon seit der frühen Edo-Zeit dem Informationsaustausch erschlossen. Doch im Unterschied zu heute konnten damals Nachrichten eben nur so schnell reisen, wie die Pferdebeine liefen oder wie ein Schiff vor gutem Wind segelte. Auch mußten die politischen Themen weitgehend ausgespart werden und gab es selbstverständlich keine Nachrichten aus dem Ausland.

Die Informationsdichte, die das ganze Land erfaßte und überzog, prägte – neben der erstaunlichen Mobilität eines großen Teils der Bevölkerung und dem freien Fluß von Kapital und Waren – den Lebensrhythmus der Menschen in Japan. Sie gewöhnten sich viel früher als die meisten Europäer an das rasche, oft hektische Leben, wie es für das Großstadtmilieu kennzeichnend ist. Sie erwarben die Fähigkeit, schnell zu reagieren. Sie lernten es, ständig wach zu sein und auf Neuerungen zu achten. Sie übten sich im Umgang mit vielen Menschen, die dicht und eng beieinanderwohnen. Sie schufen sich persönliche Freiräume, die das Leben im hautnahen Kontakt mit anderen erträglich machen.

Was ich manchmal paradox finde: Die Europäer, die viel vom Ich-Bewußtsein reden und den Individualismus für eine europäische Erfindung halten, haben Schwierigkeiten mit dem Großstadtleben. Sie klagen über die Anonymität in der Massengesellschaft, über den Verlust von Bindungen, über die Einsamkeit, über die insgesamt unpersönliche Atmosphäre. Sie trauen trotz ausgeprägten Selbstbewußtseins dem eigenen Ich nur wenig zu.

Viele Menschen in der westlichen Welt bewegen sich wie Igel durch die Gesellschaft und stoßen sich gegenseitig wund. Oft höre ich die Leute sagen: Ich lasse mich nicht kleinkriegen, nicht breitschlagen, nicht an der Nase herumführen. Dies sind alles Abwehrworte, die ein permanentes Gefühl der Bedrohung vermuten lassen. Die Worte verraten, wie bewaffnet die Menschen miteinander umgehen. Sie lassen selbst bei harmlosen Anlässen ihre Waffen durchschimmern.

Andererseits finde ich viele Worte im Westen negativ vorbelastet, die im zwischenmenschlichen Bereich ein Miteinander ausdrücken sollen. Wenn man sagt: Ich gebe nach... Ich füge mich ein... Ich passe mich an... Ich ordne mich unter..., dann erweckt dies nach dem gängigen Sprachgebrauch schnell Assoziationen von Schwäche, von Feigheit, vom Besiegtsein. Diesen Assoziationen möchten alle ausweichen.

In Japan ist die Wertung, die den entsprechenden japanischen Ausdrücken anhaftet, gerade umgekehrt. Dort gilt es als Zeichen der Charakterstärke, wenn jemand sich einfügen, anpassen und unterordnen kann.

Man unterscheidet sehr deutlich zwischen solchen Menschen, die sich nur aus Bequemlichkeit und Opportunismus unterordnen – diese genießen auch in Japan keinen Respekt – und anderen Menschen, hinter deren Ein- und Unterordnung ein starkes Ich steht. Diese stellen das Ideal der Gesellschaft dar, denn, so sagt man, selbstsichere Menschen müssen nicht dauernd ihre Stärke zeigen. Sie sind stark, weil sie nachgeben können, und sie können nachgeben, weil sie stark sind.

Wenn ein solches Ideal in der Gesellschaft existiert, prägt es das Verhalten aller Menschen. Im Umgang miteinander sind sie weniger gereizt. Reibungen werden zwar nicht behoben, aber gemindert. Es kommt selten vor, daß widerstreitende Ansichten aufeinanderprallen. Die Atmosphäre wirkt lockerer, obwohl unter der Oberfläche durchaus Spannungen vorhanden sein können.

Im Grunde hat Europa noch wenig und eigentlich erst seit relativ kurzer Zeit Erfahrungen mit dem Großstadtleben gesammelt. Die allgemeine Verstädterung setzte in Europa viel später ein als in Japan und kam erst mit der beginnenden Industrialisierung richtig in Gang. Die Industrialisierung aber brachte den rasch wachsenden europäischen Städten Lebensbedingungen, die zum Teil abstoßend und menschenunwürdig waren.

Wegen der Gleichzeitigkeit von Verstädterung und Industrialisierung nistete sich in den Köpfen vieler Europäer der Glaube ein, die Technik, die die Industrialisierung ermöglicht hatte, sei an der gesamten Misere des Zusammenlebens in den großen Städten schuld.

In Japan fielen die frühen und entscheidenden Phasen der Verstädterung in die Zeit lange vor der Industrialisierung. Die Nachwirkung davon spürt man noch heute: Die Japaner empfinden keine Aversion gegen das Tempo des Großstadtlebens, das die Europäer häufig als Hektik bezeichnen. Japaner leiden nicht unter der Schnelligkeit, mit der sich das Leben in den Großstädten abspielt. Sie sind daran gewöhnt. Sie leiden auch nicht unter dem Gedränge. Viele Menschen – das bedeutet für Japaner pulsierendes Leben. Sogar zum Wochenende fahren viele in die Stadt, um sich dort zu entspannen, denn alle Geschäfte, auch Kaufhäuser, sind geöffnet. Alle haben Zeit. Alle nehmen sich Zeit. Selten ist jemand gereizt.

Gleichzeitig sind den Japanern die Probleme, die die Großstadt mit sich bringt, schon seit langem bekannt. Auf einem aus der Zeit um 1750 stammenden Holzschnittblatt, das in der Anderthalb-Millionenstadt Edo erschienen ist, fand ich diesen Dreizeiler:

>Massenmenschen
>Viele Gesichter
>Die nach Verständnis suchen

Weil sich die Verstädterung und die Industrialisierung in Japan nicht gleichzeitig ereigneten, konnte sich auch die Einstellung der Menschen zur Technik in Japan anders entwickeln als in Europa. Der Technik hängt in Japan nicht jener Makel an, die Menschen in die Großstädte getrieben und dort zu Massenmenschen gemacht zu haben.

Im Gegenteil, die Japaner verbinden – rückschauend betrachtet – mit der Einführung der Technik und dem Fortschritt der Industrialisierung durchaus positive Gedanken. Sie haben diese moderne Entwicklung als etwas erlebt, was das Leben in großen Siedlungsräumen spürbar erleichterte, es sogar anregender und interessanter machte, als es in der vorindustrialisierten Zeit gewesen war.

Wenn es heute auch in Japan aufgrund technischer Fehlentwicklungen zu unerfreulichen oder gefährlichen Begleiterscheinungen kommt, zur Zerstörung der Umwelt und zur Minderung der Lebensqualität, dann ist die Reaktion im Volk, in den Kreisen der umweltbewußten Bürger, mit wenigen Ausnahmen grundsätzlich anders als die Reaktion in vielen westlichen Ländern. In Japan richtet sich der Volkszorn gegen Politiker, die es versäumt haben, rechtzeitig politische Maßnahmen zu treffen. Er richtet sich gegen Firmen, denen man Verstöße gegen bestehende Gesetze nachsagt oder nachweisen kann. Er richtet sich aber nicht gegen die Technik an sich.

Die Technik ist für Japaner kein feindliches Element im Leben, von dem sie sich befreien möchten. Sie sind nur gegen Fehlentwicklungen der Technik und wollen, daß sie durch die Erfindung besserer und fortschrittlicherer Methoden behoben werden.

Manchmal allerdings kommt es zu scheinbar aussichtslosen und endlosen Streitigkeiten zwischen Bürgerinitiativen und der Regierung. Ein weltweit beachtetes Beispiel war der Bau des neuen Großflughafens von Tokyo, gegen den sich die dort ansässigen Bauern wehrten. Sie wollten das Land nicht hergeben, auf dem sie und ihre Vorfahren seit vielen Generationen lebten. Für sie war das Land die Heimat ihrer Seelen und der

Seelen ihrer Vorfahren. Die Motive gegen den Bau des Flughafens wurzelten tief im religiösen Empfinden der Bauern, die mit ihrer Scholle verwachsen sind und ewig auf ihr leben, wie Hideyoshi es schon in seinem Dekret von 1587 ausdrückte.

Die gewaltsamen Proteste gegen den Flughafenbau, in den auch Studenten verwickelt waren und die zu Straßenschlachten und Polizeieinsätzen führten, waren letztlich Ausdruck eines politischen Unmuts, der sich gegen die Regierung richtete. Sie waren nicht das Ergebnis der Technikfeindlichkeit, wie man es im Westen häufig hörte. Weil das eigentliche Motiv, die Trauer der Bauern, so grundlegend war und auch starke Sympathien weckte, konnten die politischen Aktionen eine sich über Jahre hinziehende und zeitweise recht breite Unterstützung finden.

17   Langsame Ausblutung

Das Leben der einzelnen Japaner änderte sich zunächst kaum durch die Isolation des Landes. Die Wirtschaft blühte weiter. Der Reichtum schien grenzenlos. Der Wegfall der Exportmärkte wirkte sich nicht spürbar aus. Die Importe nahmen sogar zu. Neben den Chinesen waren jetzt die Niederländer die einzigen, die Waren nach Japan bringen und dort verkaufen durften.

Aus gutem Grund feierten die Niederländer auf Java, wo die Direktion der Ostindischen Kompanie saß. Sie feierten tagelang. Dankgottesdienste wurden abgehalten. Der ganze ostasiatische Markt, auf dem die Japaner jahrzehntelang als Konkurrenten emsig und oft störend ihre Geschäfte betrieben hatten, fiel nun den Niederländern in den Schoß. Hinzu kam ihre Monopolstellung für Japan selbst, dessen Hunger nach Importwaren durch die Isolation gar nicht gelitten hatte. Für die Ostindische Kompanie sollte bald die goldene Zeit ihres Japanhandels beginnen.

Die Chinesen durften den Hafen von Nagasaki anlaufen und dort auch an Land gehen. Noch einige Jahrzehnte unterlagen sie kaum irgendwelchen Einschränkungen und durften sich frei in der Stadt bewegen. Das hörte allerdings auf, als den japanischen Behörden bei den Kirishitan im Hinterland von Nagasaki christliche Bücher und Schriften in die Hände fielen, die offensichtlich in China gedruckt worden waren.

Bei den Nachforschungen stellte sich heraus, daß die Jesuiten, die inzwischen in Peking zum Teil hohe und angesehene Positionen in den Ämtern der seit kurzem regierenden Ching-Dynastie einnahmen, christliche Bücher und Schriften über chinesische Händler nach Nagasaki bringen ließen. Von dort wurden sie über immer noch existierende Kanäle an die Kirishitan im Lande verteilt. Die japanischen Behörden unterwarfen daraufhin auch die einlaufenden chinesischen Schiffe einer genauen Kontrolle. Sie beschränkten die Bewegungsfreiheit der chinesischen Händler und Seeleute auf ein mit einer Doppelmauer umgebenes Stadtviertel, das heute noch das Chinesenviertel heißt. Da der Handel mit China für Japan wichtiger war als der mit den Niederlanden, war auch die Zahl der Chinesen in Nagasaki groß. Gegen 1680 lebten im Chinesenviertel etwa zehntausend Menschen, fast ein Sechstel der Gesamtbevölkerung Nagasakis.

Die Niederländer durften sich bis zu Beginn der Isolation noch weiter in Hirado aufhalten, wo sie sich recht umfangreiche Lagermöglichkeiten für ihren Warenverkehr mit Japan geschaffen hatten. Ihr neuestes Lagerhaus, ein roter Backsteinbau im holländischen Stil, war gerade fertig geworden. Über der Tür prangte das Erbauungsjahr A. D. 1639, und zwischen den Zahlen 16 und 39 die Firmenabkürzung der Ostindischen Kompanie. Den Japanern aber waren jetzt alle Symbole der Weißen verdächtig. Dahinter konnte sich eine Botschaft verstecken, die gefährlich war.

Die Shogunatsregierung ließ den Leiter der niederländischen Handelsstation, den aus Brüssel stammenden François Caron, nach Edo kommen und verhörte ihn. Caron sprach fließend Japanisch.

«Wer ist der Herr der Niederländer?»

«Unser König.»

«Aber Anno Domini heißt ‹Im Jahre des Herrn›. Ist Euer König 1639 Jahre alt?»

«Nein, das ist die Zeit, die seit Christi Geburt vergangen ist.»

«Also nennt Ihr Christus Euren Herrn?»

«Ja... aber nur im geistigen Sinne.»

«Glaubt Ihr an einen allmächtigen Gott?»

«Ja.»

«Glaubt Ihr an Jesus Christus?»

«Ja.»

«Auch an den Heiligen Geist?»

«Ja, aber etwas anders als die Katholiken.»

«Glaubt Ihr an Maria?»

«Ja, aber auch anders ...»

«Glaubt Ihr an den Papst?»

«Nein.»

Die Regierung teilte dem Niederländer ohne weitere Erklärung mit, daß er nach seiner Rückkehr nach Hirado einen Tag Zeit habe, um das Lagerhaus sowie sämtliche anderen Gebäude der Station dem Erdboden gleichzumachen.

François Caron, der seit 1619 in Japan lebte und mit einer Japanerin verheiratet war, mit der er drei Kinder hatte, verbeugte sich, ohne ein Zeichen von Unruhe oder Bestürzung erkennen zu lassen. Er vermied jegliches Wort, sogar jegliche Miene, die als Zeichen des Ärgers oder der Auflehnung gegen die Regierungsverordnung hätte ausgelegt werden können. Er beugte sich wie ein Bambus im Sturm.

Noch am Abend seiner Rückkehr nach Hirado ging er mit allen zweihundert Niederländern, die es auf der Station gab, und mit einer etwa gleich großen Zahl japanischer Helfer daran, den Regierungsbefehl auszuführen. Sie trugen alles, was wertvoll und wichtig war, auf die im Hafen liegenden Schiffe. Sie arbeiteten die ganze Nacht hindurch bei Fackellicht. Als alle Regale leergeräumt und alle persönlichen Habseligkeiten aus den ebenfalls im holländischen Stil aus Backsteinen erbauten Wohnhäusern geborgen waren, trugen die Niederländer die Dächer ab und rissen die Mauern ein. Sie warfen alle Ziegel und alle Backsteine ins Hafenbecken, bis nichts anderes mehr da war als eine leere Fläche. Nur eine steinerne Treppe und ein Mauerstück erinnern heute in Hirado noch an die ehemalige niederländische Station.

Nach dem gewissenhaften und gründlichen Vollzug der Regierungsverordnung erfuhren die Niederländer, daß sie auf der künstlichen Insel Deshima in der Bucht von Nagasaki eine neue Handelsstation einrichten dürften. Deshima war in den

Jahren zuvor aufgeschüttet worden, um die noch in Nagasaki lebenden Portugiesen vom Kontakt mit der Bevölkerung fernzuhalten.

Für die nächsten zweihundertfünfzehn Jahre, bis 1855, war Deshima das einzige Stück japanischen Bodens – symbolhaft künstlich aufgeschüttet – auf dem die Niederländer sich aufhalten durften. Die Insel war fächerförmig angelegt und hatte etwa sechzehntausend Quadratmeter Grundfläche. Eine Tag und Nacht bewachte Brücke stellte die Verbindung zum Festland her. Weder vom Land noch vom Wasser aus war das Innere der Insel einzusehen, denn eine hohe Mauer umgab sie von allen Seiten. Sogar der Pier, an dem niederländische Schiffe anlegten und über den alle Waren gebracht wurden, mußte, wenn kein niederländisches Schiff im Hafen lag, ständig durch ein breites Tor verschlossen bleiben.

Das einzige nach außen sichtbare Zeichen war die holländische Flagge, quergestreift blau-weiß-rot, die bei Wind an einem Mast flatterte. Über zweihundert Jahre lang. Sie flatterte dort sogar in jenen Jahren, als Napoleon die Niederlande eroberte und anstelle der holländischen Fahne die Trikolore hissen ließ – längsgestreift blau-weiß-rot.

Die japanischen Warenexporte hingen seit dem Tag der Isolation davon ab, was die Niederländer und Chinesen den Japanern abkaufen wollten. Das war – gemessen an dem, was Japan vorher exportiert hatte – nicht mehr viel. Die Chinesen hatten keinen großen Bedarf an japanischen Waren. Sie wollten höchstens Meeresprodukte wie getrocknete oder gepökelte Fische, getrocknete Garnelen, Tintenfische und Algen, geraspelten Thunfisch, gesalzene Sardinen. Für alles andere wollten sie bares Silber und bares Gold.

Auch die Niederländer hatten Bedarf an einigen japanischen Lebensmitteln, insbesondere an Sojasauce. Sojasauce wurde in eisernen Kesseln gekocht, heiß in Flaschen abgefüllt, verkorkt und mit Lack versiegelt. So konnte sie die weite Reise nach Europa überdauern. Auf der Basis dieser Sojasauce stellten die Europäer verschiedene Würzen zu Fleisch und Fisch her – Maggi und Worcestersauce sind heute noch bekannte Produkte.

Besonders beliebt bei den Niederländern war weißes, hartes Porzellan. Porzellan konnten die Europäer zur damaligen Zeit noch nicht selber herstellen, während es in China schon seit über 800 Jahren bekannt war. Dort wurden großartige und zum Teil auch sehr großformatige Gegenstände aus Porzellan gefertigt – Vasen, Schalen, Teller, Laternen und viele Figuren, vor allem Tiere. Schon im 14. Jahrhundert waren vereinzelt, meist über moslemische Händler, Gegenstände aus Porzellan nach Europa gelangt. Sie hatten dort höchste Bewunderung ausgelöst. Sie wurden als große Kostbarkeiten betrachtet und sorgsam in den Inventarlisten reicher Fürstenhäuser aufgeführt. Im 15. Jahrhundert schenkte der Sultan von Ägypten wertvolle Porzellangefäße an König Karl VII. von Frankreich, an den Herzog von Ferrara und an den Dogen von Venedig. Neben Barcelona wurde insbesondere Venedig zu Anfang des 16. Jahrhunderts zum Haupteinfuhrhafen für Güter aus China. Dort, in Venedig, begannen auch die ersten Versuche, das weiße, harte Porzellan nachzuahmen. Man glaubte, es aus gemahlenen Schalen der Kauri-Schnecke herstellen zu können, einer Meeresschnecke, die auf italienisch porcellana heißt. Ihre Schale ist hart und im Bruch reinweiß. Deshalb wurde ihr Name seit Marco Polos Zeiten zum Synonym für «Porzellan». Alle Versuche der Europäer, dem Geheimnis der Porzellanherstellung auf die Spur zu kommen, schlugen fehl – zweihundert Jahre lang.

An europäischen Fürstenhöfen herrschte der Glaube, daß den Trinkgefäßen aus Porzellan eine magische Kraft innewohne. Man glaubte, sie würden zerspringen, wenn man vergifteten Wein hineinfülle. Deshalb bezahlten die Mächtigen jener Zeit nahezu jeden Preis, um in den Besitz solch wertvoller Gefäße zu kommen. Die spanische Königin Isabella die Katholische besaß vierzig Becher, Schalen und Vasen, der mächtige Kaiser Karl V. fünfzig Stück, Philipp II. schon mehr als dreitausend, unter denen sich jedoch auch Imitationen venezianischer Herkunft befanden. Dann begann der Strom japanischer Porzellanwaren über portugiesische Händler nach Europa zu fließen. Nachdem die Niederländer die Portugiesen verdrängt und den Ostasienhandel fest in der Hand hatten, kauften sie so viel Porzellan in Japan ein, daß sie damit den europäischen Markt geradezu überschwemmten. Nicht nur an Königs- und Fürstenhöfen, sondern auch in reichen Bürgershäusern war man begierig nach der kostbaren Ware. Es wurde zur Mode, chinesisches und japanisches Porzellan zu besitzen. Deshalb war der Markt, der sich den Niederländern bot, für damalige Verhältnisse unermeßlich groß. Nach noch erhaltenen Listen der japanischen Handelskontore wurden jährlich zwischen fünfzig- und hundertfünfzigtausend Teile aus Porzellan verkauft, wobei allerdings aus den japanischen Angaben nicht hervorgeht, ob es sich bei den aufgeführten Posten um Einzelstücke oder um ganze Service handelte.

Um noch höhere Verdienstspannen erreichen und gleichzeitig dem europäischen Geschmack angemessene Waren anbieten zu können, taten die Niederländer etwas, was an moderne industrielle Herstellungsmethoden erinnert. Sie bestellten in Japan massenweise gebrannte, aber noch unglasierte Porzellanservice in dem in Europa geschätzten kalten Weiß. Diese Halbfertigware brachten sie dann nach Java, wo sie eine eigene Faktorei eingerichtet hatten, in der das japanische Porzellan mit europäischen Dekors bemalt und endgültig glasiert wurde. Der langjährige Leiter dieser Faktorei, der Holländer Wagenaar, berichtete, daß er jährlich mehr als 21 500 Kisten voll Rohporzellan aus Nagasaki erhielt, die er für den Weiterverkauf in Europa fertigstellte.

Nach 1661 stieg auf niederländischer Seite die Nachfrage, denn das chinesische Reich hatte seine Hand auf Taiwan gelegt, und die Niederländer mußten Zeelandia aufgeben. Dadurch verloren sie einen guten Zugriff zum chinesischen Porzellan und glichen dies durch verstärkten Einkauf von japanischem Porzellan aus. Die Preise allerdings, die die Japaner als Hersteller erzielen konnten, waren nicht sonderlich hoch. Japaner selbst schätzten Keramik mehr als Porzellan. Ihre Vorliebe galt den warmen irdenen Farbtönen. Für das kalte Weiß des Porzellans konnten sie sich weniger begeistern. Auf jeden Fall waren die japanischen Porzellanbrenner ziemlich arme Leute.

Daß das Porzellan in Europa so ungeheuer begehrt war und teuer verkauft werden konnte, wußte in Japan niemand. Als gerissene Kaufleute haben die Niederländer es auch nicht ausgeplaudert. Sie verschwiegen, daß die Europäer noch gar kein Porzellan herstellen konnten und daß man in vielen europäischen Ländern fieberhaft versuchte, dem Geheimnis des chinesischen und japanischen Porzellans auf die Spur zu kommen.

Erst um 1709 gelang es dem Alchimisten Johann Friedrich Böttger in Meißen, unterstützt von dem Physiker und Glasschmelzer Walter von Tschirnhaus, der die Rohstoffe Sachsens genau untersucht hatte, ein Steinzeug herzustellen, das in bezug auf Härte und Klang dem ostasiatischen Porzellan nahekam. Allerdings war dieses Steinzeug kräftig rot, denn es war mit einem hohen Zusatz von Eisenoxyden gebrannt. Trotzdem wurde es Böttgerporzellan genannt.

Etwa zur gleichen Zeit hatte sich der jesuitische Pater Entrecolles unweit Peking in einem der Zentren chinesischer Porzellanherstellung angesiedelt, um dort zu missionieren. Nachdem es ihm gelungen war, einige der Arbeiter in den Porzellanmanufakturen zum Christentum zu bekehren, überzeugte er sie davon, daß es eine gottesfürchtige Tat sei, Proben der für die Porzellanherstellung wichtigen Rohstoffe – Kaolin und Feldspat – herauszuschmuggeln, auch wenn darauf die Todesstrafe stand. Der Pater schickte die so erhaltenen Proben, zusammen mit einer kurzen Beschreibung des Brennverfahrens, im Jahre 1712 nach Paris. Die dort sofort eingeleiteten Versuche, Porzellan zu brennen, führten zwar zur Gründung der staatlichen französischen Manufaktur, aber noch nicht zu einer eigenen Porzellanproduktion, denn es dauerte noch fünfzig Jahre, bis man in Frankreich den geeigneten Ton, weißes Kaolin, fand. In Sachsen war man glücklicher. Dort gab es gute und ergiebige Kaolinlager, die es Böttger schon im Jahre 1715 ermöglichten, endlich echtes, hartes, weißes Porzellan zu brennen.

Bald danach blühten an vielen anderen Orten in Europa, in Österreich, Italien, Frankreich und England Porzellanmanufakturen auf. Manche begannen mit Fachleuten aus der Meißener Manufaktur, die durch verlockend hohe Bestechungsgelder von Fürsten und Königen abgeworben wurden.

In der Anfangsphase der europäischen Porzellanherstellung wurden mit Vorliebe chinesische und japanische Vorbilder kopiert. Oft wurden sie sogar mit mehr oder weniger gut gelungenen chinesischen Schriftzeichen versehen. Sie wurden als echte China- oder Japanware verkauft, weil sich so höhere Preise erzielen ließen.

Am meisten aber waren die Niederländer bei ihrem Handel mit Japan an Silber und Gold interessiert, von dem Japan immer noch unerschöpfliche Vorräte zu haben schien. Ein ständiger Strom von Silber und Gold ergoß sich aus Japan in niederländische und chinesische Taschen, bis langsam ein Mangel spürbar wurde. Die Bergwerke lieferten nicht genug nach. Manch reiche Erzgänge versiegten.

Ab 1685 führte die Regierung daher erste Beschränkungen bei der Ausgabe von Silber ein, die darauf abzielten, mehr als bisher Kupfer zur Bezahlung der Importwaren einzusetzen. In

den Jahren zwischen 1664 und 1700 gab Japan so viel Kupfermünzen aus, daß sie zusammengelegt das kaum vorstellbare
Gewicht von vierzig Millionen Kilogramm, also vierzigtausend
Tonnen ergaben. Rund fünfundzwanzigtausend Tonnen davon
gingen an die Chinesen, rund fünfzehntausend Tonnen an die
Niederländer. Der Silberstrom, der das Land verließ, hatte
wegen der beginnenden Einschränkungen schon abgenommen,
dafür aber wurde mehr Gold ausgegeben. Die Ostindische
Kompanie entlohnte lange Zeit ihre höheren Angestellten und
andere ehrwürdige Personen mit vierundzwanzigkarätigen japanischen Goldbarren.

«Ich habe als Pension für mich und meine Frau zweitausend-
fünf kleine japanische Goldbarren erhalten», schrieb 1694 der
holländische Pfarrer François Valentin, der im Dienst der
Kompanie stand, «falls wir beide frühzeitig sterben, sollen
unsere Erben das Gold erhalten.»

Die sogenannten kleinen japanischen Goldbarren wogen
17,85 Gramm, so daß sich für den Pfarrer eine schöne Pensions-
zahlung von fast 35 Kilogramm puren Goldes ergab. Aus Japan
flossen zu jener Zeit, zum Beispiel im Jahr 1681, jährlich mehr
als zweieinhalbtausend Kilogramm Gold, was etwa einhundertvierzigtausend kleinen Goldbarren entspricht.

Nach 1715 versuchte die japanische Regierung erneut, die
Edelmetallverluste zu drosseln. Sie stellte die Verwendung von
Silber als Zahlungsmittel für Importe fast völlig ein. Um 1720
war schon wieder eine Korrektur notwendig, und 1742 wurde
die Lage erneut kritisch. Da die Europäer inzwischen selber
Porzellan herstellen konnten, sank ihre Nachfrage nach japanischen Waren. Das aber machte die japanische Handelsbilanz
nur noch defizitärer, denn die japanischen Erlöse für exportier-
te Waren nahmen ab, während die Importe hoch blieben. Also
mußte die Regierung die Importe beschneiden. Nach wie vor
stand Rohseide an erster Stelle der Importwaren, gefolgt von
Baumwolle, Wolle, Leder und Zucker.

Japan war ein reines Importland geworden, das Gebrauchsgüter aus dem Ausland bezog, selbst aber keine nennenswerten Exporte ausweisen konnte. Vor allem gab es längst keine veredelten Fertigprodukte mehr, mit denen Japan seine negative Zahlungsbilanz wenigstens ein wenig hätte ausgleichen können.

Die großen Exporterfolge, die die Japaner vor der Schließung des Landes erzielt hatten und über die man im engen Kreis sprechen konnte, waren zur traurigen Legende geworden. Die südostasiatischen Länder – Annam, Siam und selbst Java, wo die Niederländer saßen – hatten mehrmals den Versuch unternommen, die japanische Regierung zur Wiederaufnahme des direkten Handels mit ihren Ländern zu bewegen, denn man hatte Bedarf an japanischen Produkten, vor allem an Gebrauchsgegenständen aus Stahl.

Die Niederländer lieferten nichts dergleichen und machten auch keine Anstrengungen, die lokalen Märkte zu pflegen. Sie wollten sich nicht die Hände mit Massenprodukten schmutzig machen, die pro Stück gerechnet wenig Gewinn abwarfen. Sie wollten lieber mit feinen Dingen handeln und Plantagen anlegen, auf denen die Eingeborenen Zuckerrohr, Zimt, Pfeffer, Muskatnuß und Gewürznelken für sie anbauten. Sobald die Niederländer hörten, daß irgendein asiatisches Land in Edo vorstellig geworden war, verloren sie wenig Zeit, der Regierung in Edo zu signalisieren, hinter solchen Vorschlägen aus den südostasiatischen Ländern versteckten sich die bekannten katholischen Mächte, die noch immer ihren Plänen nachhingen, Japan eines Tages zu erobern. Mit gleicher Raffinesse und Zielstrebigkeit verhinderten die Niederländer auch die vielfachen Bemühungen anderer europäischer Handelsländer – Englands, Frankreichs und Dänemarks – mit den Japanern in Verbindung zu treten.

Die seit 1715 gültigen Einschränkungen des Außenhandelsvolumens verringerten zwar den Gold-, Silber- und Kupferfluß, der das Land verließ, konnten aber nicht verhindern, daß Japan auch während der nächsten einhundertfünfzig Jahre ständig weiter, Jahr um Jahr, ersatzlos einen Teil seiner Edelmetallvorräte einbüßte. Damit gingen unwiederbringliche Währungsreserven verloren, denn in dem vulkanischen Inselbogen, der aus dem Meer aufgestiegen ist, waren Gold, Silber und Kupfer die einzigen Metalle, die es wirklich in größeren Mengen gab. Alle anderen Metalle und Erze und insbesondere auch Kohle – neben Eisenerz der wichtigste Rohstoff für die spätere Industrialisierung – hatten sich dort in der geologischen Vergangenheit nicht bilden können.

Während der gesamten Edo-Periode wiesen die Befürworter der Isolation immer wieder darauf hin, daß Japan sich selbst ernähren und erhalten könne. Japan brauche die Welt nicht. Dieser Gedanke war an sich nicht falsch. Da sich die Bevölkerungszahl während dieser ganzen Zeit ziemlich konstant bei dreißig Millionen hielt, genügte das, was das Land produzierte, im großen und ganzen, um alle zu ernähren.

Bis etwa zum Jahr 1700 konnte die landwirtschaftlich nutzbare Fläche gegenüber dem Stand von 1600 fast verdoppelt werden. Die vulkanische Erde war fruchtbar. Dank der ausgedehnten Nordsüdlage des Inselbogens wuchs fast alles, was die Natur an Früchten und Gemüse zu bieten hat. Das Meer, in dem sich gerade vor Japans Küsten kalte und warme Strömungen mischen, war immer schon eine überreiche Quelle für den Fischfang und für viele Meeresfrüchte gewesen, die man zu jeder Zeit ernten kann.

In den Jahrzehnten zwischen 1700 und 1730 traten aber auch die Schwächen des japanischen Wirtschaftssystems zutage. Die landwirtschaftliche Nutzung war bis zur Grenze ausgelastet und ließ sich kaum weiter steigern. Reis kann jedes Jahr auf den gleichen Feldern wieder angebaut werden. Eine Wechselfeld-Bewirtschaftung ist nicht notwendig. Das war natürlich sehr günstig für die intensive Nutzung des vorhandenen Bodens, bedingte aber auch eine starke Anfälligkeit gegenüber epidemisch auftretendem Ungeziefer. Wenn vom Frühjahr bis zum Frühsommer zuviel Regen fiel, brachen Schädlingsplagen aus, die in weiten Gebieten einen großen Teil der Ernte vernichteten. Die Bauern fürchteten die Taifune im Herbst, die die Felder verwüsten und die schon reifenden Ähren brechen konnten.

Dann breiteten sich Hungersnöte aus: Sie trafen die Landbevölkerung besonders hart. Während der ersten großen Hungersnot im Jahr 1732 starben über zweieinhalb Millionen Menschen. Als Folge von Hunger und Verzweiflung erhoben sich die Bauern und versuchten, die Reisspeicher in den Städten zu stürmen. Die Chroniken zählen in einhundertfünfzig Jahren rund eintausendfünfhundert Bauernaufstände. Einige brachen in vielen Provinzen gleichzeitig aus. Sie wurden von Samuraiheeren niedergeschlagen. Die Regierung in Edo stellte mit Schußwaffen ausgerüstete Truppen.

Viele Bauern versuchten, dem Elend auf dem Land zu entfliehen und kamen in die Städte. Die meisten wurden schnell aufgegriffen und auf ihre Dörfer zurückgebracht. Überall in Japan wurden auf dem Land neugeborene Kinder getötet: Es bestand keine Hoffnung, sie aufzuziehen. Für jedes getötete Kind stellten die Mütter eine jener ätherisch traurigen kleinen Holzfiguren mit großem rundem Kopf auf den Familienaltar – Kokeshi, erloschene Kinder. Mit ihren nur durch einen Pinselstrich angedeuteten Augen sehen sie aus wie schlafende Kinder.

Auch alte Menschen, deren Arbeitskraft geschwunden war, wurden in vielen Gegenden getötet. Es war die Aufgabe des ältesten Sohnes, den Vater oder die Mutter auf seinem Rücken in die Berge zu tragen. Dort setzte er sie aus. Er selbst kehrte zum Dorf zurück. Es gibt viele Legenden, Erzählungen, Lieder und Gedichte, welche die Erinnerung an diese von der Not aufgezwungene Grausamkeit bewahren. In den Bergen findet man Schreine, die dem Andenken an diese einsamen Toten gewidmet sind.

Edo wurde immer wieder von Feuersbrünsten heimgesucht, die meist durch Erdbeben ausgelöst wurden. Fast die ganze Stadt brannte mehrmals nieder, allein siebenmal in fünfzig Jahren – 1721, 1731, 1760, 1767, 1768, 1771 und 1772. Mehrmals stauten ungewöhnlich starke Taifune das Meer in der Bucht von Edo und setzten weite Teile der Stadt unter Wasser – 1742 und 1751. Danach brachen jedesmal Seuchen aus: Die Leichen der Tiere und Menschen hatten das Trinkwasser vergiftet.

Im Jahre 1778 brach nach einem durch ein Erdbeben ausgelöstem Großfeuer die durch eine Hungersnot ohnehin angespannte Lebensmittelversorgung der Bevölkerung völlig zusammen. Hunger und Krankheiten forderten allein in Edo fast zweihunderttausend Tote. Fünf Jahre später, 1783, ereignete sich wiederum ein Naturkatastrophe. Ungünstige Witterungsverhältnisse und Schädlingsplagen minderten die Ernteerträge im ganzen Land. Zur selben Zeit brach der Asama-Vulkan aus und verwüstete weite Gebiete im Hinterland von Edo. Auch die Chronik des 19. Jahrhunderts verzeichnet eine Fülle von Naturkatastrophen.

Die Regierung in Edo versuchte dem Elend durch immer neue, häufig in Panik erlassene Verordnungen entgegenzuwirken, aber die Wurzel des Übels konnte sie nicht beseitigen. Solange die Isolation des Landes anhielt, war keine durchgreifende Besserung in Aussicht.

Das meiste Kapital des Landes hatte sich längst in den Händen der Kaufleute und Großkaufleute gesammelt. Sie waren so reich, daß sie viele Daimyo finanzieren konnten. Dafür handelten sie sich noch weitere Vorteile ein, die ihren Reichtum mehrten, und so herrschte in den großen Städten, wenn die Natur nicht störend dazwischentrat, ein ungeheurer Luxus.

Dies verschärfte nur noch das soziale Gefälle. Der gewaltige Regierungsapparat und die doppelte Residenzhaltung aller Daimyo verschlangen Unsummen an Geld, das die Bauern aufbringen mußten. Das Ausbluten der Staatsreserven durch den defizitären Außenhandel schwächte das Land von Jahr zu Jahr mehr.

Trotzdem wollte die Regierung in Edo nicht von ihrer Isolationspolitik ablassen. Immer wieder, wenn im Kreise der Beraterstäbe Stimmen laut wurden, daß es an der Zeit sei, den Schaden und den Nutzen der Isolation gegeneinander abzuwägen, traten die Vertreter der harten Linie, die «Falken», energisch auf und erinnerten an die maßlosen Schwierigkeiten, in die das Land schon einmal geraten war, nachdem man den Weißen erlaubt hatte, ihren Fuß in die Tür zu setzen. Die Furcht saß immer noch tief.

Mehrmals tauchten zwischen 1730 und 1800 vor den nördlichen Küsten russische Schiffe auf, denn inzwischen standen weite Bereiche Sibiriens unter zaristischem Einfluß. Zweimal kamen Schiffe mit offiziellen Gesandtschaften des Zaren, die um Handelsbeziehungen nachsuchten. Die Regierung in Edo lehnte ab und verstärkte die Küstenwachen, gleichzeitig aber erließ sie ein Gesetz, daß fremde Schiffe in Not mit Nahrungsmitteln und Brennmaterial versorgt werden sollten. Um 1808 lief ein englisches Schiff, die Phaeton, in den Hafen von Nagasaki ein. Der Kapitän sagte, er brauche Nahrungsmittel und Brennholz. Dann aber versuchten die Engländer, die Insel Deshima zu stürmen. Sie nahmen Niederländer als Geiseln. Die japanischen Behörden versuchten, die Engländer zum Verlassen des Hafens zu bewegen. Die Engländer weigerten sich. Schüsse fielen. Unter dem Eindruck, daß er durch seine Nachgiebigkeit das Debakel verursacht hatte, beging der Gouverneur der Stadt Harakiri.

Der Vorfall zog weite Kreise. Nachdem in den folgenden

Jahren immer wieder englische Schiffe japanische Häfen anliefen, um sich dort mit Nahrungsmitteln und Brennholz einzudecken, widerrief die Regierung ihr früheres Nothilfegesetz. Schiffe, die sich nach 1825 der japanischen Küste näherten, wurden durch Warnschüsse verjagt.

Inzwischen hatte sich in China etwas zusammengebraut, was den «Falken» in der japanischen Regierung mehr als recht gab, wenn sie immer wiederholten, daß man den Weißen nicht trauen solle.

In China gab es, ähnlich wie in Japan, nur einen einzigen Hafen, über den der Außenhandel abgewickelt werden durfte: Kanton. Dort kauften die Engländer vornehmlich Tee ein. Den Tee mußten sie mit Silber bezahlen, was ihnen nicht gefiel. Die chinesische Regierung hingegen zeigte wenig Interesse an englischen Waren, denn sie vertrat die Ansicht, daß China alles besäße und alles selbst herstellen könne, was seine Menschen brauchten. So kam es, daß der englisch-chinesische Handel bald höchst defizitär wurde – zuungunsten der englischen Ostindischen Kompanie.

Um ihr Silber zu schonen, suchte die Kompanie nach einem Produkt, das sie trotz allem in China verkaufen konnte. Sie fand es im Opium, das in Indien seit langem bekannt, in China aber völlig unbekannt war – zumindest als Rauschgift.

Über Kanton wurden große Mengen Opium nach China eingeschleust und ein Markt im Lande aufgebaut, der steigende Umsätze und steigende Gewinne erbrachte. Eine gewisse Parallele zur Opiumwelle in China stellt die Tabakwelle dar, die etwa zur gleichen Zeit, von den englischen Kolonien in Amerika ausgehend, Europa überschwemmte. Nur ist Opium ein stärkeres Rauschgift und führt beim Mißbrauch zum Zusammenbruch der Gesellschaft.

Deshalb verbot die chinesische Regierung den Opium-Import. Als das Verbot nichts fruchtete, versuchte sie, den

Opiumstrom zu stoppen. Ein Lagerhaus der englischen Ostindischen Kompanie in Kanton ging in Flammen auf. Das war für die englische Flotte das Signal zum Eingreifen.

Sechzehn englische Kriegsschiffe beschossen 1839 Kanton. Ein viertausend Mann starkes Expeditionscorps kämpfte sich mit zweiunddreißig Schiffen den Weg frei bis nahe Peking. Die chinesische Regierung war bereit, einen Friedensvertrag zu schließen. Die wichtigste Bedingung, auf der Peking bestehen wollte, war, daß die Engländer sich vertraglich verpflichteten, kein Opium mehr zu importieren.

Daraufhin nahm die englische Flotte Nanking und Shanghai unter Beschuß. Im Vertrag von Nanking mußte China dann den Engländern vier zusätzliche Häfen öffnen, ihnen Hongkong abtreten, den freien Opium-Import zusichern und zur Strafe außerdem gewaltige Zahlungen leisten.

In Japan hatte man mit größter Aufmerksamkeit die Entwicklung auf dem chinesischen Kontinent verfolgt. Eine der umfassendsten Analysen des Opium-Krieges, seiner Hintergründe, seines Verlaufs und seiner voraussehbaren Konsequenzen erschien schon 1844 in Edo, geschrieben von dem Historiker Saito. Der Report erreichte binnen kurzer Zeit eine große Auflage und wurde überall begierig gelesen.

Die «Falken» in der Regierung in Edo sahen sich in ihrer oft geäußerten Vorsicht bestärkt.

«Christentum oder Opium», sagten sie, «bei den Weißen weiß man nie, welches Unheil sie ins Land bringen.»

18   *Kaufmannsgeist*

Drei Faktoren begünstigen die heutigen japanischen Wirtschaftserfolge:
– eine ständig aktualisierte Marktforschung;
– eine Qualität der Waren, die im Verhältnis zum Preis mehr als nur befriedigend ist;
– eine psychologisch ausgefeilte Marktpflege.

Die Marktforschung dient dazu, regional und überregional neue Markttendenzen zu erkennen, Geschmacksrichtungen und Wunschvorstellungen bei potentiellen Käuferkreisen festzustellen, ihre zahlenmäßige Stärke und Kaufkraft abzuschätzen.

Die Qualität der Waren dient dem Aufbau einer auf lange Sicht ausgelegten Geschäftsbeziehung. Bei einem angemessenen Preis-Leistung-Verhältnis ermöglicht sie Verkaufserfolge auch unter schwierigen Ausgangsvoraussetzungen und bei scharfer Konkurrenz.

Die Marktpflege baut das Käufervertrauen aus und schafft gleichzeitig jene notwendigen Kontakte, aus denen Informationen in die Marktforschung zurückfließen.

Wenn man morgens um halb zehn durch eine japanische Großstadt schlendert und an einem der Kaufhäuser vorbeikommt, kann man hinter den Scheiben der noch verschlossenen Eingangstüren ein täglich sich wiederholendes Schauspiel sehen. Dort stehen, so weit man in die Verkaufsräume hineinblicken kann, überall kleine Gruppen von Verkäuferinnen und Verkäufern. Sie hören ihren jeweiligen Gruppenleitern oder -leiterinnen zu, die Informationen und letzte Instruktionen für den Verkaufstag geben. Bei diesen allmorgendlichen Konferenzen im kleinen Kreis erfährt das Verkaufspersonal, wie der Umsatz der Abteilung am Vortag, in der Vorwoche oder im

Vormonat war, wie gut die Abteilung in der hausinternen Verkaufsstatistik abgeschnitten hat, welche Ziele erreicht beziehungsweise nicht erreicht wurden, welche Verkaufsaktionen für den jetzt beginnenden Tag vorgesehen sind, wo die Sonderangebote in der Abteilung ausliegen, wie sie verkaufspsychologisch präsentiert werden und welche Erwartungen von seiten der Abteilungsleitung an den Verkauf gestellt werden.

Dies sind Sachinformationen, die von oben nach unten fließen – Befehlsausgabe zu Beginn des Arbeitstages. Aber es wäre falsch, nur jenen Informationsfluß zu betrachten, der von oben nach unten gerichtet ist. Im gleichen Atemzug werden neue Vorschläge bekanntgegeben, die aus dem Kreis der Mitarbeiter und Mitarbeiterinnen eingegangen sind, wie man das eine oder das andere verbessern könnte, wie man eine bestimmte Ware geschickter dekorieren oder ein treffenderes Verkaufsargument für sie verwenden könnte. Es wird zu weiteren Vorschlägen ermutigt. Lob und Dank der Abteilungsleitung für besonders gute Ideen werden ausgesprochen. Es wird mitgeteilt, bis zu welcher Etage der Geschäftsleitung ein Vorschlag oder Wunsch der Gruppe zur Verbesserung des Arbeitsklimas inzwischen vorgedrungen ist, wie das bisherige Echo war, welche Gegenvorschläge eingegangen sind und wie die Aussichten stehen.

Stets schließt sich an die allmorgendliche Gruppenkonferenz der persönliche Dank des Gruppenleiters oder der Gruppenleiterin an. Es geht ihnen darum, bei den Mitarbeiterinnen und Mitarbeitern das Gefühl zu stärken, daß sie gebraucht werden, daß ihre Arbeit und ihr Einsatz anerkannt und öffentlich honoriert wird, daß sie Teil des Ganzen sind und daß ihr Beitrag unverzichtbar ist.

In dem Bemühen, das Zusammengehörigkeitsgefühl zu stärken, gewähren japanische Firmen – nicht nur Kaufhäuser – ihren Mitarbeitern und Mitarbeiterinnen in einem im Westen fast unvorstellbaren Maß Einblick in die Funktionsweise des Hauses, in die Finanzlage und in die Entscheidungsprozesse der Geschäftsführung. Sie beteiligen sie, soweit es nur möglich ist, an den Meinungsbildungsprozessen, die die Strategie der Firma bestimmen. Sie versuchen, allen Angestellten und auch Arbeitern das Gefühl zu vermitteln, daß sie alle im gleichen Boot sitzen, daß die Fahrtgeschwindigkeit vom Zusammenrudern aller abhängt und daß die Fahrtrichtung letztlich auf gemeinsam durchdachten und gemeinsam abgesprochenen Entscheidungen beruht.

Im Westen neigt man in der Industrie dazu, die Arbeitskraft eines einzelnen als einen austauschbaren Teil der Maschinerie einer Firma zu betrachten. Arbeit und Lohn werden in direkte Relation gesetzt, und die geleistete Arbeit ist mit dem Lohn abgegolten. Dahinter steht die Vorstellung, daß die Menschen, die ihre Arbeitskraft der Industrie zur Verfügung stellen, dies nur tun, weil sie das Geld brauchen, das sie als Lohn erhalten. Sie arbeiten nicht aus Freude, sondern weil sie die eigene Lebensgrundlage und die ihrer Familie sichern müssen. Die wirkliche Lebenserfüllung soll woanders liegen.

Hier schimmern uralte Vorstellungen durch, die das abendländische Denken geprägt haben – Vorstellungen, die aus jenen Zeiten stammen, als das Leben der Menschen noch ganz unter dem Einfluß der Religion stand. Die eigentliche Erfüllung lag im Jenseits, im Streben nach dem Höheren, im Streben nach Seligkeit, in der Vorbereitung auf die andere Welt. Dort, so hieß es, würden alle Leiden der Menschen entfallen, auch ihre Sorge um das tägliche Brot und die Arbeit, die geleistet werden mußte, um dieses tägliche Brot zu verdienen.

Vor diesem Hintergrund war es unvermeidbar, daß im christlich geprägten Denken dem Leben in dieser, in der irdischen Welt nur ein geringerer Rang zugestanden werden konnte. Die tägliche Arbeit galt als Fron, zu der die Menschen sich selber zwangen oder durch Befehle von oben gezwungen werde mußten. Das Schönere lag immer woanders. Es zog sich aus der Alltagswelt zurück. Es flüchtete aus der Alltagsarbeit. Es wurde nicht in jenen Aufgaben gesucht, die mit dem alltäglichen Sein verbunden waren.

Heute, wo im Westen das religiöse Element längst in den Hintergrund getreten ist, bleibt das Erbe früherer Jahrhunderte doch noch erkennbar: Erfüllung sucht man in jenen Bereichen des Lebens, die möglichst weit wegführen von dem, was nach Alltagsarbeit riecht. Aber ist noch immer Fron, die man nur unwillig trägt und deren man sich möglichst oft entledigen möchte.

Die Vorstellung, daß auch die Arbeitswelt Gelegenheiten zur Persönlichkeitsentfaltung und -befriedigung bietet – neben Freizeit und Familie – ist zwar nicht unbekannt, aber doch soziologisch deutlich geschichtet. Künstler, Freiberufliche, Wissenschaftler, Selbständige und viele, die sich in Wirtschaft, Verwaltung oder Politik zu einer Stellung hochgearbeitet haben, in der Verantwortung und Macht zusammenfallen, akzeptieren meistens den Beruf – ihre Arbeitswelt – als einen Lebensbereich, in dem sie Erfüllung suchen und finden. Sie erleben, wie ihre Ideen Formen annehmen, wie sie durch eigene Arbeitsleistung Erfolge erzielen oder Rückschläge auffangen können. Sie sehen ihre eigene Position im größeren Rahmen. Sie finden Anerkennung von außen oder vor sich selbst.

Die anderen Menschen hingegen, die im Arbeitsprozeß unselbständige Positionen einnehmen, also die meisten Menschen im Westen, stehen eher unter dem Eindruck, daß sie durch ihre Arbeitsleistung etwas verschenken, ohne im Gegenzug dafür jene Sicherheit zu erhalten, daß sie als Individuen ernst genommen werden, daß ihre latent vorhandene Bereitschaft, sich zu engagieren, gebraucht wird, daß ihre Gefühle und Ideen wichtig sind.

Sie müssen mit der gegenteiligen Sicherheit leben, daß sie im Zweifelsfall austauschbare Arbeitskräfte sind, solange sie sich nicht eine unkündbare Stellung erstritten haben. Das Gefühl der Austauschbarkeit schafft bei ihnen Angst und Unlust. Falls sie eine unkündbare Stellung erreicht haben, geschieht es nicht selten, daß sie eine gewisse Schadenfreude entwickeln und dann an Arbeitsleistung nur noch so viel erbringen, wie es den Vorschriften nach unvermeidbar ist.

Die, die oben sitzen, können das vielleicht nicht begreifen, besonders dann nicht, wenn sie selbst ein anderes Verhältnis zur Berufswelt haben. Die Kluft ist unüberbrückbar. Es fehlt im Westen die psychologische Infrastruktur, die es ermöglichen würde, auf allen Ebenen des Arbeits- und Produktionsprozesses der modernen Industriegesellschaft, vom einfachen Arbeiter bis hinauf in die Vorstandsetagen, den Menschen ihren Eigenwert zu erhalten. Es fehlt die Fähigkeit, auch den unselbständig arbeitenden Menschen ein Quantum an Stolz zu geben, weil sie ein Teil des Gesamtwesens sind – jenen Stolz, den sie um ihres Selbstbewußtseins willen brauchen.

Betrachtet man die Organisationsformen großer westlicher Firmen, dann drängt sich der Vergleich mit dem Militär auf. Die Firmenspitze ähnelt einem Generalstab, dessen Kompetenzen strahlenförmig von oben nach unten aufgefächert sind. Oben wird gedacht und entschieden, unten wird ausgeführt. Oben sitzen die Wisser, unten die Nichtwisser.

In der Tat ist diese Ähnlichkeit zwischen Militär und westlichen Unternehmensstrukturen kein Zufall. Sie ist historisch gewachsen und gewollt. Sie geht auf das 18. und 19. Jahrhundert zurück, als in Europa zum ersten Mal Industriebetriebe entstanden, deren Belegschaften die Stärke von Armeen erreichten.

Um der Probleme Herr zu werden, die sich aus der raschen und zum Teil überstürzten Industrialisierung und gleichzeitigen Verstädterung ergaben, wurden die Führungsspitzen der aufblühenden Firmen nach dem Muster des Generalstabs aufgebaut. So ließen sich am besten die Arbeitermassen dirigieren, deren hauptsächliche Leistung mit Muskelkraft vollbracht wurde.

Aber militärische Strukturen sind dem Wesen nach inhuman, denn sie sind für den Ausnahmezustand des Krieges konzipiert. Im Kriegsfall dürfen die beabsichtigten Operationen vorher nicht breit und ausführlich allen beteiligten Truppenteilen erläutert werden. Man fragt nicht nach der Meinung der Fußtruppe, man befiehlt ihr. Es gilt das Gebot: Geheime Generalstabsplanung und bedingungslose Befehlsausführung seitens der Truppe. Wer nicht gehorcht, wird erschossen. Wer befehlsgemäß blind gehorcht, weiß nicht, wohin der Marsch geht. Generalstabsmäßige Strukturen sind im höchsten Grade zynisch, denn die strategischen Ziele lassen sich im Kriegsfall am wirkungsvollsten erreichen, wenn man die Soldaten der kämpfenden Truppe in Unwissenheit über die wahre Lage hält.

Die Arbeitswelt ist aber kein Kriegsschauplatz, und Firmen, die friedlich florieren wollen, brauchen nicht notwendigerweise militärisch strukturiert zu sein. Zwar mag man sagen, daß sich auch im kommerziellen Wettstreit ab und zu gewisse Strategien wirkungsvoller durchziehen und zum Erfolg führen lassen, wenn straffe, von oben erlassene Befehle den Ablauf bestimmen, aber diejenigen, die als Befehlsempfänger fungieren und blind ausführen müssen, was ihnen aufgetragen wird, werden sich dann als bloßes Menschenmaterial empfinden.

Unter solchen Voraussetzungen kann sich kein Arbeitnehmer innerlich mit der Firma identifizieren, in der er seinen Lebensunterhalt verdient. Er wird von sich aus in Kategorien wie «die da oben» und «wir hier unten» denken. Er kann beim besten Willen kein Loyalitätsgefühl gegenüber seiner Firma entwickeln. Wenn man von ihm Firmenloyalität verlangt, wird er mit Hohnlachen darauf antworten.

253

Als Japan nach dem Ende der Tokugawa-Zeit, in den Jahrzehnten, die auf das Öffnungsjahr 1868 folgten, westliche Wirtschaftsformen übernahm, um möglichst rasch den Anschluß an die damals führenden Industrienationen zu finden – England und Amerika –, traten im Gefolge der kapitalistischen Firmenstrukturen bald die gleichen sozialen Probleme auf, die auch der Westen kannte. Es kam zu Polarisierungen zwischen Arbeitgebern und Arbeitnehmern. Es kam zu Spannungen, die sich in Streiks entluden. Die kapitalistischen Werksleitungen sahen in den Arbeitsniederlegungen Befehlsverweigerung – wie beim Militär – und riefen die Polizei. Es gab Straßenschlachten und Tote.

Militante Gewerkschaften formierten sich und konnten einen Großteil der Arbeitnehmerschaft aus den neuen Bereichen der Großindustrie – Eisen, Stahl, Kohle, Schiffsbau, Textil – um sich vereinigen. Über Jahrzehnte hinweg eskalierten die Konflikte. In Zeiten wirtschaftlichen Aufschwungs, wie z. B. während des Ersten Weltkrieges, als Japan sich auf die Seite der Alliierten stellte und mit seinen Exporten die Lücken füllen konnte, die der Krieg zwischen den europäischen Nationen weltweit öffnete, beruhigte sich die Lage ein wenig. Als nach dem Weltkrieg der wirtschaftliche Rückschlag kam, wurde auch Japan schwer getroffen. Es kam zu Massenentlassungen und zur Massenarbeitslosigkeit.

Daß inzwischen eine proletarische Revolution in Rußland erfolgreich verlaufen war, heizte die klassenkämpferische Stimmung an. Es kam zu blutigen Unruhen und immer wieder zu Streiks. Kaum eine Regierung in Tokyo hielt sich länger als ein Jahr. Die politischen Morde häuften sich. Schließlich kam das Militär an die Macht. Es sorgte für Ruhe und Ordnung auf den Straßen und in den Betrieben. Gewerkschaftsführer, Sozialisten, Kommunisten wurden ins Gefängnis geworfen.

Dann kam die große Zerstörung durch den Zweiten Weltkrieg und 1945 die Niederlage. In den Nachkriegsjahren wurden die großen Konzerne entflochten, und das Wirtschaftsleben fing zaghaft neu an. Viele der Firmen, die aus der Entflechtung hervorgegangen waren, knüpften an ihre Vorkriegstradition an. Sie bauten in gleicher Weise einen Generalstab auf wie vorher. Die Gegensätze polarisierten sich wieder. Die Gewerkschaftsbewegung erstarkte. Aufstände brachen los. Die Massen demonstrierten gegen schlechte Arbeitsbedingungen, gegen unzureichende Bezahlung, gegen die Ausbeutung der Arbeitnehmer durch die Arbeitgeber. Es gab in Japan Hunderte und Tausende von Streiks.

Es ist nicht so, daß die japanischen Arbeitnehmer – wie man im Westen oft liest und hört –, Ich-los und servil, unemanzipiert und gehorsam, nichts weiter tun als schuften. Es stimmt nicht, daß sie eine klaglos friedliche Herde von Arbeitstieren sind, als die sie bisweilen im Westen hingestellt werden.

Zu jenen Zeiten, als die japanischen Großfirmen in ihrer Personalführung vorzugsweise den westlichen Vorbildern folgten und ihre Arbeitnehmer mit den gleichen Augen betrachteten, wie man dies im Westen tut – als Menschenmaterial –, forderten sie Aufsässigkeit, Aufruhr, Arbeitsunlust heraus. Das Arbeitsklima war durch gegenseitiges Mißtrauen bestimmt, denn die, die unten waren, fühlten sich ständig ausgebeutet oder zumindest übervorteilt, und die, die oben saßen, fürchteten den Zorn der da unten.

Daß es heute anders geworden ist, ist das Ergebnis eines Lernprozesses, den die Japaner in ihrer Mehrheit durchgemacht haben und den man im Westen noch nicht durchmachen will. Siebzig Jahre unguter Erfahrungen mit den westlichen Prinzipien der Unternehmensführung haben gezeigt, daß Polarisierung und Frontenbildung keiner Seite – weder den Arbeitgebern noch den Arbeitnehmern – wirklich nützt, daß gesetzlich geregelter Lohn, gesetzlich geregelte Arbeitszeit und gesetzlich verankerte Urlaubsansprüche keine endgültige Lösung aller

Probleme bringen, daß der Mensch in seiner Komplexität mehr braucht als Geld und Freizeit.

Was dann geschah, stellt eigentlich einen Rückgriff auf ältere japanische Traditionen dar, die aus der Edo-Zeit stammen und die nach 1868 durch eine Flut westlich orientierten Denkens in den Hintergrund getreten waren. In der Edo-Zeit war es üblich, daß die Angestellten in den Handwerksbetrieben, in Manufakturen und in Handelshäusern ihrer Seniorität gemäß entlohnt wurden – das heißt, daß ihre Zugehörigkeitsdauer zur Firma die entscheidende Rolle spielte – und daß ihre lebenslange Anstellung gesichert war. Nach 1868 wurde dieser Firmenaufbau als veraltet angesehen. In dem Bestreben der Japaner, sich westlich modern zu geben, verloren die alten Prinzipien ihre Allgemeingültigkeit und wurden aus weiten Bereichen des Berufslebens verdrängt. Heute sind sie zurückgekehrt – stärker als je zuvor.

Das ist ein paradoxer Zug im japanischen Wirtschaftsleben, denn nach westlicher Logik leitet die lebenslange Anstellung und die Bezahlung nach Dienstalter einen Prozeß der Verbeamtung ein. Die Arbeiter und Angestellten können auf stur schalten, nur jenes Minimum an Leistung erbringen, das gerade notwendig ist, um die Mühle am Laufen zu halten und eine Entlassung wegen Verletzung der Vorschriften zu vermeiden. Sie könnten sich in aller Geruhsamkeit dem Leben widmen, ihren Freizeitbeschäftigungen und Urlaubsfreuden.

Umgekehrt ist zu bedenken, daß eine Firma, die allen ihren Arbeitern und Angestellten eine lebenslange Beschäftigung garantiert, sich freiwillig in die Hände ihrer Arbeitnehmerschaft begibt. Deshalb ist es erstaunlich, daß der japanische Versuch, eine alternative Industrie- und Hochleistungsgesellschaft aufzubauen, nicht an der menschlichen Natur gescheitert ist.

Das Geheimnis des Erfolgs liegt in der Aktivierung der latenten Bereitschaft zu persönlichem Engagement, die im Grunde in den meisten Menschen vorhanden ist. Man muß ihnen nur das Gefühl geben, daß sie wirklich gebraucht werden, daß ihre Mitarbeit unverzichtbar ist, daß sie durch eigene Ideen wertvolle Beiträge zum Gesamtwohl liefern können.

Wenn dies aber nur verbale Versprechungen bleiben, erzeugen sie Abwehr und Verachtung. Es muß ein lückenloses System der Menschenführung dahinterstehen, eine psychologische Infrastruktur, die sich nicht innerhalb kurzer Zeit aufbauen läßt. Es muß mit einem beträchtlichen Personalaufwand und durch firmeneigene Schulungsangebote ein Stamm von Mitarbeitern und Mitarbeiterinnen herangezogen werden, der sich um das Betriebsklima kümmert.

Es muß vor allem eine Atmosphäre des Vertrauens geschaffen werden. Sie stellt sich am ehesten ein, wenn sich die Belegschaft in kleine überschaubare Gruppen gliedert und wenn als Gruppenleiter nur solche Personen gewählt werden, die in der Lage sind, die brachliegenden Kräfte in den Menschen zu wecken. Sie müssen anregend wirken und Spannungen, wie sie in jeder Gruppe unvermeidlich sind, ausgleichen können. Sie müssen Geduld und Einfühlungsvermögen besitzen.

Japanische Firmen gliedern sich in vielfältiger und fast unübersehbar verschachtelter Weise auf allen Etagen der Firmenhierarchie in solche Untereinheiten. Der Ruf einer Firma auf dem Arbeitsmarkt in Japan hängt in hohem Maße von jener betrieblichen Infrastruktur ab, die das Arbeitsklima bestimmt.

Das Engagement, das die Angestellten und Arbeiter einzubringen bereit sind, kann nur dann wirklich dauerhaft sein, wenn es durch ein finanzielles Engagement der anderen Seite beantwortet wird. In japanischen Firmen gibt es eine Unmenge von Prämien zur Belohnung von Mitarbeitern, die sich durch besonderen Einsatz oder Ideenreichtum ausgezeichnet haben. Prämientage sind für die ganze Belegschaft oft ein großer Anlaß für Feierlichkeiten, Ansprachen und Verleihung von Urkunden, die mit Geldbeträgen gekoppelt sind. Manche Geldbeträge sind nur klein und dienen eher dem Anreiz. Andere sind beachtlich groß und übersteigen leicht ein Monatsgehalt. Die Abteilungs- und Gruppenleiter achten darauf, daß alle, die ihnen anvertraut sind, irgendwann mindestens eine kleine Anerkennung bekommen, damit sich niemand zurückgesetzt oder mißverstanden fühlt.

Außerdem gewähren japanische Firmen beträchtliche Bonus-Zahlungen. Sie gehen an alle Firmenmitglieder und stellen die Beteiligung der Belegschaft am Umsatz dar. Zweimal im Jahr ist Bonus-Tag. Dann werden in der Regel, je nach Wirtschaftslage, drei bis acht zusätzliche Monatsgehälter an alle Betriebsangehörigen ausbezahlt. Sie tauchen in keiner offiziellen Lohnstatistik auf.

Nur in Krisenzeiten nehmen die Bonus-Zahlungen ab. Das ist dann der Beitrag, den die Belegschaft am Geschäftsrisiko mitträgt. Dadurch werden die Firmenleitungen in die Lage versetzt, auch in wirtschaftlich schlechten Zeiten den vollen Belegschaftsstand beizubehalten, ohne durch gewerkschaftlich festgeschriebene Lohnzahlungsverpflichtungen gleich an den Rand der Zahlungsunfähigkeit zu geraten. Unter diesem Blickwinkel wird klar, daß die Flexibilität bei den Bonus-Zahlungen auch aus Arbeitnehmersicht ein integraler Teil des Systems der lebenslangen Anstellung ist. Die Belegschaften verzichten in schlechten Zeiten auf einen Teil der Einkünfte, die sie in guten Zeiten bekommen haben, um jene Kollegen und Kolleginnen halten zu können, die sonst entlassen werden müßten. Selbstverständlich setzt eine Minderung der Bonus-Zahlungen eine vollständige Offenlegung der Geschäftsbilanzen vor der Belegschaft voraus. Nur so kann eine Firmenleitung, die natürlich auch die eigenen Bezüge kürzen muß, glaubhaft an die Solidarität aller appellieren.

Einen wesentlichen Anteil an diesem ganzen System haben in Japan die werksinternen Gewerkschaften. Man ist längst abgerückt von den überregionalen, branchenspezifisch organisierten Großgewerkschaften, die um die Zeit vor dem Ersten Weltkrieg mächtig geworden waren und nach dem Zweiten Weltkrieg noch etwa zehn Jahre lang nach westlichem Muster eine große Rolle spielten. Es gibt sie auch heute noch als nominelle und zum Teil miteinander konkurrierende Dachorganisationen der Arbeiterbewegung und im öffentlichen Dienst, aber in der freien Wirtschaft sind die werksinternen Gewerkschaften an ihre Stelle getreten.

Im Westen herrscht weitgehend Unklarheit darüber, welche Funktionen die werksinternen Gewerkschaften in Japan ausüben. Man hört häufig die Meinung, daß sie wohl nicht viel mehr seien als Strohpuppen der jeweiligen Firmenleitungen – gelehrige Schoßhündchen der mächtigen Industriebosse, die schwänzeln, wenn das Herrchen ihnen das Fell krault. In Wirklichkeit treten die japanischen Firmengewerkschaften meist als unbequemer Gegenpart der Firmenleitung auf. Sie sind mächtig. Sie stellen bei aller Flexibilität oft harte Forderungen, sind hart im Verhandeln und sparen notfalls nicht mit Pressionen.

Die jeweiligen Gewerkschaftsvertreter empfinden sich jedoch gleichzeitig auch als Firmenmitglieder, denen die Prosperität ihrer Firma auf die Dauer nicht gleichgültig sein kann. Ihr Ziel ist, unter Berücksichtigung der zur Zeit herrschenden Geschäftslage das Beste für ihre Belegschaft herauszuholen. Im Unterschied zu westlichen Gewerkschaftlern sind sie keine Funktionäre, die sich außerhalb der Firma profilieren und dort Lorbeeren verdienen müssen. Das klärt die Loyalitätsfrage. Sie sind in erster Linie Interessenvertreter der Belegschaft ihres Betriebes. Sie sind nicht verpflichtet, den Richtlinien oder gar ideologischen Vorstellungen eines gewerkschaftlichen Dachverbandes zu folgen, für den die gewerkschaftliche Grundsatzpolitik wichtiger ist als das Florieren eines bestimmten Betriebes.

Die japanischen werksinternen Gewerkschaftler verfolgen

als Ziel das Wohl der Arbeiter und Angestellten, aus deren Mitte sie gewählt wurden, genau so wie das Wohl der Firma, der sie angehören. Sie sind gegenüber anderen japanischen Firmen in hohem Grade konkurrenzbewußt. Deswegen kommt es in Japan bisweilen zu jener kuriosen Frontenumkehr, für die es im Westen keine Parallele gibt: Gewerkschaftler, die den Eindruck haben, daß das Management den Anschluß an den Markt zu verschlafen droht, zwingen ihre Firma, mehr Energie und mehr Kapital auf die Modernisierung und Automatisierung des Betriebs zu verwenden. Sie fordern Rationalisierungsmaßnahmen. Sie fordern den Einsatz von mehr und besseren Industrierobotern, damit die Konkurrenzfähigkeit ihrer Firma erhalten bleibt.

Dafür bieten die firmeneigenen Gewerkschaften mit dem Rückhalt der um die Zukunft besorgten Belegschaft dem Management sogar von sich aus temporäre Abstriche bei den Bonus-Zahlungen an. Die Gewerkschaftler tun dies selbstverständlich nicht aus reiner Großzügigkeit oder aus Liebedienerei gegenüber dem Management. Sie tun es aus Eigeninteresse, denn wenn die Firma kentert, fallen alle ins Wasser.

Ich habe lange geglaubt, Arbeitnehmer-Arbeitgeber-Probleme seien Begleiterscheinungen der modernen, industrialisierten Welt, bis ich anfing, in den alten Quellen zu lesen. Einige der großen japanischen Firmen, deren Namen heute Weltklang haben, gehen ja auf Gründungen zurück, die in die frühen Jahrzehnte der Edo-Zeit fallen.

Sumitomo entstand 1623 als Bergbauunternehmen. Die Firma förderte vorwiegend Kupfererze, gewann daraus das metallische Kupfer, lieferte es an die staatlichen Münzanstalten, baute gleichzeitig ein sich über ganz Japan erstreckendes Netz von Kreditinstituten auf – den Vorläufern der Banken.

Mitsui war ein Reisweinhändler, der seine Gewinne ins Pfandleihgeschäft steckte und dann in den Textilhandel umwechselte. Er beschritt neue Wege, um Käufer für seine Ware zu gewinnen. Im Jahre 1673 eröffnete er in Edo das erste Textil-kaufhaus, in dem er in einem für damalige Verhältnisse riesig großen Verkaufssaal eine Auswahl von Tausenden von Stoffen anbot – Seide, Wolle, Baumwolle. Bis dahin pflegten die Textil-händler ihre Kunden zu besuchen und ihnen zu Hause Stoffmu-ster vorzulegen, nach denen sie dann ihre Bestellungen aufge-ben konnten. Mitsui bot in seinem Kaufhaus die gleichen und noch viel mehr Stoffe billiger an, aber zu festen Preisen. Er verlangte sofortige Bezahlung, denn nichts ist ärgerlicher, als monatelang hinter Kunden, die Geld schulden, herzulaufen.

Mitsui führte als erster Sonderangebote ein, ließ Werbeblät-ter drucken und zu Zehntausenden in ganz Edo verteilen. Er erkannte die Möglichkeit, im Theater die Gelegenheit zur Reklame zu nutzen. Er engagierte in den von allen Volks-schichten besuchten Kabuki-Theatern einige Schauspieler, die vor Beginn der Vorstellung auf der Bühne einen Vorspann sprachen, in dem die günstigen Einkaufsmöglichkeiten für modebewußte Damen und Herren im Mitsui-Kaufhaus gelobt wurden.

Schon um 1710 entsprach das Mitsui-Kapital dem Gegen-wert von fast viereinhalb Tonnen puren Goldes. Mitsui-Kauf-häuser entstanden in Osaka, Kyoto und anderen Städten. Um 1810 arbeiteten allein im Mitsui-Kaufhaus in Edo über eintau-send Angestellte, und die Verkaufsfläche nahm ein ganzes Straßenviertel ein.

Heute unterhält das Mitsui-Handelshaus, das nur einen Teil des inzwischen weitverzweigten Imperiums darstellt, in acht-undachtzig Ländern mehr als zweihundert Filialen. Ein eigenes Kommunikationsnetz sorgt für einen raschen weltweiten In-formationsaustausch über Warenflüsse, Warenpreise, Waren-mengen, über günstige Einkaufs- und Verkaufsmöglichkeiten, über Rohstoffe und Halbfertigprodukte, über Engpässe und Überschüsse, über Neuigkeiten von der Börse, über Neuigkeiten im politischen Gefüge jener Länder, mit denen Geschäftsbeziehungen bestehen. Pro Arbeitstag laufen mehr als achtzigtausend derartige Informationen über das drahtlose Fernschreib- und Computernetz. Sie ermöglichen es dem Management, schneller und sicherer seine Dispositionen zu treffen, die Konkurrenz durch besseres Informiertsein zu überflügeln.

Früher war es in Japan üblich, daß Persönlichkeiten, die im Laufe ihres Lebens ein bedeutendes Wissen oder einen großen Erfahrungsschatz gesammelt hatten, gegen Lebensende die Summe ihrer Erfahrungen niederschrieben und als geheimes Testament an ihre Nachfolger weitergaben. Auch der alte Mitsui folgte diesem Beispiel und hinterließ eine Geheimregel, als er 1686 starb. Darin führte er aus, wie seiner Meinung nach die von ihm gegründete Firma geleitet werden solle, damit sie immer floriere und alle Krisen heil überstehe. Von ihm stammt der Satz, daß das höchste Kapital der Firma die Angestellten seien. Die Firmenleitung solle sich große Mühe bei der Auswahl ihrer Mitarbeiter geben und sie dann, wenn sie einmal in den Firmenverband aufgenommen sind, unbesehen ihres Alters und ihrer Funktion stets so behandeln, daß sie es nie bereuen, Mitglied dieser Firma geworden zu sein.

Der Mitsui-Gründer verpflichtete alle zukünftigen Firmenleiter, sich jederzeit und ohne Rücksicht auf eigene Müdigkeit mit den Sorgen und Nöten der Angestellten zu beschäftigen. Er verfügte, daß bei wachsender Angestelltenzahl Untergruppen zu bilden seien. Jede sollte wieder von einem Gruppenleiter betreut werden, zu dem von seiten des Firmenleiters ein Vertrauensverhältnis besteht. Dazu gehörte auch, daß sich alle Angestellten mindestens dreimal im Monat nach Geschäftsschluß zum gemeinsamen Essen trafen – natürlich auf Firmenkosten. Während des Essens und des gemütlichen Zusammenseins sollten Vorschläge aus dem Kreis der Angestellten diskutiert werden, und die vornehmste Aufgabe des Firmenleiters und seiner unmittelbaren Untergebenen sollte das Zuhören sein.

Gleichzeitig wünschte Mitsui, daß alle Mitarbeiter und Angestellten sich ständig weiterbilden, denn nicht die reine Arbeitszeit, sondern der Ideenreichtum beim Arbeiten zählt und bringt Gewinn. Schon zu seinen Lebzeiten gründete er ein internes Schulungssystem.

Mitsui führte auch schon die Bonus-Zahlungen ein, die alle Angestellten erhielten, und darüber hinaus Prämien und andere Belohnungen. Er verlangte, daß kein Mitsui-Angestellter Geld in einem anderen Institut ausleihe, um eventuelle Schulden zu begleichen. Dafür schuf er eine firmeneigene Bank, in der die Angestellten zu günstigen Zinssätzen Geld leihen konnten. Die Bank war gleichzeitig Sparkasse für diejenigen, die sparen wollten, und Ruhegehaltskasse für alte Mitarbeiter, die nicht mehr im aktiven Dienst standen.

Zentrales Thema in den Verfügungen des alten Mitsui war aber die Kunst des Verkaufens. Wichtigster Grundsatz ist, daß die Verkäufer allen Kunden mit stets gleichbleibender Höflichkeit entgegentreten – ungeachtet ihres Alters, ihres Standes, ihrer Kleidung, ihrer Manieren. Niemals darf ein geschulter Verkäufer durch Gesichtsausdruck oder Gesten erkennen lassen, was er persönlich von dem einen oder anderen Kunden hält. Er darf weder herablassende Schnippigkeit noch kriecherische Unterwürfigkeit zeigen.

Kunde ist jeder, der die Verkaufsräume betritt, mit oder ohne Kaufabsichten, mit oder ohne Geld, mit oder ohne Geduld, mit oder ohne Freundlichkeit. Einem geschulten Verkäufer muß es gelingen, jedem Kunden das Gefühl zu geben, daß er in diesem Geschäft willkommen ist, auch wenn er, ohne etwas zu kaufen, wieder hinausgeht.

Dies alles schafft eine angenehme Verkaufsatmosphäre, die auch im heutigen Japan zu alltäglichen Erfahrung gehört. Sie unterscheidet sich wohltuend von jener gereizten Stimmung, der man in Deutschland oft bei Einkäufen ausgesetzt ist. In Deutschland läßt das Verkaufspersonal in Kaufhäusern und anderswo nicht selten seinen Unmut an Kunden und Kundinnen aus, gibt sich mürrisch oder ungeduldig, zurechtweisend oder belehrend. Wer sich etwas zeigen läßt aber nichts kauft, wird fast aus dem Geschäft gescheucht. Wer eine Kleinigkeit kauft und mit einem großen Geldschein zahlen will, muß ärgerliche Blicke ertragen. Falls eine Kassiererin bei der Herausgabe des Wechselgeldes einen Fehler macht, fügt sie ihrem Irrtum noch ein unwirsches Wort hinzu.

Daraus läßt sich schließen, daß es in Deutschland eigentlich keinen echten Kaufmannsgeist gibt, der diejenigen, die im Verkauf tätig sind, auf allen Ebenen mit einem gewissen Berufsstolz – und Berufsethos – erfüllt. Es zeigt auch, daß diejenigen, denen die Geschäfte und Kaufhäuser gehören, keine langfristigen Verkaufsstrategien entwickeln, in die sie ihr Verkaufspersonal als wertvollstes Firmenkapital einbeziehen. Vielleicht sind ihnen die Menschen, die bei ihnen arbeiten, nicht wichtig genug oder sie wissen nicht, wie sie mit ihnen umgehen sollen.

Die Stärke Japans ist, daß man dort auf allen Ebenen zu wissen scheint, wie eng die Kunst des Verkaufens mit der Kunst der Menschenführung verflochten ist. Für beide gibt es eine lange Tradition. Beide sind auch in der modernen Massengesellschaft nicht verkümmert.

Es ist kein einfaches, sondern eher ein riskantes Unterfangen, wenn man den Versuch unternimmt, die Lebensqualität in verschiedenen Gesellschaften zu vergleichen. Man muß sich zuerst fragen, was die Maßstäbe sind. Man kann versuchen, möglichst viele Faktoren zusammenzufassen, die gemeinsam die Lebensqualität bestimmen. Dabei könnte vielleicht das Einkommen, das pro Kopf der Bevölkerung erzielt wird, der wichtigste Einzelfaktor sein. Vielleicht läßt sich auch etwas Wesentliches aus der Wohnfläche ableiten, die im Mittel jeder

Familie zur Verfügung steht, oder aus der Höhe der für Freizeit und Vergnügen ausgegebenen Summen. Das Spiel mit statistischen Zahlen läßt sich endlos variieren.

Japan hält in einem Punkt vor allen anderen Industrienationen den Weltrekord: in der mittleren Lebenserwartung seiner Menschen. Männer wie Frauen werden in Japan im Durchschnitt um eine signifikante Anzahl von Jahren älter als die Menschen in allen europäischen Ländern und in Nordamerika.

Ich glaube, daß diese Tatsache etwas über die immaterielle Lebensqualität aussagt, die nicht zuletzt eine Folge jener japanischen Kunst der Menschenführung und Menschenbehandlung ist. Aus ihr erwächst in allen Bereichen des Lebens, besonders in der Arbeitswelt, ein Gefühl subjektiver Zufriedenheit, das wahrscheinlich – im statistischen Durchschnitt – stärker ist als in anderen Ländern mit vergleichbarem materiellen Lebensstandard. Dies kommt von jenem Bemühen, die zwischenmenschlichen Spannungen, die es natürlich überall gibt und die auch unvermeidbar sind, auf ein erträgliches Maß zu reduzieren. Von größerem Gewicht mag sein, daß man sich in Japan in allen Bereichen darum bemüht – gerade in der Arbeitswelt –, den Menschen das Gefühl zu geben, daß sie wichtig sind und gebraucht werden.

Wenn sich um Punkt zehn Uhr allmorgendlich die Türen der Kaufhäuser in Japan öffnen, stehen in langen Reihen die Verkäuferinnen und Verkäufer da und begrüßen mit einer professionellen Verbeugung alle Kunden, die die Verkaufsräume betreten.

19 Bildungshunger

Für viele verbinden sich mit dem Gedanken an Japan farbige Vorstellungen von Samurai, jenen Angehörigen der alten Kriegerkaste, die in vielen Kinofilmen mit undurchdringlichen Mienen über die Leinwand schreiten, mit ihrem Schwert durch einen einzigen Hieb einem anderen Menschen den Kopf vom Rumpf trennen und aus unerfindlichen Gründen plötzlich Harakiri begehen, indem sie sich selbst mit einem Dolch den Bauch aufschlitzen.

Die abenteuerliche Welt der Samurai gehört längst, seit Beginn der Edo-Zeit, seit nunmehr rund dreihundertfünfzig Jahren, der Vergangenheit an. Die krieglose Edo-Zeit machte aus den Samurai Diener der Staatsverwaltung, Beamte im öffentlichen Dienst, die alle anfallenden Aufgaben vom Polizeidienst bis zur Verwaltung in der gehobenen Ministerialbürokratie übernahmen.

Zehntausende von Samurai füllten die Amtsstuben der Zentralregierung in Edo. Hunderttausende dienten in der Provinz und führten im Auftrage ihres Daimyo vielfältige Aufgaben aus. Sie alle waren auf Lebenszeit angestellt. Sie alle waren Gehaltsempfänger. Sie waren das, was man heute Beamte nennt. Sie waren meistens nicht reich, sondern mußten sogar ausgesprochen karg leben. Was sie vom Volk abhob und ihnen ihren Standesstolz verlieh, war im wesentlichen ihre Bildung. Bildung war für sie Teil eines Standesethos, und sie benutzten sie, um in den weitverzweigten Hierarchien der zentralen und regionalen Verwaltungen aufzusteigen.

Ihre Welt war eine Männerwelt, in der die Frauen nur die Aufgabe hatten, für den Familiennachwuchs zu sorgen und die Söhne so zu erziehen, daß sie würden wie ihre Väter.

Anders als das europäische Rittertum des Hochmittelalters, dessen ethische Begriffe von «Zucht» und «Maße», von der idealisierten Frauenverehrung, dem «Minnedienst», bis heute in den gesellschaftlichen Formen des Lebens in Westeuropa fortwirken, verlangten die Ideale der Samurai, daß sie keine ihr Denken und Handeln einengende Bindung an eine Frau eingingen, daß sie sich nicht von erotischen Gefühlen fesseln ließen, daß sie im Innern freiblieben für den wahren Dienst an ihrem Herrn, für den Staat und für die ihnen aufgetragenen Aufgaben.

Sexualität war nicht verpönt und nicht mit moralischen Vorurteilen belastet. Was die Gesellschaft von den Samurai und die Samurai selbst von sich verlangten, war lediglich, daß sie als Männer die Frauen von einer höheren, etwas distanzierten Warte betrachteten. Ein Samurai, der Liebeskummer hatte und dies sogar nach außen hin zeigte, hatte noch nicht einmal in der japanischen Satire Platz.

Das Volk war anders. Dort spielten die Frauen eine andere Rolle allein schon deshalb, weil sie nicht nur Kinder großzogen und als Arbeitskraft dienten, sondern auch in der Ausübung des Berufes Partnerinnen der Männer waren. Sie mußten in Kaufmannskreisen in den Geschäften mitanpacken und die Angestellten betreuen. Sie mußten auf dem Land bei der Feldarbeit die gleiche Last tragen wie die Männer. Sie nahmen in einigen Bereichen der handwerklichen Berufe, zum Beispiel in der Seidenweberei, sogar eine Art Monopolstellung ein.

Daraus ergaben sich zwangsläufig engere Bindungen zwischen Männern und Frauen. Es war nicht – wie bei den Samurai – verpönt, Gefühle wie Liebe und Anhänglichkeit zu empfinden und offen zu zeigen. Die Samurai ihrerseits schauten auf das sentimentale Gebaren der einfachen Leute herab und pflegten ihre stoische, widernatürliche Kühle als Teil ihres Lebensstils.

Dies trat um so krasser in Erscheinung, je wohlhabender während der Edo-Zeit der Kaufmannsstand und auch manche Handwerkszweige wurden. Sie kamen zu Geld, was den Samurai in die Augen stach. In dem Versuch, die Kargheit ihres

Beamtenlebens auszugleichen, stürzten sich viele Samurai deshalb auf das einzige, durch das sie sich noch immer von den niederen Ständen unterscheiden konnten: auf die Bildung.

In der Mitte der Edo-Zeit gab es kein Daimyo-Territorium mehr, in dem nicht mindestens eine Schule bestand, die von dem dort residierenden Daimyo finanziert wurde. In Edo unterhielt das Shogunat entsprechende Schulen. Sie waren für die Söhne der Samurai bestimmt. Dort wurden neben Schreiben, Lesen und Rechnen als selbstverständlichem Grundwissen viele andere Fächer unterrichtet: die Mythologie und Geschichte Japans, die Geschichte Chinas und Koreas, die Klassiker der japanischen Literatur und vor allem die konfuzianische Gesellschaftslehre.

Bisher habe ich in diesem Buch nicht über den Konfuzianismus gesprochen. Doch sollte er nicht unterschlagen werden. Ich habe lediglich auf den Begriff «Konfuzianismus» verzichtet, auch wenn das, was ich beschrieben habe, darunter hätte eingeordnet werden können.

Im konfuzianischen Denken steht das Zusammenleben der Menschen im Mittelpunkt der Betrachtung. Es geht nicht um das einzelne Individuum, um dessen Beziehung zum Übersinnlichen. Es geht nicht um religiöse Bereiche, nicht um transzendentale Fragen, um die in der Seele verborgenen Hoffnungen und Ängste, nicht um das einsame Ich im unwiederbringlichen Fluß der Zeit.

Es geht im Konfuzianismus um pragmatische Fragen, um die Regeln, die das Zusammenleben der Menschen bestimmen. Es werden Antworten gesucht auf die Frage: Wie können viele Menschen, die innerhalb einer gegebenen oder sich gerade heranbildenden Gemeinschaft leben, ihr Zusammenleben regeln, ohne daß es zu zu großen Ungerechtigkeiten kommt? Wie kann vermieden werden, daß einer dem anderen den Lebensraum zu sehr einengt?

Der Konfuzianismus ist keine Religion, sondern eine Gesellschaftslehre. Den Ausgangspunkt bildeten die Schriften des chinesischen Philosophen K'ung, der den Beinamen Fu Tze (europäisiert: Konfuzius) trug, der Große Meister. Er wurde im Jahr 551 vor dem Beginn der westlichen Zeitrechnung, vor Christus, geboren. Seine Lebensspanne fiel in eine Zeit, in welcher politische Unruhen in China herrschten. Sein Anliegen war es, die Ursachen für Unruhen und Unfrieden zu verstehen. Seine Lehre beschäftigt sich mit den Fragen, wie sich – im großen wie im kleinen – Unruhen und Unfrieden unter den Menschen vermeiden lassen. Er ging dabei von der Grundvoraussetzung aus, daß in jeder menschlichen Gemeinschaft innere Strukturen vorhanden sind, aus der sich Gegensätze zwischen den einzelnen Mitgliedern der Gemeinschaft ergeben. Jede Gesellschaft hat oder schafft sich eine hierarchische Ordnung. Immer wird es so sein, daß einzelne stärker und mächtiger sind als andere. Daraus ergibt sich die Gefahr, daß diejenigen, die machtlos sind, unter der Willkür der Mächtigen leiden. Die Mächtigen ihrerseits verlieren nur allzu leicht das Augenmaß. Sie können sich, wenn sie sich an die Macht gewöhnt haben, nur noch schwer vorstellen, was die anderen, die Niedrigeren, empfinden.

Die konfuzianische Lehre verneint nicht die hierarchischen Strukturen der Gesellschaft und sagt auch nicht, daß sie an sich schlecht seien. Sie verlangt nicht ihre Abschaffung, denn sie sind aufgrund der menschlichen Natur ein unvermeidbarer Bestandteil des Lebens in einer Gemeinschaft. Schon der Wunsch, sie abschaffen zu wollen, enthält eine Utopie, denn nach jedem Umsturz bildet sich immer rasch wieder eine neue hierarchische Ordnung heraus.

Die konfuzianische Lehre wendet sich vorzugsweise an jene, die in den hierarchischen Strukturen die oberen Positionen einnehmen. Sie sagt ihnen, wie sie sich gegenüber den Niedrigen, den Schwächeren, verhalten sollen. Der Sinn der Macht ist nicht, daß sich die Mächtigen daran vergnügen. Jede Macht ist an eine Verpflichtung gebunden: An die Verpflichtung, für die Belange der Schwächeren zu sorgen, denn diese haben einen Anspruch darauf, der aus der Würde des Menschen kommt.

Die Menschen durch bloße Verordnungen und Befehle dirigieren zu wollen, schrieb Konfuzius sinngemäß in seinen Analekten, führt notwendigerweise zur Auflehnung gegen die aufgezwungene Ordnung. Die Menschen verweigern sich, wenn man ihren Stolz und ihren Selbsterhaltungstrieb mißachtet. Wenn man sie durch Gesetze einengt, die sie nicht von innen heraus verstehen, werden sie stets versucht sein, diese Gesetze zu unterlaufen oder zu durchbrechen. Dann braucht man neue Gesetze und Strafen, um die Ordnung aufrechtzuerhalten. Dadurch erzeugt man aber nur noch mehr Unwilligkeit, noch mehr Widerstand, noch mehr Bereitschaft zum Gesetzesbruch.

Gelingt es hingegen, so meinte Konfuzius, den Menschen die Einsicht zu vermitteln, daß es in jeder Gesellschaft ein Mindestmaß an Regeln und Gesetzen geben muß, die von allen getragen werden, dann nimmt die Zahl derer ab, die einen Unwillen gegenüber der Gesellschaft verspüren, die sich verweigern oder auflehnen. Ein solcher Zustand kann aber nur durch einen langen Erziehungsprozeß erreicht werden, durch eine Bewußtseinsbildung, die in einem Volk von oben nach unten ausstrahlt. Nur die Oberen haben die Einsicht in die Zusammenhänge. Sie tragen daher die Verantwortung dafür, daß ihre Einsicht nach unten weitergegeben wird. Dies führt unmittelbar zu der Vorstellung, daß es ein Schul- und Bildungssystem geben soll, das möglichst umfassend weite Bereiche des Volkes erreicht.

Diese Bereitschaft zur Bildung ist ein Postulat der konfuzianischen Lehre. Was vermittelt werden soll, sind nicht religiöse Lehrinhalte, die jenseitsbezogen sind. Es geht vielmehr um pragmatische Fragen, die das diesseitige Leben der Menschen betreffen. Es geht um die Frage, wie sich die Menschen steuern lassen, damit es möglichst wenig Unfrieden gibt.

Hier soll nicht auf die historische Entwicklung des Konfuzianismus in China und in Japan eingegangen werden, die zum Teil recht unterschiedlich war. Im politischen Bereich hat der Konfuzianismus oft versagt, denn die Mächtigen zeigten selten die Einsicht, die die Lehre von ihnen verlangte. Aber wie haben die Elemente der konfuzianischen Ethik – weit unterhalb der Ebene der hohen Politik – das Alltagsdenken und Alltagsbewußtsein der Menschen in Japan beeinflußt?

Man spricht von fünf Elementen, die die Grundtugenden des menschlichen Verhaltens und die in jeder Gesellschaft in einem ausgewogenen Maß vorhanden sein sollten. Jedes Element trägt einen alten chinesischen Namen.

Man sagt «jen» und meint damit das Einfühlungsvermögen in die Lage anderer. Das ist die Tugend der Menschlichkeit.

Man sagt «li» und meint damit die innere Würde, mit der jeder sein Schicksal trägt. Das ist der Stil, der das Leben begleitet.

Man sagt «i» und meint damit den Sinn für Gerechtigkeit.

Man sagt «chih» und meint damit die Klugheit, die mehr ist als bloße Intelligenz.

Die zentrale Eigenschaft aber ist «hsin», das Vertrauen in das eigene Ich. Wenn dieses Selbstvertrauen schwach entwickelt ist, ist auch das Verhältnis zu anderen Menschen gestört. Darunter leidet die Offenheit im Umgang mit anderen und letztlich auch die Toleranz, die jeder braucht, um anderen gegenüber großzügig sein zu können.

Die konfuzianische Lehre verlangt, daß die Älteren und auch die Höherstehenden immer die Jüngeren und die niedriger Stehenden beschützen, verstehen und anleiten sollen. Umgekehrt wird von den Jüngeren und niedriger Stehenden verlangt, daß sie sich der Führung der Älteren und Höherstehenden anvertrauen, daß sie sich gegen Belehrung nicht sperren, daß sie Offenheit und Vertrauen zeigen.

Was in der konfuzianischen Lehre vollkommen fehlt, ist die Suche nach einer utopischen Gesellschaft, in der alle gleich sein sollen. Es fehlt die Forderung, daß die Menschen sich gegenseitig lieben sollen – unterschiedslos. Es fehlt die Vorstellung der absoluten Gleichheit, der absoluten Gerechtigkeit und der absoluten Freiheit.

Im Westen hat man keine Lehre, die alle Schichten des Bewußtseins durchdringt und den Umgang der Menschen miteinander unter Berücksichtigung unvermeidbarer hierarchischer Gegensätze regelt. Im Westen ist man geneigt, die Hierarchie grundsätzlich abzulehnen und unvermeidbare hierarchische Strukturen nur zähneknirschend zu akzeptieren. Statt dessen wird gemäß dem christlichen Gebot die Nächstenliebe gefordert. Dieses Gebot kann aber in keiner realen Gesellschaft vollkommen erfüllt werden. Die richtige Frage ist dann, wie weit soll und muß das Gebot der Nächstenliebe erfüllt werden? Oft bleiben die Grenzen verwaschen. Dies schafft Unsicherheit, die sich durch die gesamte westliche Gesellschaft zieht.

Schon seit langem, seit der Zeit der Großen Wirren, hatten in Japan die Priester und Mönche der buddhistischen Tempel den Kindern ihrer Tempelgemeinde Unterricht im Schreiben, Lesen und Rechnen angeboten. Davon ausgehend entstand in den ersten hundert Jahren der Edo-Zeit ein allgemeines Volksschulsystem, das sich in ganz Japan durchsetzte. Es war kein von oben verordnetes System, sondern erwuchs aus der Eigeninitiative der Bauern in vielen Dörfern, der Kaufleute und Handwerker in allen Städten.

Rund fünfzehntausend solcher Schulen gab es am Ende der Edo-Zeit in ganz Japan. Über dreitausend erhaltene Schulbücher zeugen von der Breite des Wissens, das dort, sozusagen an

der Basis des Volkes, vermittelt wurde. In jeder dieser Volks-
schulen wurden dreißig bis dreihundert Kinder unterrichtet,
Jungen und Mädchen gemeinsam. Die Kinder waren sechs bis
vierzehn Jahre alt. Die Lehrerschaft war buntgemischt aus
buddhistischen Mönchen, Shinto-Priestern, Samurai und auch
vielen Kaufmannssöhnen und Bauern, die hauptamtlich oder
nebenbei Unterricht gaben.

In den großen Städten, in Edo vor allem, entstanden neben
den von der Regierung eingerichteten Schulen für die Samurai-
Söhne bald auch Privatschulen. Ihre Gründer waren Samurai,
die aus dem oft monotonen Staatsdienst ausgeschieden waren
und sich selbständig gemacht hatten. Sie begannen alle als Ein-
Mann-Betriebe. Manche dieser Schulen wuchsen rasch zu
beträchtlicher Größe heran. Sie wandten sich nicht an Kinder,
sondern an Erwachsene und spezialisierten sich auf bestimmte
Wissensgebiete. Sie finanzierten sich frei aus den Hörgeldern
ihrer Studenten und den Einnahmen aus Büchern oder Schen-
kungen.

Es gab Schulen des Konfuzianismus, in denen etwas andere
Aspekte gelehrt wurden als es der offiziellen Auslegung entsprach. Andere Schulen vertieften das Wissen auf dem Gebiet
der Literatur und Dichtkunst. Wieder andere widmeten sich
der Medizin, Pharmakologie, Astronomie, Mathematik, Ver-
messungskunde oder Waffentechnik. Sie bezogen sich auf
traditionelle japanische Quellen, auf chinesische Quellen oder
auf jene Bücher, die die Niederländer im Auftrag des Shogunats
mit jedem Schiff neu aus Europa brachten. Durch sie gelangten
sämtliche wichtigen naturwissenschaftlich-technischen und
medizinischen Bücher, die auf holländisch erschienen, binnen
kurzer Zeit nach Japan. Das Shogunat richtete 1735 in Edo ein
Amt für die Übersetzung dieser Bücher ein.

Die Zahl der Privatschulen ist nicht genau bekannt. Die Zahl
derjenigen, die zumindest einige Jahrzehnte lang florierten oder
sogar bis zum Ende der Edo-Zeit lehrten, wird mit über einhun-

dert angegeben. Als Studenten zogen sie nicht nur Söhne und – in sehr geringem Maß – Töchter aus Samuraikreisen, sondern zunehmend auch Söhne von Kaufleuten, Handwerkern und reichen Bauern an.

Die Kaufmannschaften gründeten ihrerseits in den großen Handelsstädten, in Osaka, Kyoto und natürlich auch in Edo, eigene Schulen für die Erwachsenenbildung – Schulen, die in ihrem Lehrangebot den praktischen Bedürfnissen ihres Standes entsprachen. Dort ging es um Geld- und Warenwesen, um Zinsberechnung, um Investitionsplanung und schließlich auch um die Kaufmannsethik, die sich während der Edo-Zeit immer stärker profilierte und das Selbstbewußtsein der Kaufleute stärkte.

Diese Angaben sollen nur zeigen, daß während der Edo-Zeit in Japan ein recht umfassendes Bildungssystem entstand, das teils offiziellen, teils privaten Initiativen zu verdanken war und weitgehend von der Bevölkerung in Anspruch genommen wurde – auch von der Landbevölkerung, die so sehr unter den wirtschaftlichen Allgemeinbedingungen litt.

Eigentlich ist es erstaunlich, daß das Dreißig-Millionen-Volk der Japaner während des Vierteljahrtausends der Isolation nicht in einen Dämmerzustand verfallen ist, so wie manch andere Völker, die sich nie dynamisch entwickelt haben, weil sie durch die geographische Lage ihres Siedlungsgebietes vom Kontakt mit der Außenwelt weitgehend abgeschnitten waren. Auch Völker, die durch politische Umstände von der Umwelt isoliert werden, neigen dazu, in Lethargie zu sinken. Irgendwie besteht bei langanhaltender Isolation immer die Gefahr, daß der geistige Horizont der meisten Menschen enger wird. Da die Vorhänge zur Welt ohnehin zugezogen sind, stellt sich Müdigkeit ein, die Augenlider fallen zu, und der Dornröschenschlaf beginnt.

Daß die Japaner in ihrer Mehrheit nicht dahindämmerten hat viele Gründe. Man kann von der Shinto-Religion sprechen, die

die Diesseitigkeit des Lebens vielleicht mehr als jede andere Religion der Welt bejaht. Dieses Bewußtsein der Diesseitigkeit und damit der Einmaligkeit des Lebens stellt hohe Anforderungen an die Kräfte der Seele. Man kann sich nicht in Träume vom Paradies retten. Das Leben findet hier und jetzt statt. Es zu nutzen, es zum Blühen und zur Ernte zu bringen, wird Teil einer religiösen Selbstverpflichtung. Daraus folgt eine von äußeren widrigen Umständen unzerstörbare Dynamik.

In Japan mag die Shintokomponente wesentlich dazu beigetragen haben, die lange Zeit der Isolation zu überstehen. Das Bewußtsein dieser dreißig Millionen Menschen, daß sie auf einem engen Raum zusammenleben mußten, auf einer Inselgruppe am Rande der Welt, und abgeschnitten waren von allen Kontakten, erstickte den Lebensmut nicht, sondern stachelte ihn geradezu an. Der deutlichste Ausdruck dafür ist der Bildungshunger, der von der kleinen Gruppe der Samurai – rund zwei Millionen – auf das gesamte Volk übergriff. Der steigende Bildungsstand ließ zudem ein starkes Konkurrenzgefühl entstehen. Bildung war der Weg – der sicherste Weg –, sich im scharf konkurrierenden Gefüge der Gesellschaft hochzuarbeiten.

Die japanische Gesellschaft war eine Ständegesellschaft und vom Staat in vier große Stände unterteilt worden: Samurai, Bauern, Handwerker, Kaufleute. Ein Wechsel von einem Stand in den anderen, insbesondere ein Aufstieg in der Standesordnung, war unmöglich – außer im Fall ungewöhnlicher Begabung und Bildung. Dann konnte auch ein Bauernsohn eine Anstellung im Verwaltungsdienst seines Daimyo erhalten und sogar bis in die Ministerialbürokrate der Zentralregierung aufsteigen.

Berühmt wurde in der späten Edo-Zeit ein Mann namens Ninomiya aus einem Dorf unweit des Berges Fuji, ein Autodidakt auf dem Gebiet der klassischen Bildung und gleichzeitig ein Finanzgenie. Er brachte es fertig, in seinem Heimatterritorium im Auftrag des Daimyo die völlig daniederliegenden Finanzen zu ordnen und wirtschaftliche Schwierigkeiten zu überwinden. Das Shogunat betraute ihn daraufhin mit der Sanierung verschiedener Provinzen, die heruntergewirtschaftet waren und in denen Hungeraufstände der Bauern besonders häufig aufflammten.

Diejenigen Samurai, die aus der Enge ihres Beamtenlebens ausbrachen und Schulen gründeten, gingen natürlich ein großes Wagnis ein. Wenn sie einmal aus dem Regierungsdienst oder aus dem Dienst eines Daimyo ausgeschieden waren, war ihnen der Rückweg verschlossen. Viele von ihnen waren unabhängige Denker, die keinen anderen Weg sahen, ihre Vorstellungen zu verbreiten, als aus dem System auszusteigen und sich selbständig zu machen. Zu ihnen muß man auch jene zählen, die sich der Kunst und dem Theater zuwandten.

Basho, der große Haiku-Dichter, war solch ein Samurai, der seine Laufbahn aufgegeben hatte und unstet durch ganz Japan zog, von Norden nach Süden, von Osten nach Westen. Er besaß viele bewundernde Schüler und Anhänger, die ihn jederzeit bei sich aufnahmen und ihm gern eine lebenslange Bleibe angeboten hätten. Aber Basho drängte es immer wieder fort. Sein Leben war Wanderschaft. Außer den Haiku-Gedichten, die seinen Namen auch im Westen bekannt gemacht haben, beschrieb er in poetischer Prosa seine einsamen Wanderwege – ein bleibendes Zeugnis, losgelöst von der Gebundenheit an die Zeit.

Auch Chikamatsu, der Autor einer großen Anzahl von Puppen- und Kabuki-Stücken, war ein ehemaliger Samurai aus den höfischen Kreisen in Kyoto. Er verarbeitete in seinen Theaterskripten viele Themen aus dem Leben des Volkes. Die Nachrichtenblätter, die jeden Tag an den Straßenecken verkauft wurden, lieferten ihm die Anregungen und den Stoff. Er brachte, was er in den Klatschspalten dieser Blätter fand, in dramati-

276

sche Form, ohne den Bezug zum Alltagsleben zu verlieren, und schuf damit eigentlich erst das Kabuki-Theater.

Unter den Samurai, die eine Schule gründeten, waren auch viele, die das Studium der Naturwissenschaften gewählt hatten. Der Mathematiker Seki entwickelte aus der traditionellen chinesisch-japanischen Algebra die Rechnung mit Matrizen und Determinanten und veröffentlichte sie im Jahre 1674, rund zehn Jahre bevor Leibniz in Hannover ähnliche Rechenverfahren zur Lösung komplizierter Gleichungen vorlegte. Seki war gleichzeitig Rechnungsprüfer des Shogunats. Er rechnete auch mit Logarithmen und veröffentlichte Logarithmentafeln, lieferte Beiträge zur Zahlentheorie und Geometrie. Mit ihm begann eine eigenständige Schule der Mathematik in Japan, die sich weitgehend von den chinesischen Vorbildern löste und in der Folgezeit eine gewisse Parallelentwicklung zur Mathematik in Europa durchmachte.

Allerdings wirkte sich – wie bei allen japanischen Schulen – auch bei der Mathematik auf lange Sicht hemmend aus, daß der Informationsaustausch nicht nur mit dem Ausland, sondern auch innerhalb Japans sehr eingeengt war. Daran waren nicht nur die äußeren politischen und geographischen Umstände schuld, sondern auch, daß die Gelehrten ihr Wissen nur dem Kreis ihrer unmittelbaren Schüler weitergeben wollten. Sie handelten so wie Mitsui mit seinen im Testament festgelegten Gedanken: Sie betrachteten die Essenz ihrer Lehre als etwas Geheimes, was nicht veröffentlicht werden sollte.

Dies führte oft dazu, daß die Schulen, wenn die Genialität des Gründers erloschen und seine Erkenntnisse abgeschlossen waren, esoterischen Charakter annahmen und sich nur noch selber dienten. Daher fehlte auch weiterhin in Japan die Verbindung der naturwissenschaftlich-technischen Disziplinen untereinander. In Europa befruchteten sich Mathematik und Physik gegenseitig, wie zum Beispiel in der Himmelskunde, in Newtons Lehre von den die Sonne umkreisenden Planeten, deren Bahnen durch die Schwerkraft bestimmt werden – der gleichen Kraft, die den Mond auf seine Bahn um die Erde zwingt und die jedem Gegenstand auf der Erdoberfläche sein spezifisches Gewicht gibt.

Auf dem Gebiet der Medizin kam es in Japan zu einer fruchtbaren Verbindung zwischen dem Wissensschatz der alten chinesischen Heilkunde und den neu hinzugenommenen Kenntnissen der europäischen Medizin.

Unter den medizinischen Büchern spielten die anatomischen Tafeln eine besondere Rolle, die der Deutsche Krumms herausgegeben hatte. Sie waren 1734 in Amsterdam verlegt worden und gelangten bald darauf nach Japan, wo es eigenständige Schulen der Wund- und Knochenbruchbehandlung gab, die Vorläufer der japanischen Chirurgie. Die erste Operation in der Welt unter Vollnarkose, unter Verwendung rein pflanzlicher Betäubungsmittel, wurde 1805 in Japan von Hanaoka durchgeführt. Erst achtunddreißig Jahre später, im Jahre 1842, führte ein amerikanischer Arzt eine Operation unter Äthernarkose durch, und 1847 wurde in England erstmals Chloroform zur Anästhesie verwendet.

Einen beträchtlichen Einfluß auf die weitere Entwicklung der Medizin in Japan hatte der Deutsche Philipp Franz von Siebold aus Würzburg, der 1823 als Arzt für die niederländische Kolonie auf der Insel Deshima nach Japan gekommen war und fünf Jahre lang in Nagasaki Vorlesungen über Medizin und Naturkunde hielt. Er zog eine große Zuhörerschaft an, aus deren Kreis später einige bedeutende Ärzte und Wissenschaftler hervorgingen. Siebold genoß ein so hohes Ansehen, daß die japanischen Behörden ihm ein Haus in Nagasaki zur Verfügung stellten. Dort hielt er auch seine Vorlesungen. Er brauchte nicht einmal auf Deshima zu wohnen und wirkte als praktischer Arzt in Nagasaki. Im Jahre 1826 begleitete er den Präsidenten der niederländischen Handelsstation bei dessen Besuch in Edo.

1828, als Siebold nach Europa zurückkehren wollte, entdeckten die Behörden bei ihm eine japanische Landkarte. Dies zerstörte mit einem Schlag das Vertrauen, das man ihm entgegengebracht hatte, denn der Besitz und die geplante Ausfuhr einer Land- und Seekarte Japans galt als schweres Vergehen gegen die Sicherheit des Landes. Siebold wurde bis 1829 in Untersuchungshaft festgehalten und dann formell des Landes verwiesen. Auf alle, die bei ihm Vorlesungen gehört hatten, fiel der Verdacht der Konspiration. Einige seiner Schüler wurden eingekerkert.

Die Shogunatsregierung konnte nicht verhindern, daß mit den Büchern, die die Niederländer brachten, auch neue Ideen ins Land kamen, die ihr schließlich gefährlich wurden. Zwar waren es nur naturwissenschaftliche, technische und medizinische Bücher, die aus Europa importiert wurden. Dennoch führten sie im Laufe der Zeit zu einer innenpolitischen Opposition gegen das Shogunat. Bei vielen, die sich mit dem beschäftigten, was man zusammenfassend als «holländische Wissenschaft», später als «westliche Wissenschaft» bezeichnete, bildete sich die Überzeugung heraus, daß Japan durch die anhaltende Isolation in eine Situation gerate, in der die nationale Sicherheit nicht mehr zu garantieren sei.

Vor allem wirkte die rasche Entwicklung der Waffentechnik in Europa während der napoleonischen Kriege wie ein Schock auf jene Japaner, die sich entweder im direkten Auftrag der Shogunatsregierung oder aus eigenem Antrieb um die Verteidigungslage des Landes Sorgen machten.

Takashima, der Sohn des Vize-Gouverneurs von Nagasaki, sah bei den Niederländern die stählernen Schiffskanonen, deren Geschosse eine weitaus größere Tragweite, größere Treffsicherheit und größere Durchschlagskraft hatten als die Kugeln, die die Japaner aus ihren Bronzegußkanonen abfeuern konnten.

Takashima studierte daraufhin alle verfügbaren Quellen

über das eben in England entwickelte Hochofenverfahren mit vorgeheizter Luft, das ein besseres Eisen lieferte als die früheren Verfahren. Er studierte die europäischen Methoden der Stahlherstellung und Stahlbearbeitung und verwendete einen großen Teil seines privaten Vermögens, um von den Holländern Hunderte von Schußwaffen zu kaufen.

Um 1840, als in China der Opiumkrieg ausbrach, hatte er dreihundert Studenten. Er bedrängte die Shogunatsregierung in Edo, die Entwicklung neuer Waffen in Europa nicht zu verschlafen. Er führte 1841 vor einer Regierungskommission außerhalb Edos die Treffsicherheit und zerstörerische Kraft westlicher Kanonen vor, die er zu diesem Zweck extra von Nagasaki nach Edo verfrachtet hatte. Sein Engagement brachte ihm aber auch Feindschaft unter den Ultrakonservativen im Shogunat ein. Er wurde wegen übermäßiger Bewunderung des Auslands und wegen Kritik an der Regierung angeklagt.

Daß er und einige seiner Schüler offen ausgesprochen hatten, die Regierung solle wieder den Bau von großen, ozeangängigen Schiffen zulassen, machte ihn besonders verdächtig. Man warf ihm vor, daß er insgeheim plane, aus dem Land zu gehen. Darauf stand die Todesstrafe.

In Dutzenden ähnlich gelagerter Fälle hatte dies schon zum Tod der Verurteilten geführt – zwar nicht durch den staatlichen Henker, sondern durch die eigene Hand, durch Harakiri, denn jene Samurai, die sich um das Wohl des Landes Sorgen machten, konnten es nicht überwinden, zum Landesverräter und Verbrecher gestempelt zu werden. Die meisten waren freie Wissenschaftler, die Bücher über die Schwierigkeiten Japans schrieben, mehr und bessere Kontakte mit der Außenwelt verlangten oder Vorstellungen für eine Modernisierung der inneren Gesellschaftsstrukturen entwickelten. Sie brauchten gar nicht gegen die Shogunatsregierung zu sein. Viele waren sogar ihre erklärten Anhänger.

Aber es gab in der Regierung, vor allem gegen Ende der Edo-

Zeit, soviel Verhärtung, daß jede Kritik an den bestehenden Verhältnissen sofort als Angriff auf die Regierung, als Umsturzversuch, als Landesverrat und kriminelles Verbrechen gewertet wurde. Deshalb kam es zu zahlreichen Prozessen, die mit der Verurteilung der Angeklagten endeten. Ihr anschließendes Harakiri war – aus heutiger Sicht – eine Kurzschlußreaktion. Aber durch den Freitod seine Unschuld zu beweisen und jene zu beschämen, die den Freitod verursacht hatten, gehörte zum Samurai-Ethos.

1842 wurde Takashima für elf Jahre ins Gefängnis geworfen. Er war kühl genug, keinen Selbstmord zu begehen. Im gleichen Jahr aber nahm einer seiner Schüler in Izu im Südwesten von Edo, in Sichtweite des Fuji, den ersten Hochofen Japans in Betrieb. Das war der Anfang der japanischen Schwerindustrie.

In Saga, in der Nähe von Fukuoka auf Kyushu, wo die einzigen nennenswerten Kohlevorräte Japans liegen, entstand die nächste Generation von Hochöfen. Dort lief dann auch die Produktion von stählernen Kanonen an, mit denen in den folgenden Jahren die Küstenbefestigungen an strategisch wichtigen Punkten ausgestattet wurden.

Gleichzeitig errichteten Takashimas Schüler auch in anderen Provinzen im Auftrag der dortigen Daimyo Hochöfen für die Eisengewinnung. Bis 1858 war die technische Entwicklung so weit fortgeschritten, daß in japanischen Hochöfen Temperaturen bis 1700 Grad Celsius erreicht wurden – genug, um Edelstähle herzustellen.

Während Takashima noch im Gefängnis saß, tauchte im Jahre 1853 in der Bucht von Edo das schwarze Flottengeschwader des amerikanischen Kommodore Perry auf. Die vier stählernen Schiffe ankerten vor der Hafeneinfahrt. Perry forderte von der Regierung die Öffnung des Landes für den Handel mit Amerika und das Recht für amerikanische Schiffe, insbesondere Walfangschiffe, japanische Häfen als Versorgungshäfen anzulaufen. Die amerikanische Walfangflotte umfaßte damals mehr als 700 Schiffe.

Im Schloß des Shogun trat die Regierung mit allen Beraterstäben zusammen. Als es nach langen Beratungen zur Abstimmung kam, waren nur drei der Anwesenden für die Öffnung des Landes unter dem Druck der vor dem Hafen ankernden Kriegsschiffe. Mehr als zweihundertfünfzig waren dagegen. «Abschießen und verjagen», sagten einige, aber kein Schuß wurde abgefeuert. Perry gab der Regierung Bedenkzeit und sagte, er werde im folgenden Jahr wiederkommen.

Takashima wurde aus dem Gefängnis geholt und vom Shogunat mit der Aufgabe betraut, die Herstellung von Waffen zu beschleunigen und die Verteidigungseinrichtungen zu verbessern. Takashima übernahm den Auftrag, erklärte aber schriftlich, daß er den Vorsatz, die um Handelsbeziehungen nachsuchenden Ausländer mit Waffengewalt abweisen und vertreiben zu wollen, für reinen Wahnwitz halte, denn Japan sei in seiner technischen Entwicklung inzwischen so weit hinter dem Westen zurückgeblieben, daß jede kriegerische Auseinandersetzung unweigerlich zu einer Niederlage führen würde. Er erklärte, daß die Öffnung des Landes die einzige Alternative sei.

Takashima war nur einer von vielen, die die Öffnung wollten, aber die Seite der Konservativen war auch sehr stark. In Kyoto ließ der Tenno, der Vater des späteren Meiji-Tenno, erkennen, daß er ebenfalls gegen die Öffnung des Landes sei.

Als im Frühjahr 1854 der amerikanische Flottenverband – diesmal neun Kriegsschiffe – wieder in die Bucht von Edo einlief und der Kommodore Perry Antwort auf das Ansuchen der amerikanischen Regierung forderte, taktierte das Shogunat vorsichtig, aber nicht ablehnend. Die Amerikaner erhielten die Genehmigung, zwei japanische Häfen als Versorgungshäfen anzulaufen, einen hoch im Norden und einen in der Nähe von Edo. Sie erhielten zudem das Recht, ein Konsulat einzurichten. Die Eröffnung von Handelsbeziehungen aber wurde vertagt.

Kaum waren die amerikanischen Kriegsschiffe ausgelaufen, kamen die Engländer, Russen und Holländer. Sie verlangten die gleichen Vergünstigungen – oder noch bessere.

Mit großem Aufwand baute die Shogunatsregierung das seit 1735 bestehende Amt für die Übersetzung ausländischer Bücher aus. Die Zahl der dort tätigen, sprachlich ausgebildeten Naturwissenschaftler, Techniker und Mediziner wurde durch Mobilisierung aller Kräfte stark erhöht. Zu Holländisch traten Englisch, Französisch, Deutsch und Russisch hinzu. Eigene Abteilungen für Mathematik, Physik und Chemie wurden eingerichtet. Aus dieser Institution, die als Übersetzungsamt begonnen hatte, ging dann später die Kaiserliche Universität von Tokyo hervor, die Todai, die heute noch die bedeutendste Elite-Universität Japans ist.

Ein zweiter Schwerpunkt war Nagasaki, wo die Zahl der festangestellten Dolmetscher um 1855 auf mehr als einhundertvierzig hochschnellte. In diesem Jahr öffnete die Shogunatsregierung dort eine Marineakademie zur Ausbildung zukünftiger Schiffsoffiziere. Sie stellte holländische Offiziere als Ausbilder und Instruktoren an. Die holländische Regierung schenkte ein Übungsschiff. Der erste Jahrgang der Marineakademie umfaßte einhundertdreißig ausgewählte Samurai. Zu ihren Ausbildungsfächern gehörten: Schiffsbau, Navigation, Ballistik, Küstenvermessungen. In Izu und Saga lief die Eisen- und Stahlproduktion auf Hochtouren. Der Bau von Dampfmaschinen begann. Pläne für die Kiellegung stählerner Schiffe wurden vorbereitet.

Dem amerikanischen Konsul Harris gelang es, 1858 die Shogunatsregierung zum Abschluß eines Handelsvertrages zu bewegen. Innerhalb kurzer Zeit wurden ähnliche Verträge mit Holland, Rußland, England und Frankreich abgeschlossen.

Die Periode der Isolation war beendet.

20 Die ungleichen Verträge

Die Geschichte Japans und die Folgen bestimmter Ereignisse, die ich hier beschrieben habe, sollten zeigen, wie es zur Isolation kam, was Japan dabei aufgab und aufgeben mußte, wie sich das Leben während der langen Isolationszeit weiterentwickelte und welche inneren Kräfte schließlich das Ende der Isolation vorbereiteten. Ich habe deutlich gemacht, daß es sehr widerstrebende Meinungen im Lande gab über die Notwendigkeit der Öffnung. Die Zahl derer, die eindeutig dafür waren, war nicht groß, verfügte jedoch über viele sachliche Argumente, die auf einer recht nüchternen Einschätzung der schwachen Position Japans in Beziehung auf die westliche Welt beruhten. Sie wollten das Land öffnen, weil sie im technologischen Rückstand Japans eine Gefahr sahen. Nur durch die Öffnung, so sagten sie, sei der Vorsprung des Westens aufzuholen.

Ihnen gegenüber standen die konservativen Kräfte, die Japan unbedingt im Zustand der Isolation halten wollten – vielleicht weil sie sich nichts anderes vorstellen konnten, weil sie sich an das Gewohnte klammerten oder weil sie unterschwellig Angst empfanden. Sie sagten, es sei doch nicht auszuschließen, daß die westlichen Mächte die Schwäche Japans dazu benutzen würden, das Land ganz in ihren Griff zu bekommen. Deshalb sei es gefährlich, die Öffnung verfrüht zu vollziehen. Überhaupt seien die Weißen schwer berechenbar.

Die Tatsache, daß der damalige Tenno in Kyoto ein entschiedener Gegner der von der Shogunatsregierung eingeleiteten Öffnung war, wog schwer. Seine ablehnende Haltung war unbeugsam. Er weigerte sich, den Handelsverträgen der Regierung mit Amerika und den vier europäischen Mächten seine Zustimmung zu geben.

Dies schuf eine äußerst prekäre Situation. Der Sitte gemäß mußte der Tenno bei einer so schwerwiegenden Entscheidung der Regierung gefragt werden, aber alle Anstrengungen von seiten des Shogunats, ihn umzustimmen, prallten an seiner harten Haltung ab. Seine Weigerung und die Tatsache, daß die Regierung in Edo trotzdem die von Amerika und den vier europäischen Mächten vorgelegten Handelsverträge unterschrieb, spaltete das Land in zwei Lager.

Es kam zu offenen Protesten, die die Shogunatsregierung an den Rand des Sturzes brachte. Der Hauptvorwurf gegen das Shogunat lautete, daß man sich überstürzt und unter ausländischem Druck zum Abschluß der Verträge hatte hinreißen lassen. Die Regierung antwortete darauf mit einer bis dahin selbst in den schlimmsten Zeiten nicht gekannten Härte: Sie ließ die Wortführer des Protests – Intellektuelle, Adlige am Kaiserhof, Daimyo und zahlreiche hochgestellte Samurai – verhaften und nach kurzem Prozeß hinrichten. Es waren über einhundert Personen.

Im Frühjahr 1860 schickte die Shogunatsregierung ihren Außenminister mit einer achtzigköpfigen Kommission nach Washington zur Ratifizierung des Handelsvertrags mit Amerika. Der Reiseweg führte sie über Hawaii und San Francisco nach Panama, wo sie die Landenge überquerten, und weiter durch das Karibische Meer und an Florida vorbei nach Washington. In farbenprächtigste Kimono gekleidet trafen sie mit dem amerikanischen Präsidenten Buchanan zusammen, der im Vergleich zu den Japanern ein Riese war und mild auf sie herablächelte.

Noch während der japanische Außenminister in Amerika war, wurde in Edo der Premierminister der Shogunatsregierung ermordet – jener Mann, der die Handelsverträge durchgesetzt und auch die Hinrichtung von über hundert Gegnern der Öffnung des Landes angeordnet hatte.

Alle Mitglieder der Delegation berichteten nach ihrer Rückkehr von der ungeheuren technischen Überlegenheit Amerikas über Japan. Sie berichteten von den Eisenbahnen, von den Städten, in denen es zahllose mehrstöckige Häuser aus Stein gab, von dem Postkutschenverkehr, von dem völlig anderen Lebensstil, von den sozialen und politischen Strukturen in der amerikanischen Gesellschaft, von der ins Auge fallenden Rolle der Frauen.

Alle, die Amerika gesehen hatten, zeigten sich tief beeindruckt, manche auch beunruhigt. Sie sagten, daß es eine vordringliche Aufgabe der Japaner sei, ihr Land jetzt möglichst rasch stark zu machen. Dies könne nur geschehen, indem man vom Westen lerne. Auf ethischem Gebiet sei vom Westen nicht viel zu lernen, aber in Fragen der Technologie und der Wissenschaften seien bedeutende Vorsprünge einzuholen.

Von der Gegenseite wurde vorgebracht, daß die mit Amerika und den vier europäischen Mächten abgeschlossenen Verträge Anlaß zu großer Besorgnis gäben. Das Wort von den «ungleichen Verträgen» kam auf und machte in Japan die Runde. Zuerst war es ein Gerücht unter Fachleuten, dann ein sich schnell ausbreitender Begriff, schließlich eine politische Keule.

Die Handelsverträge räumten den westlichen Mächten nicht nur das Recht ein, diplomatische Vertretungen in Edo und Handelshäuser in Yokohama, in Nagasaki, in Kobe und noch einigen anderen Hafenstädten einzurichten, sondern erklärten auch den Grund und Boden, auf denen die Wohnhäuser der Weißen, die Büro- und Lagereinrichtungen sowie die Markthallen für den abzuwickelnden Warenverkehr mit den Japanern standen, zu exterritorialen Gebieten.

Schon 1862 gab es allein in Yokohama über einhundertzehn ausländische Handelsniederlassungen. Die japanische Regierung legte für die Weißen im exterritorialen Gebiet einen großen Park und eine Pferderennbahn an. Unmittelbar neben dem exterritorialen Gebiet wurde ein Geishaviertel eingerichtet. Die Engländer unterhielten eine ständige Garnison von achthundert Soldaten, die Franzosen eine von dreihundert

Mann, die für die Sicherheit der Handelsleute sorgen sollten. Alle Weißen genossen ohne Unterschied die gleiche Immunität wie Diplomaten. Sie waren jeglicher Kontrolle durch japanische Gesetze oder Ordnungsbehörden entzogen.

Die westlichen Kaufleute waren zwar gehalten, die ihnen zugewiesenen exterritorialen Gebiete nicht oder nur mit Genehmigung zu verlassen, aber da sie alle den gleichen Immunitätsstatus wie Diplomaten besaßen, konnte nichts gegen sie unternommen werden, wenn sie nach Belieben im Lande herumreisten. Immer wieder nahmen amerikanische, englische, holländische, französische und russische Kaufleute diese Gelegenheit wahr und verließen unangekündigt die exterritorialen Zonen.

Dies stürzte die japanischen Ordnungsbehörden in hellen Aufruhr, denn die Weißen ahnten ja nicht, welche zwiespältigen Gefühle ihr Anblick bei manchen Japanern hervorrief. Von vielen Samurai im Lande wußte man nicht, ob sie ihre ablehnende Haltung gegenüber der Öffnung des Landes nicht durch den Mord an einem Weißen kundtun würden. Ein solcher Mord aber würde unabsehbare Folgen haben können.

So stellte sich jedesmal, wenn ein Weißer oder eine Gruppe von Weißen irgendwo außerhalb der exterritorialen Zonen herumlief, bei den Behörden größte Nervosität ein. Sie schickten Beamte los, die unauffällig den Weißen folgten. Sie hatten die Aufgabe, die ungebetenen Besucher, wo immer sie hingingen, gegen mögliche Scherereien abzuschirmen und eventuelle Hitzköpfe, die eine Auseinandersetzung suchten, fernzuhalten.

Für die Regierung wurde dies bald ein äußerst kostspieliges Unterfangen, denn für jeden Weißen mußten mindestens zwei Sicherheitsbeamte bereitgestellt werden. Die sprachliche Verständigung war ein großes Problem. Die Weißen verlangten, daß man ihre Sprache sprach, zumindest Englisch oder Französisch. Sie verlangten, wo immer sie hinkamen, ihre eigenen

Speisen. Sie verlangten Messer und Gabel. Sie verlangten Stühle zum Sitzen. Sie mokierten sich über die japanische Kost, über die japanische Sitte, mit Stäbchen zu essen und mit untergeschlagenen Beinen auf einem flachen Sitzkissen auf den Tatamimatten zu sitzen. Die Beine der Weißen waren viel zu steif und ließen sich nicht zusammenfalten. Deswegen gab es schier unüberwindbare Schwierigkeiten, wenn die Weißen irgendwo hingingen, wo nicht alle Vorbereitungen für ihre Ankunft sorgsam getroffen worden waren.

Auch die Art, wie die Weißen ihre Forderungen vortrugen, war etwas, an das die Japaner nicht gewöhnt waren. Die Weißen hoben immer sehr rasch die Stimme, wenn sie unzufrieden waren oder wenn sie ihre Forderungen nicht gleich erfüllt sahen. Sie runzelten die Stirn, stampften mit dem Fuß auf den Boden oder machten Drohgebärden mit der Hand.

In Edo und in anderen Städten erzählte man sich in verschiedenen Varianten die Leidensgeschichten der japanischen Sicherheitsbeamten, die irgendwelchen Weißen als Begleitschutz bei Überlandreisen mitgegeben wurden. Von einem wurde berichtet, er habe auf seinem Pferd hinter einem Weißen herreiten müssen, weil dieser – zunächst unbemerkt – die exterritoriale Zone verlassen hatte. Der Japaner holte ihn ein und versuchte, ihn mit Gesten und gebrochenem Holländisch zur Rückkehr zu bewegen.

Der Weiße deutete ihm an, er solle von seinem Pferd herabsteigen. Als der Japaner dies tat, schwang sich der Weiße in den Sattel und ritt in aller Seelenruhe weiter. Der Sicherheitsbeamte trottete zu Fuß neben ihm her – zehn Tagereisen weit durchs Land. Unterwegs, so erzählte man sich, habe der Sicherheitsbeamte oft mit dem Gedanken gespielt, den Weißen mit seinem Schwert vom Pferd herunterzuschlagen oder ihn nachts im Schlaf zu köpfen.

Große Schwierigkeiten entstanden, als die Weißen herausgefunden hatten, wo die Rohseide in Japan zu Garn versponnen wurde. Dies geschah meist in den Gebieten, in denen die Landbevölkerung sich auf die Zucht von Seidenraupen spezialisiert hatte. Die Weißen reisten nun in diese Provinzen und gaben den erschrockenen Bauern zu verstehen, daß sie Rohseidengarn kaufen wollten. Das war nach japanischer Auslegung der Handelsverträge nicht vorgesehen, aber die weißen Kaufleute kümmerten sich nicht um die Proteste der Japaner, sondern transportierten das eingekaufte Garn zum nächsten Hafen, der eine exterritoriale Zone besaß. Sobald sie mit ihren Waren diese Zone erreicht hatten, konnten die Japaner nichts mehr machen, denn innerhalb der exterritorialen Gebiete herrschten die Gesetze der Weißen, und die japanischen Gesetze waren außer Kraft.

Einige Male versuchten die Japaner, die weißen Kaufleute am Abtransport des Garns zu hindern oder die Waren vor Erreichen der exterritorialen Zonen zu beschlagnahmen. Sofort erhoben die diplomatischen Vertretungen der betroffenen westlichen Mächte Einspruch und protestierten laut beim Shogunat wegen der Behinderung des freien Handels.

Bei vielen Japanern verstärkte sich der Eindruck, daß die Exterritorialität der Weißen eine ernicdrigcnde und auf die Dauer für Japan schädliche Einrichtung sei. Die westlichen Mächte hatten sie für sich verlangt, weil, wie sie sagten, dies den internationalen Gepflogenheiten entspräche und unverzichtbarer Teil des freien Handels sei.

Japanische Kaufleute, die Waren an die Weißen verkaufen wollten, mußten diese Waren in die exterritorialen Zonen bringen. Dort wurden sie dann von den Weißen auf Qualität und Gewicht geprüft. Was die Weißen kaufen wollten, wurde aussortiert. Die Preise wurden von den Weißen bestimmt. Sie konnten sogar die ihnen zum Verkauf angebotenen Waren monatelang in den Lagerhäusern der exterritorialen Zonen liegenlassen und bei einem schließlich zustande gekommenen

Kauf dem japanischen Verkäufer die Lagergebühren berechnen. Außerdem hatten die Weißen das unbegrenzte Rücktrittsrecht von allen Kaufvereinbarungen, die sie getroffen hatten. Umgekehrt mußten japanische Kaufleute, die westliche Waren kaufen wollten, auf der Stelle bar bezahlen, bevor die Ware die exterritoriale Zone verließ.

Am stärksten erregte sich die japanische Öffentlichkeit über die Gold-Silber-Geschäfte, die die westlichen Kaufleute abwikkelten. In den Handelsverträgen stand, daß der Wert von Gold und Silber nach dem Gewicht der Barren oder Münzen zu berechnen sei. Viele westliche Kaufleute brachten sofort nach Errichtung ihrer Handelsbeziehungen mit Japan beträchtliche Mengen an Silbermünzen und boten sie den Japanern zum Tausch gegen Gold an. In Japan betrug zu jener Zeit das Wertverhältnis von reinem Silber zu reinem Gold fünf zu eins. Also ließen sich die westlichen Kaufleute ihre Silbermünzen, die meist nur einen verhältnismäßig niedrigen Silbergehalt aufwiesen, im Gewichtsverhältnis fünf zu eins gegen reines Gold umtauschen.

Die Japaner wußten nicht, daß auf dem internationalen Markt das Wertverhältnis Silber zu Gold bei fünfzehn zu eins lag, bis die amerikanische Regierung 1860 dem Shogunat einen Wink gab. Zu diesem Zeitpunkt aber hatte Japan bereits einen Goldverlust von insgesamt achtzehn Tonnen erlitten.

Die Gegner der Öffnung des Landes fühlten sich bestätigt, die Befürworter erniedrigt. Es kam zu Ausschreitungen gegen die englische Botschaft in Edo. Zweimal wurden Schüsse auf sie abgefeuert. Ein für den amerikanischen Konsul Harris als Dolmetscher arbeitender Holländer wurde erschossen. Ein anderer schwerwiegender Zwischenfall ereignete sich 1863 in Yokohama, als der Daimyo von Kagoshima mit seiner Samurai-Leibgarde vorbeizog. Es war strenges Gesetz, daß alle Reiter beim Vorbeizug eines Daimyo vom Pferde steigen mußten. Vier berittene Engländer weigerten sich trotz Mahnung. Daraufhin wurde einer der Engländer von den Samurai getötet, zwei wurden schwer verletzt.

Dies brachte die englische Kriegsflotte auf den Plan. Sie lief in die Bucht von Kagoshima ein – dort wo Franz Xaver mehr als dreihundert Jahre zuvor zum ersten Mal japanischen Boden betreten hatte. Die Engländer verlangten die Auslieferung jenes Samurai, der den Engländer getötet hatte, obwohl die Regierung in Edo inzwischen schon einhunderttausend englische Pfund Entschädigung gezahlt hatte. Der Daimyo von Kagoshima weigerte sich, seinen Gefolgsmann auszuliefern.

Die englische Flotte nahm daraufhin Kagoshima unter Beschuß. Der Versuch des Daimyo, mit seinen Kanonen zurückzuschießen, war kläglich zum Scheitern verurteilt. Kagoshima wurde fast vollständig zerstört. Die Engländer verlangten von dem Daimyo zusätzlich fünfundzwanzigtausend Pfund Entschädigung, die sie auch erhielten.

Seit den Zeiten des Franz Xaver nistete in Kagoshima ein tiefes Mißtrauen gegen die Weißen und gegen die Absichten, die sie verfolgten. Der Daimyo von Kagoshima war häufig als Sprecher derjenigen aufgetreten, die sich gegen die westliche Gefahr und gegen die westliche Überfremdung gewandt hatten. Dort, im äußersten Süden von Kyushu, hatte sich gegen Ende der Edo-Zeit ein Kerngebiet des Nationalismus herausgebildet. Dort vertrat man die Ansicht, daß man alle Ausländer aus Japan vertreiben müsse. Dort setzte man auf den Tenno als Gegenkraft zum Shogunat. Dort wollte man den Tenno als neuen Herrscher an die Spitze des Staates heben.

Die Demonstration der überlegenen Feuerkraft der englischen Flotte und die erniedrigende Erfahrung, wehrlos zu sein, veranlaßte den Daimyo von Kagoshima, seine bisherige Einstellung zu überdenken. Er erkannte, daß die einzige Art, Japan stark zu machen, darin bestand, vom Westen zu lernen.

Wenn man diesen plötzlichen Umschwung nicht versteht,

versteht man einen wesentlichen Aspekt Japans nicht. Viele, aber natürlich nicht alle Japaner, sind gute Verlierer. Wenn diejenigen, die gute Verlierer sein können, merken, daß ein Gegner, den sie unter Einsatz aller Kräfte bekämpft haben, doch stärker ist als sie, verbarrikadieren sie sich nicht hinter dem eigenen Stolz, igeln sich nicht ein und vergraben sich nicht in verbissenen Trotz. Sie sind bereit, mit der gleichen Intensität, mit der sie vorher gekämpft haben, nun vom Gegner zu lernen – damit sie bald so stark werden wie er.

Dahinter steht eine gewisse Sportlichkeit. Der beste Weg für den Verlierer in einem sportlichen Wettkampf besteht ja darin, von seinem Gegner, der ihn besiegt hat, zu lernen, seinen Stil, sein System und seine Methode zu analysieren, sie sich zu eigen zu machen und, wenn möglich, zu verbessern.

Genau diesen Weg beschritt der Daimyo von Kagoshima nach der Niederlage, die die englische Flotte ihm und seinen Samurai-Truppen zugefügt hatte. Statt sich nur zu ärgern, schickte er neunzehn ausgesuchte Söhne der Samurai seines Territoriums nach England zum Studium. Er tat dies ohne Wissen der Regierung in Edo, für die die Ausreise aus dem Land ohne ihre Genehmigung und ohne offiziellen Regierungsauftrag nach wie vor ein todeswürdiges Verbrechen war. Der Daimyo setzte sich darüber hinweg. Unter den Neunzehn, die er nach England entsandte, waren zwei, die in der japanischen Wirtschaft später bis in die Spitzenpositionen großer Konzerne aufstiegen. Einer wurde Außenminister in der späteren Meiji-Regierung, ein anderer Kultusminister.

Gegenüber der Nordspitze von Kyushu liegt am Südwestende der Hauptinsel Honshu die Hafenstadt Shimonoseki. Der dortige Daimyo war ein besonnener Mann. Er war gegen das im Bürokratismus erstarrte Shogunat, das – wie der Abschluß der ungleichen Verträge gezeigt hatte – sich nur noch unter Druck zum Handeln bewegen ließ und dann häufig das Falsche tat.

Der Daimyo von Shimonoseki hatte erkannt, daß dies nur durch eine bessere Information der Japaner über das, was in der Welt geschah, verhindert werden konnte.

Deshalb hatte er schon 1863 ohne Wissen der Regierung in Edo insgeheim fünf ausgesuchte junge Samurai-Söhne aus seinem Territorium zum Studium nach England geschickt. Auch diese Fünf bekleideten später unter dem Meiji-Tenno hohe Positionen in der Regierung – einer als langjähriger, mehrmaliger Premierminister, ein anderer als Außenminister. Von diesem Außenminister stammt der Ausspruch: «Wir müssen es lernen, unter Kristalleuchtern zu tanzen, wenn wir vom Westen gleichberechtigt behandelt werden wollen.»

1863 gaben jedoch einige Hitzköpfe in Shimonoseki aus ihren Kanonen Schüsse auf ein westliches Schiff ab. Daher kam 1864 eine Flotte aus insgesamt sechzehn englischen, amerikanischen, holländischen und französischen Kriegsschiffen vor die Hafeneinfahrt und schoß die Stadt Shimonoseki in Brand.

Die gleichen bösen, erniedrigenden Erfahrungen in Kagoshima und Shimonoseki und die aus diesen Erfahrungen gewonnenen gleichen Erkenntnisse führten zu einem geheimen Pakt einflußreicher Samurai aus diesen beiden Provinzen. Was sie anstrebten, war der Sturz des Shogunats in Edo. Was sie verheimlichten, war, daß sie inzwischen selbst die Öffnung des Landes wollten. Sie gaben sich ultranationalistisch und forderten die Rückkehr Japans zur Kaiserherrschaft, wie das Land sie in der Frühzeit seiner Geschichte, im Altertum, in der Zeit von 700 bis 1100 westlicher Zeitrechnung, gekannt hatte.

Sie wurden zu lauten Fürsprechern der nationalen Sammlungsbewegung, die im Tenno den wahren Anwärter auf die Macht sah. Sie schwiegen zur Frage der Öffnung des Landes oder sagten höchstens, daß so eine wichtige Frage, die die ganze Nation betreffe, nur vom Tenno selbst entschieden werden könne.

Durch dieses Verwirrspiel gelang es jener relativ kleinen

Gruppe Samurai aus Kagoshima und Shimonoseki überall im Lande eine große Anhängerschaft zu gewinnen. Die meisten dieser Anhänger waren Gegner der Öffnung und aus diesem Grunde Gegner des Shogunats in Edo. Sie wollten eine Regierung der nationalen Stärke, die es nicht nötig hatte, sich vor den Ausländern tief zu verbeugen und sich die Bedingungen für den Handel von ihnen diktieren zu lassen. Sie gaben den Handelsverträgen, die das Shogunat beschlossen hatte, die Bezeichnung «Die Kolonialverträge».

Der Tenno in Kyoto lehnte jedoch, obwohl er als Gegenpart des Shogunats diese Sammelbewegung gefördert hatte, die Möglichkeit seiner direkten Beteiligung an der Regierungsgewalt grundsätzlich ab. Er wollte die vor siebenhundert Jahren friedlich vollzogene Trennung zwischen dem Kaiserhaus und der Regierungsgewalt nicht durchbrechen. Er wollte bei dem bisherigen System bleiben, das dem Tenno ein Mitspracherecht gewährte, wenn die jeweilige Regierung ihn um seine Ansicht bat. Dieses Mitspracherecht sollte wie bisher von ethischen Maßstäben und nicht von politisch-militärischer Stärke getragen sein. Nur bei einer solchen Gewaltentrennung sei, so sagte der Tenno, seine Stellung aus den Verflechtungen des politischen Alltags herauszuhalten. Zum Zeichen, daß er trotz abweichender politischer Meinung die bestehende Shogunatsregierung nicht ablösen oder an ihrem Sturz beteiligt sein wollte, hatte er erst 1862 dem amtierenden Shogun seine jüngere Schwester zur Frau gegeben.

Die Tenno-Bewegung allerdings zog ihre Antriebskräfte nicht aus solchen kühlen und im Grunde klugen politischen Überlegungen. Sie war dem Wesen nach romantisch. Sie war in den Jahrzehnten zuvor durch einige Literaturwissenschaftler und Historiker vorbereitet worden, die sich dem Studium der japanischen Mythologie und Geschichte zugewandt hatten. Sie suchten in der fernen Vergangenheit die bessere Zeit, als die

Menschen noch rein und edel waren, dem Göttlichen nahe. Sie stellten diese Vergangenheit in leuchtenden Farben dar. In den Büchern, die sie schrieben, überließen sie es den Lesern, die gedankliche Verbindung zwischen der romantisch verbrämten alten Zeit und der Realität der jetzigen politischen Umstände zu ziehen.

Daraus erwuchs eine von Wunschträumen geprägte nationale und nationalistische Leidenschaft, im Ablauf ähnlich und zeitlich fast genau parallel der Romantik in Europa, die ja ebenfalls nationalistische Züge trug.

In Japan ging die Rückbesinnung auf die alten Quellen mit einer schwärmerischen Bewunderung für das Kaiserhaus einher. Gerade weil sich das Kaiserhaus seit Jahrhunderten aus dem politischen Alltag herausgehalten hatte, verbanden sich mit ihm keine bitteren Gefühle. In seiner Entrücktheit wirkte es unverdorben, gediegen und rein. Es genoß gerade wegen seiner politischen Abstinenz einen hohen Grad von Ansehen. Deshalb – und weil die Weihe der Mythologie hinzukam – projizierten viele Menschen ihre Hoffnungen auf diese Institution.

Die Verfechter der Rückkehr Japans zur Herrschaft des Tenno hielten es nach dem Studium der Mythologie und der alten Geschichte für gerechtfertigt, den Tenno als Japans eigentlichen Herrscher zu betrachten. Seine göttliche Herkunft ließ sich aus den poetischen Schilderungen der Mythologie ableiten, denn in den alten Texten werden die mythologischen Vorfahren des Kaiserhauses als Kinder jenes Götterpaares bezeichnet, das die japanischen Inseln aus dem Chaos der Schöpfung entstehen ließ.

Aus solchen Gedanken sog die politische Tenno-Bewegung ihre zündende Parole, daß der Tenno der direkte Nachfolger der Sonnengöttin Amaterasu sei und daß das japanische Volk ebenfalls auf einen göttlichen Ursprung zurückblicken könne. Als unvermeidbarer Nebeneffekt trat eine emotionell und fast religiös geprägte Ausländerfeindlichkeit hinzu: Japan, das Land der Götter, solle nicht durch Ausländer beschmutzt werden.

Auch diese extreme Einstellung gehört zum Gesamtbild Japans und ist bis heute in vielen Nuancen und Abstufungen latent vorhanden. Um 1860 wurde sie durch die Umstände besonders begünstigt. Sie erwuchs aus dem Gefühl einer Unterlegenheit, die die Japaner nicht akzeptieren wollten oder konnten.

Die Tenno-Bewegung hing gar nicht mehr von der persönlichen Meinung des Tenno ab. Er war längst auch gegen seinen Willen zum Symbol für die Ablösung des Tokugawa-Regimes und für die Erneuerung Japans geworden.

1866 aber starb der erst fünfunddreißigjährige Tenno völlig unerwartet innerhalb einer Nacht. Die Umstände seines Todes sind nie geklärt worden. Gerüchte gingen um, die von Giftmord sprachen. Sein fünfzehnjähriger Sohn trat die Nachfolge an. Seine Herrschaftsperiode, die fünfundvierzig Jahre umspannte, trägt die Bezeichnung Meiji-Zeit.

Im gleichen Jahr 1866 gelang es den westlichen Mächten unter der Wortführung des englischen Botschafters Sir Harry Smith Parkes bei Verhandlungen mit dem Shogunat in Edo eine Änderung der bestehenden Handelsverträge durchzusetzen. Bis dahin war die Höhe des Importzolls, den die Japaner auf Waren aus dem Westen erheben durften, nach Warengruppen verschieden. Die den Japanern zugestandenen Zollsätze betrugen fünf, fünfundzwanzig oder dreißig Prozent. Der englische Diplomat erreichte, daß die Beamten des Shogunats zustimmten, in Zukunft auf alle vom Westen gelieferten Waren eine einheitliche Importsteuer von fünf Prozent zu erheben.

Kaum war dieses Handelsergebnis in Japan bekannt geworden, als der Regierung vorgehalten wurde, daß sie mit der Fünf-Prozent-Klausel eine Regelung unterschrieben hatte, die wortwörtlich aus den Nangking-Verträgen des Jahres 1842 stammte, durch die England nach dem Opiumkrieg seinen Triumph über China besiegelt hatte.

Ein Sturm der Empörung erhob sich. Die Regierung in Edo mußte sich den Vorwurf gefallen lassen, daß sie sich die nationale Souveränität, die in der ursprünglichen Fassung der Handelsverträge schon nicht sehr groß war, weiter hatte beschneiden lassen. Sie hatte auf ein Recht verzichtet – das Recht auf eigene Festlegung der Höhe der Importzölle –, ohne im Gegenzug irgendein Zugeständnis der anderen Seite auf Gleichbehandlung japanischer Exportwaren zu erreichen.

In den letzten Tagen des Shogunats spitzte sich die innenpolitische Lage dramatisch zu. Die miteinander verbündeten Samurai von Kagoshima und Shimonoseki mobilisierten ihre Kräfte und stellten ein Heer auf, um das Shogunat gewaltsam zu stürzen. Eine mit ihnen konkurrierende Fraktion der Tenno-Bewegung betrat die Bühne. Es war eine Gruppierung von Samurai aus Tosa von der Insel Shikoku, jener Hafenstadt, bei der zu Hideyoshis Zeit die spanische Galeone San Felipe gestrandet war, deren Navigator beim Wein zuviel über die Hintergründe der spanischen Kolonialpolitik ausgeplaudert hatte.

Die Tosa-Samurai, die eine parlamentarische Monarchie unter dem Tenno anstrebten, überzeugten den Shogun von der Notwendigkeit, in dieser gespannten Lage freiwillig zurückzutreten. Der Shogun willigte ein. Bevor die Streitkräfte der Samurai aus Kagoshima und Shimonoseki, die schon in Kyoto standen, zuschlagen konnten, erklärte der Shogun im großen Sitzungssaal des Nijo-Schlosses in Kyoto seinen Rücktritt. Die neue Ära, die Meiji-Zeit, konnte beginnen.

Edo wurde in Tokyo unbenannt – östliche Hauptstadt –, und der Tenno zog in den ehemaligen Shogun-Palast ein. Millionen, die glaubten, die neue Regierung des Meiji-Tenno würde jetzt sofort eine Politik der Stärke gegen das Ausland beginnen, sahen sich enttäuscht. Das Kalkül der Samurai von Kagoshima, Shimonoseki und Tosa ging auf. Der junge Tenno erklärte die Fortsetzung der Politik der Öffnung. Er erklärte, daß es notwendig sei, alles Wissen der Welt und alles Können nach Japan zu bringen.

Man begann mit der längst überfälligen Abschaffung der bisherigen Ständegesellschaft. Danach folgte der Ausbau des vorhandenen Schulsystems nach westlichem Muster, die Überleitung einiger vorhandener Schulen in den Status einer Universität. Das alte Shogunatsamt für die Übersetzung ausländischer Schriften wurde zur ersten Kaiserlichen Universität. Andere Universitäten, staatliche und private, kamen hinzu.

Die Regierung holte zahlreiche ausländische Berater und Fachleute ins Land, vorwiegend Ingenieure und Professoren. In den Jahren 1873 bis 1875 stieg ihre Zahl auf über fünfhundert. Allein die Ingenieurgehälter verschlangen mehr als dreiunddreißig Prozent des Jahresetats des für sie zuständigen Ministeriums, dem die Entwicklung des Bergbaus, der Industrie, des Schiffbaus, des Eisenbahnbaus und der Einführung des Telegraphenwesens oblag.

Die weitaus meisten Fachleute kamen aus England. Viele auch aus Frankreich, wenige aus Amerika. Die Deutschen standen bis etwa 1880 an vierter Stelle.

Manchmal war es für beide Seiten nicht einfach, zusammenzufinden. Europäer, die sich von den Japanern verpflichten ließen, hatten anfangs Schwierigkeiten mit ihren Versicherungen, für die Japan ein unbekanntes und daher äußerst gefährliches Land war. Die Versicherungsprämien wurden deshalb etwa so hoch angesetzt, als ob die Versicherten eine Reise zu den Kannibalen unternehmen wollten.

Auch auf japanischer Seite gab es einige Enttäuschungen mit der fachlichen Qualifikation der eingestellten Berater. Nicht alle gehörten zur ersten Garde. Ein Bierbrauer aus Deutschland gab sich für einen Landwirtschafts- und Lebensmittelexperten aus. Die Japaner merkten schnell, daß er keine Vorlesungen halten konnte, aber viel von Hopfen und Malz verstand.

Eine gewisse Berühmtheit erlangte ein französischer Zirkus- clown, der sich als Schiffsbauingenieur hatte anwerben lassen. Die japanische Regierung bezahlte ihm vertragsgemäß ein ganzes Jahr lang sein vereinbartes Gehalt, das höher lag als das eines Ministers, während er die Werftarbeiter mit Possen und Streichen unterhielt.

Meist aber waren es hervorragende Fachleute, die Japan halfen, den Rückstand aufzuholen. Fast alle diese Fachleute berichteten einmütig, wie rasch die Japaner alles Neue aufnah- men und verarbeiteten. Sie berichteten, wie schnell sie den gerade gelernten Stoff in greifbare Ergebnisse umsetzen konn- ten, wie entschlossen sie waren, nichts zu versäumen und das Neueste vom Neuen zu erfahren.

Hier machte sich das Erbe der Edo-Zeit bemerkbar. Trotz aller sozialen und räumlichen Einengung war es doch eine geistig sehr wache Zeit, voller Kontraste und Widersprüche, voller Unruhe und Gärung. Vor allem durch das weitverzweig- te, in vielen Bereichen hochentwickelte Schulsystem, das von der Samurai-Klasse ausgegangen war und dann auch das breite Volk erfaßt hatte, war längst die Voraussetzung geschaffen worden, daß man nach der Öffnung des Landes nicht erst eine gebildete Schicht aufzubauen brauchte – sie stand abrufbereit da.

Außerdem war die technologische Entwicklung des Westens zur damaligen Zeit dem Wissensstand in Japan gar nicht weit voraus. Deshalb konnten die Japaner den Abstand so schnell verringern.

Nach 1880 ging die Zahl der ausländischen Berater in Japan rasch zurück und betrug schließlich nur noch etwa einhundert- fünfzig. Der deutsche Anteil hielt sich konstant bei etwa fünfunddreißig Beratern. Für einige Jahre stieg er im Verhältnis zu dem der anderen europäischen Mächte an die zweite Stelle. Das war darauf zurückzuführen, daß die japanische Regierung große Sympathie für das deutsche Kaiserreich entwickelt hatte.

Die wirtschaftliche, politische und militärische Entwicklung Deutschlands zur Kaiserzeit erschien vielen einflußreichen Regierungsmitgliedern in Japan als leuchtendes Vorbild für den eigenen einzuschlagenden Weg. Deutschland hatte sich unter der straffen preußischen Führung auf dem Schauplatz Europa binnen kurzer Zeit zu einem beachtlichen Machtfaktor entwickelt. Es hatte ein großes Wirtschaftspotential aufgebaut, militärisches Gewicht gewonnen und im Krieg 1870/71 Frankreich besiegt. Es hatte für alle deutlich erkennbar und unmißverständlich seine Stärke gezeigt.

In den politischen Kreisen in Japan verfolgte man mit Interesse, wie sich der Aufstieg Deutschlands vollzogen hatte, wie sich die Deutschen ihren Platz auf der europäischen Bühne erstritten, wie sie sich durchsetzten und wie sie auf Bestrebungen der europäischen Großmächte, Frankreich und England, ihren Aufstieg zu bremsen, mit einer Demonstration der Stärke reagiert hatten. Viele waren beeindruckt davon, daß die europäischen Großmächte Deutschland nach seinem militärischen Sieg sogar zu respektieren schienen.

Die japanische Bewunderung für das deutsche Kaiserreich, die in den siebziger Jahren des vorigen Jahrhunderts aufblühte, wird verständlicher, wenn man weiß, daß die Regierung des Meiji-Tenno sich seit Jahren – seit Regierungsantritt – mit Zähigkeit aber ohne Erfolg um eine Revision der Handelsverträge und vor allem der vom Shogunat so leichtfertig unterschriebenen Fünf-Prozent-Klausel bemüht hatte. Man hatte längst in Erfahrung gebracht, daß die westlichen Mächte, wenn sie untereinander, d. h. unter Weißen, Handelsverträge abschlossen, keine derartigen diskriminierenden Formeln einsetzten. So etwas taten sie nur im Umgang mit farbigen Völkern.

Der Unmut, der sich in Japan einnistete, half mit, die Weichen für Japans Zukunft zu stellen.

Nach der Wende von 1868 waren zunächst viele große Hoffnungen auf eine demokratische und pluralistische Gesellschaft aufgekeimt. England und die englische konstitutionelle Monarchie stellten das Vorbild, dessen Übertragung auf japanische Verhältnisse am ehesten in Frage kam. 1876 schien es fast so, als ob sich die pro-englischen Kräfte in der Regierung durchsetzen könnten.

Was dann aber nach langen internen Auseinandersetzungen im Umkreis des Meiji-Tenno schließlich im Jahr 1889 verkündet wurde, war eine Verfassung, die in wesentlichen Zügen der Verfassung des deutschen Kaiserreichs glich. Sie war das Werk eines deutschen Staatsrechtlers, Karl Friedrich Hermann Roesler aus Priegnitz an der Lauf, der von 1878 bis 1893 auf Einladung der japanischen Regierung nach Tokyo gekommen war, um bei der Ausarbeitung der Verfassung mitzuwirken.

Die Verfassung, die er inspirierte und zu der seine japanischen Mitarbeiter noch einige extreme Gedanken hinzufügten, versah den Tenno mit absolutistischen Vollmachten. Sie schmückte seine Herrschaft in einer Weise aus, die an verblichenes europäisches Gottesgnadentum erinnerte und an das 1888 von der katholischen Kirche verkündete Dogma der Unfehlbarkeit des Papstes.

Die starke demokratische Bewegung, die es zu jener Zeit in Japan noch gab, wurde durch diese Verfassung an den Rand der Bedeutungslosigkeit gedrückt.

Wie beim deutschen Kaiser Wilhelm unterlag fortan in Japan das Heer keinerlei ziviler Kontrolle.

Fünfundvierzig Jahre lang dauerte die Meiji-Ära. Aber erst im vierundvierzigsten Jahr, im Jahre 1911, gelang es der Tenno-Regierung nach zahllosen, zähen und immer wieder ergebnislosen Verhandlungen, jenen noch unter der Shogunatsregierung festgeschriebenen Satz von fünf Prozent Importzoll auf alle vom Westen nach Japan importierten Waren aus den ungleichen Handelsverträgen zu entfernen.

Es hatte nichts geholfen, daß die Regierung in Tokyo einen luxuriösen Ballsaal im Wiener Stil errichtet hatte, in dem japanische Diplomaten, Minister, hohe Regierungsbeamte, Mitglieder des Hofamtes und der kaiserlichen Familie Abend um Abend in großer Garderobe mit westlichen Diplomaten, westlichen Kaufleuten, westlichen Besuchern und Staatsgästen unter Kristalleuchtern Walzer tanzten.

Es hatte nichts geholfen, daß fast die ganze japanische Oberschicht sich in Kleidung, Eßgewohnheiten und Gebärden den westlichen Vorbildern anglich. Die Herren gingen nur noch im Frack mit steifem Zylinder. Die Frauen zeigten sich in der Öffentlichkeit in Kleidern aus Brüsseler Spitze und Satin.

Es hatte nichts geholfen, daß überall im Land christliche Missionsschulen eingerichtet wurden, in denen ein steigender Anteil der japanischen Jugend seine Erziehung erhielt. Die westlichen Mächte waren nicht bereit, der längst überfälligen Revision der alten Handelsverträge zuzustimmen und die Fünf-Prozent-Klausel zurückzunehmen.

Das, was schließlich half, war die Demonstration der militärischen Macht Japans durch den Sieg über Rußland im russisch-japanischen Krieg. Danach war der Weg frei für die letzte Revision der ungleichen Verträge.

Durch diese Offenlegung der Verquickung von Handel und Gewalt wurden alte Erinnerungen geweckt.

21   Visionen

Im Nordosten von Kyoto, wo im Sommer die Sonne aufgeht, erhebt sich der Berg Hiei. Seine dreieckige Spitze bildet den höchsten Punkt der Bergkette, die sich östlich unmittelbar an die Stadt anschließt. In den bewaldeten Hängen verstecken sich alte buddhistische Tempel, deren schwere Gongschläge manchmal abends, wenn die Schatten der Nacht sich schon über die Stadt legen, von der stillen Luft herübergetragen werden.

Von dem Haus aus, in dem ich aufwuchs, sieht man weit über die Stadt. Das Dächermeer wirkte damals grau wie altes Zinn. Im Winter lag oft Schnee auf den Höhen der östlichen Berge. Ab und zu reichte der weiße Anflug bis hinab in die Stadt. Dann lag auch bei uns vor dem Haus eine alle Geräusche dämmende Schicht Schnee. Die Nadeln der Kiefern trugen ihn wie Flaum. Auf den immergrünen Blättern der Azaleen bildete er weiche Polster. Das geschwungene Dach des Shinto-Schreins zeichnete sich stärker als sonst gegen den Hintergrund der ihn umstehenden Bäume ab. Wenn mein Vater zum Altar des Shinto-Schreins hinging, hüpfte ich als Kind oft um ihn herum. Auf dem Rückweg sahen wir dann unsere Fußspuren – seinen geraden, ruhigen Schritt und die unsteten Fußstapfen, die ich im Schnee hinterlassen hatte.

Im Frühjahr schmückte sich der Hügel, auf dem unser Haus liegt, mit tausend blühenden Kirschbäumen, und auch auf der anderen Seite der Stadt, auf den Hängen der östlichen Berge, leuchteten die Kirschbäume wie weiße Tupfer auf.

Im Sommer, wenn die aus der Stadt aufsteigende heiße Luft zu flimmern begann, schrillten von überall her die Zikaden, und die Stadt schien seltsam weit entfernt. Der Talwind, der auf der Südseite des Hügels durch den Bambushain zog, erzeugte ein kühles Rascheln.

Im Herbst überstürzten sich die Farben. Sie reichten vom hellsten Dottergelb der Ginkgobäume bis zum Scharlachrot des Ahorns und zum Rostrot der Eichen. Das satte Grün der Kiefern wirkte dazwischen fast wie Schwarz.

Wenn ich heute nach Kyoto zurückkehre und vor meinem alten Zimmer auf der umlaufenden Veranda sitze, fallen mir Jahr um Jahr aufs neue die Wandlungen auf, die sich im Stadtbild vollzogen haben. Noch immer wirkt das Dächermeer wie graues Zinn, aber darunter haben sich Dachflächen gemischt, die mit azurblauen und zinnoberroten Ziegeln gedeckt sind. Einige weiße Hochhäuser sind entstanden, acht bis zehn Stockwerke nur.

Sie rücken immer näher an das dunkelgrüne Geviert des alten Kaiserpalastes heran und markieren südlich davon in der Ferne die Stelle, wo das Geschäftszentrum von Kyoto liegt.

Der Lärm der Stadt ist lauter geworden. Er wird nicht mehr so wie früher von den Bäumen abgefangen, die auf den Hängen des Hügels wachsen und die einen Schutzwall um den Shinto-Schrein und um unser Haus ziehen.

Unten am Fuß des Hügels herrscht in den zumeist engen Gassen fast den ganzen Tag über bis in die Abendstunden hinein ein ständiges Kommen und Gehen. Die Gemüse-, Obst-, Fisch- und Fleischhändler legen ihre Waren vor den Geschäften aus, die oft nicht mehr sind als ein kleiner Innenraum, an den sich ein Lagerraum mit Kühlmöglichkeiten und vielleicht die Wohnräume der Familie angliedern.

Fast überall, in jedem fünften oder siebten Geschäft steht vorne auf der Theke ein rotes Telephon, von wo aus man für zehn Yen in die Stadt telephonieren kann. Ziemlich häufig schiebt sich ein Auto oder ein Taxi durch die Gassen. Besonders schmal gebaute Lieferwagen bringen Waren zu den Geschäften, oder ein Motorrad knattert vorbei.

Hier und da haben sich Supermärkte gebildet, die aber hier keine Supermärkte im westlichen Sinn sind, sondern Zusammenschlüsse von zehn oder zwanzig kleinen Ladenbesitzern, die dort, wo vorher ihre Geschäfte standen, eine gemeinsame Verkaufshalle errichtet haben. In der Gasse davor rufen Bäuerinnen im blauen baumwollenen Arbeitskimono, die aus den nahe gelegenen Dörfern gekommen sind, ihre Waren aus. Sie haben Gemüse und Obst auf der Pritsche ihrer Kleinlieferwagen ausgebreitet. Die Bäuerinnen tragen fast wie ein Standeszeichen ein weißes Baumwolltuch mit aufgedrucktem Namen um den Kopf. Sie ziehen das Tuch meist so weit in die Stirn, daß man ihre Augen nicht sieht. So schützten sich die Bäuerinnen schon immer bei der Feldarbeit im Sommer vor der steil von oben einfallenden Sonne.

Zwischen die Lebensmittelgeschäfte und Marktstände eingestreut sind kleine Restaurants, chinesische, koreanische, japanische, hier und da ein Friseurladen, ein Elektro- und Elektronikgeschäft, ein kleiner buddhistischer Tempel, eine Drogerie, ein Papiergeschäft, ein Textilladen oder eine Post, die auch in Form eines kleinen Familienunternehmens betrieben wird. Alle wetteifern miteinander, aber nicht in einer verbissenen Art. Damit würde man in Japan nur die Kunden vertreiben. In der Post an der einen Ecke wird man freundlicher bedient als in der Post an der anderen Ecke. Also geht man dorthin, wo es angenehmer ist, ein paar Briefmarken zu kaufen oder die Ersparnisse auf das Postsparbuch einzuzahlen. Die Konkurrenz wird durch kleine Werbe- oder Dankesgeschenke belebt – hier ein Taschentuch aus Frottee, dort eine Schachtel Papierwischtücher, eine kleine Rolle Familienhaushaltsfolie, ein schön eingepacktes Stück Seife. Alles ist schön eingepackt.

Die Verpackungskunst hat in Japan eine lange Tradition. Es gibt Hunderte von ansprechenden Einschlagpapieren, Hunderte verschiedener Kästchen und kleiner Schachteln aus Holz, Pappe oder Bastgeflecht, oft kunstvoll bedruckt, mit Baumwollstoff oder Seide überzogen. In ihnen lebt eine aus der frühen Edo-Zeit stammende Heimindustrie fort. Sie bietet vielen Frauen, die nicht in einem festen Berufsverhältnis stehen, eine zusätzliche Einnahmequelle.

Es geht immer darum, sich mit neuen Einfällen auf dem engen Markt zu behaupten und gleichzeitig preislich wettbewerbsfähig zu bleiben. Es geht darum, die Aufmerksamkeit der Kunden auf sich zu lenken, sie zu fangen und sie zu binden, indem man ihr Vertrauen gewinnt.

Diese vibrierende, gleichzeitig aber auch kaufmännisch solide Atmosphäre bestimmt das japanische Geschäftsleben – nicht nur in den engen Gassen eines alten Stadtviertels in Kyoto, wo sich die kleinen Läden dicht an dicht drängen, sondern auch im Wirtschaftszentrum von Tokyo, wo sich auf erdbebengefährdetem Grund die stählernen Hochhäuser der Konzerne und großen Handelsgesellschaften erheben. In ihren Glasfassaden spiegelt sich der auf hochgeführten Autobahnen durch die Multimillionenstadt flutende Verkehr. Auch in diesen Kolossen wird nichts anderes getan als das, was die kleinen Geschäftsleute in den noch nicht in Stahl und Glas aufgeforsteten Stadtvierteln rundum tun. Sie ringen miteinander um jedes Prozent Marktanteil – weltweit und auf dem japanischen Binnenmarkt. Sie tun es durch immer besser ausgebildete Mitarbeiter, durch Mehreinsatz ihrer Phantasie, durch Mobilisierung innerer Kräfte, durch Produktverbesserungen, durch Rationalisierung der Arbeitsabläufe, durch immer umfassendere Informationssysteme.

«Die Mitarbeiter sind das höchste Kapital der Firma, vom kleinsten Kommis bis zur rechten Hand des Firmenchefs», schrieb der alte Mitsui um 1686. Das von ihm gegründete Handelshaus ist heute nur eines von neun großen Handelsgesellschaften, über deren Kontore insgesamt fast dreißig Prozent des japanischen Bruttosozialproduktes fließen. Sie wickeln mehr als die Hälfte aller Importe und Exporte ab – im Wert von umgerechnet fast tausend Milliarden Mark.

Es stimmt nicht, was man gelegentlich im Westen hört, daß alle japanischen Großfirmen und Handelsgesellschaften zusammen so etwas wie eine nationale Dachgesellschaft bilden und in einer konzertierten Aktion auf die Eroberung der Weltmärkte aus seien.

Die Konkurrenz der japanischen Firmen untereinander ist besonders hart. Sie stacheln sich gegenseitig an. Ihre Wirtschaftserfolge beruhen nicht nur auf barem Kapital und Kapitalrücklagen, nicht nur auf Rationalisierung und Automatisierung, eigentlich auch nicht auf der protektionistischen Haltung der japanischen Regierung – die es zweifellos gibt –, sondern viel eher auf dem menschlichen Kapital, das sie innerhalb ihrer Firmenhierarchien aufgebaut haben.

Wenn es so etwas wie eine konzertierte Aktion gibt, dann spielt sie sich auf einer viel tieferen Ebene ab. Sie wirkt dort, wo im täglichen Leben die Arbeit getan wird.

Im Westen ist unter dem Einfluß der Bibel die Arbeit eine dem Menschen als Strafe auferlegte Tätigkeit. Der biblische Gott ahndete, wie es in der Genesis steht, den Ungehorsam Adams und Evas mit der Vertreibung aus dem Garten Eden.

Er verfluchte den Ackerboden, von dem sie sich ernähren müssen. Er ließ Dornen und Disteln auf ihm wachsen. «Im Schweiße deines Angesichts», sprach er zu Adam, «sollst du dein Brot essen.»

An Stelle des göttlichen Fluchs, der den Ackerboden und die Arbeit traf, steht in Japan eindeutig die Vorstellung – tief im Shinto-Glauben verwurzelt –, daß die Fruchtbarkeit des Bodens ein göttliches Geschenk sei und gleichzeitig eine Verpflichtung für die Menschen. Den Boden, den man bestellen könnte, unbestellt zu lassen, ist Sünde.

So wie im Westen trotz der stark nachlassenden Frömmigkeit die Einstellung zur Arbeit aber immer noch alttestamentarisch ist, so wirkt im modernen Japan die aus mythologischer Zeit stammende positive Einstellung zur Arbeit unverändert weiter. Arbeit zu verrichten ist einfach innere Verpflichtung. Arbeit wird nicht als Strafe empfunden. Sie ist ein integraler Teil des Lebens, den man akzeptiert. Arbeit ist etwas, von dem eine große Befriedigung ausgehen kann. Arbeit ist fast eine Art Gottesdienst. Am schlimmsten sind diejenigen dran, die keine Aufgabe im Leben haben.

Die Selbstverpflichtung, die aus der Arbeit erwächst, ist nicht auf eine kleine geistige oder künstlerische Elite beschränkt – so wie in Europa. In Japan ist sie breit gefächert.

Bei meinem vorletzten Besuch in Tokyo mußte ich meine Laufschuhe zur Schuhreparatur bringen, weil die Sohlen verschlissen waren. In einem Kaufhaus in der Nähe der Ginza sah ich in der Ecke ein Schild.

«Mister Minute» stand darauf. Ein etwa dreißigjähriger Mann mit blauer Schuhmacherschürze bot dort seine Dienste an und versprach auf dem Schild, das über seinem Arbeitsplatz hing, daß er jedes Paar Schuhe in zehn Minuten reparieren würde. Ich zog meine Schuhe aus und reichte sie ihm über die Theke.

«Das sind keine japanischen Schuhe», sagte er mit fachkundigem Blick.

«Ich habe sie in Deutschland gekauft.»

Er begann an den Sohlen zu arbeiten. Er mußte sie lösen, die neugeschaffene Klebefläche reinigen, glätten und wieder aufrauhen. Der «Mister Minute» arbeitete voller Konzentration und mit sicherer Hand, sprang von Maschine zu Maschine, und trug schließlich dünn den Klebstoff auf. Inzwischen hatten sich schon einige andere Kundinnen eingefunden. Eine brachte eine Tasche voll mit Schuhen der ganzen Familie. Der Schuhmacher nahm die Bestellung auf, nagelte schnell zwei Absätze für einen Kunden, verkaufte zwischendurch ein Paar Schnürsenkel und versprach mir: «Nur noch fünf Minuten.»

Aber es wurde mehr als eine halbe Stunde daraus.

Sein Klebstoff wollte nicht haften. Er mußte die frischaufgeklebten Sohlen wieder abreißen, alles reinigen, in seiner Schublade nach einem anderen Kleber suchen. Er schnitt von Hand ein neues Sohlenpaar. Als er sie aufgeklebt hatte – diesmal hafteten sie unverrückbar –, merkte er, daß eine Sohle nicht ganz sauber saß. Sie stand auf einer Seite vielleicht einen Millimeter vor. Er versuchte, sie von Hand und auf der Maschine zurechtzuschieben, war aber offensichtlich nicht zufrieden mit dem, was er fertiggebracht hatte. Er ließ keine Spur von Gereiztheit oder Gehetztsein erkennen, obwohl inzwischen hinter mir schon wieder drei neue Kunden und Kundinnen warteten. Schließlich gab er mir, nachdem fast eine dreiviertel Stunde vergangen war, die Schuhe zurück.

«Es ist mir nicht gut gelungen», sagte er.

«Wieviel schulde ich Ihnen?»

«Nichts.»

«Aber das geht doch nicht... Sie haben soviel Zeit...»

«Es ist nicht meine Art», sagte er, «eine unsaubere Arbeit abzuliefern – und dann noch Geld dafür zu verlangen.»

«Aber die Sohlen sitzen doch perfekt.»

«Nein, sie sitzen nicht perfekt... Entschuldigen Sie mich bitte», sagte er mit leiser Stimme und wandte sich der nächsten Kundin zu.

Diese Identifizierung mit der Aufgabe ist etwas, was man in Japan noch häufig antrifft. Sie ist nicht begrenzt auf irgendeinen Berufsstand oder auf eine soziale Schicht. Sie durchdringt alle Schichten. Sie ist aber nicht nur ein Ausdruck für die fast religiöse Bejahung der Arbeit an sich, sondern auch ein Ausdruck für jene unbeschwerte Einordnung in die hierarchischen Strukturen.

Jede Gesellschaft ist unvermeidbar hierarchisch gegliedert. Für Japaner – für die meisten wenigstens – gilt es als selbstverständlich, daß sie den Platz ausfüllen, den sie innerhalb einer solchen Struktur gerade einnehmen. Es kommt ihnen kaum in den Sinn, gegen die Tatsache aufzumucken, daß es hierarchische Strukturen gibt. Solche Strukturen werden als unvermeidbarer Bestandteil der menschlichen Gesellschaft akzeptiert.

Die Ehrgeizigen, die in den Firmen aufsteigen wollen, müssen den Spielregeln folgen. Sie müssen zuerst in ihrem Umfeld einen Fundus von Vertrauen schaffen, über den der Aufstieg in die nächsthöhere Stufe erfolgen kann. Dies ist möglich, weil in allen japanischen Organisationen das Senioritätsprinzip gilt. Es gibt keine Blitzkarrieren. Man sagt, jeder müsse sich zuerst zehn, wenn nicht sogar fünfzehn Jahre lang in allen Bereichen einer Firma bewähren, bevor er die Qualifikationen zur Übernahme einer leitenden Position erwerben kann. Der Aufstieg ist ein langsamer Prozeß wie das Wachsen eines Baumes. Ehrgeiz, der übers Ziel hinausschießt, führt in Japan nicht zu einem höheren Rang.

Kein junger dynamischer Mann gelangt in irgendeiner Firma oder Behörde an die Spitze einer Abteilung, in der andere arbeiten, die älter sind als er. Das würde gegen elementare Regeln verstoßen. Es würde das System des stufenweisen Aufstiegs durcheinanderbringen. Es würde alle anderen zurücksetzen, die sich zäh die Stufenleiter hocharbeiten und die sich auf jeder Stufe nach bestem Vermögen mit der ihnen zugeteilten Aufgabe identifizieren. Sie würden anfangen, die Lust an der Identifikation zu verlieren. Sie würden anfangen, die Hierarchie zu verneinen. Sie würden anfangen, sich zu fragen, warum sie überhaupt bisher so treu gearbeitet haben.

Umgekehrt ist zu sagen, daß dynamische Naturen es in Japan besonders schwer haben – Naturen, die ungeduldig sind, die eigene, unkonventionelle Ideen haben und die sich nicht in ein System einordnen wollen, das ihnen enge Fesseln auferlegt.

Man findet solche Menschen am ehesten in den freien Berufen, wo sie ihr eigener Herr sind, in der Kunst, besonders in der Malerei, unter Schriftstellern und Kritikern, unter Architekten, Ärzten, Fotografen, Filmemachern, Werbefachleuten, Modeschöpfern und im Showbusiness.

An den Universitäten findet man weniger unabhängige Geister. Die Tradition der Edo-Zeit, Bildung nicht nur als einen Weg zum beruflichen Aufstieg, sondern auch als intellektuelle Befriedigung zu betrachten, ist verbraucht. Japan hat den vielversprechenden Anfang der Meiji-Zeit in Richtung auf eine wirkliche geistige Öffnung nicht durchgehalten.

Diejenigen westlichen Mächte, deren demokratisches Selbstverständnis und eigenes demokratisches Gesellschaftssystem vielen Japanern damals als Vorbild galt – England und Amerika – trieben das Land durch ihr kurzsichtiges Gewinndenken, durch das Festhalten an den ungleichen Verträgen, in die Arme jener ultranationalistisch-militärisch gesonnenen Kreise, denen liberales Denken verdächtig war. Sie wollten keinen unruhigen Geist im Lande dulden. Sie wollten einen starken Staat und versuchten, dies auf dem Verordnungswege zu erreichen. Wer unabhängig dachte, wurde als Störfaktor empfunden. Durch die Verfassung von 1889 erlitt das freie Erziehungswesen in Japan irreparable Schäden.

Nach dem verlorenen Zweiten Weltkrieg, nach 1945, blühte die Hoffnung auf eine durchgreifende Erneuerung nicht nur der politischen Strukturen, sondern auch der geistigen Dimensionen, neu und heftig auf. Die neue Verfassung, die die Handschrift der Amerikaner trug, setzte den Tenno wieder dorthin, wo er vordem siebenhundert Jahre lang gesessen hatte: Auf das Podest des symbolträchtigen Hüters der Kontinuität ohne direkten Einfluß auf das politische Alltagsgeschehen.

Die neue Verfassung wollte auch die Grundlage für ein chancengleiches Bildungssystem für jedermann in Japan legen.

Ich bin in den fünfziger Jahren in Kyoto in die Oberschule gegangen. Das war eine wunderschöne Zeit. Ich besuchte die unter christlicher Leitung stehende Doshisha-Schule, die zu Beginn der Meiji-Zeit, im Jahre 1875, von einem japanischen Protestanten gegründet worden war.

In den fünfziger Jahren knüpfte man dort – wie auch in vielen anderen ähnlichen Privatschulen – an die in den davorliegenden Jahrzehnten zwar nicht ganz unterbrochene, aber doch stark eingeengte Tradition der Gründungszeit an. Es wurde gelehrt zu denken und kritisch zu sein. Es wurden Zusammenhänge deutlich gemacht, Querverbindungen gezogen und der Mut zur eigenen Stellungnahme gefördert.

Es wurde geübt, Aufsätze und Essays zu schreiben. Es wurden scharfe Zensuren gegeben, aber eigenwilliges und eigenständiges Denken stand hoch im Kurs.

Leistung wurde von der Schulleitung öffentlich honoriert. Jedes Jahr gab es mehrere Wettbewerbe in allen Fächern. Für die ersten Plätze gab es kleine Sachgeschenke – ein Fremdsprachenwörterbuch, ein Lexikon, einen Kalligraphiepinsel, einen Malkasten mit Aquarellfarben, einen Weltatlas, Kunstbücher über die französischen Impressionisten, Bücher über die Griechen und Römer der Antike, über Pascal, Descartes, Übersetzungen von Heine, Maupassant, André Gide, englische Ausgaben von Shakespeare, Coleridge, Bernard Shaw.

In den öffentlichen japanischen Schulen begann damals aber schon eine Entwicklung, die dem, was viele private Schulen zu erreichen suchten, zuwiderlief. Die nach dem Krieg rasch sehr mächtig gewordene Lehrergewerkschaft forderte die vollkommene Abkehr von allen Fehlern, die in der Vergangenheit begangen worden waren. Sie wollte erreichen, daß es nie mehr einen Rückfall in einen faschistoiden Nationalismus gäbe, daß militaristisches Denken an der Wurzel ausgemerzt würde, daß Freiheit und Gleichheit in die japanischen Schulen einzögen.

Es war eine große, gutgemeinte Friedensbewegung, die der Versuchung erlag, alles, was vorher gewesen war, pauschal zu verdammen, ohne zu jener Zeit eine brauchbare Lösung für die anstehenden Probleme des Schulbetriebs vorschlagen zu können.

Die Lehrer sollten die schulische Disziplin abbauen, weil sie die Persönlichkeitsentfaltung der Kinder behindere. Die Kinder sollten nicht einen vorbehandelten Stoff auswendig lernen, sondern Anleitung zum selbständigen Lernen erhalten. Gleichzeitig sollten sich die Lehrer vor subjektiven Maßstäben bei der Beurteilung der Leistungen der Schüler hüten, denn eine solche Subjektivität schaffe Ungerechtigkeiten und zerstöre das demokratische Bewußtsein in der Klassengemeinschaft.

Die Gewerkschaft, die für einen großen Teil der Lehrerschaft in den öffentlichen Schulen sprechen konnte, bemühte sich, die Lehrer davon zu überzeugen, daß sie in ihrem Beruf nichts anderes sehen sollten als eine werktägliche Achtstundenarbeit, für die ihnen der Staat eine angemessene Entlohnung zu zahlen habe. Ein inneres Engagement brauche nur innerhalb des Achtstundentags zu erfolgen. Jeden Mehraufwand an Zeit müsse man in Form von Überstundenzahlungen vom Staat zurückfordern, denn der Lehrberuf dürfe nicht schlechter – aber auch nicht besser – angesehen werden als jeder andere Arbeitsberuf.

Diese aus gewerkschaftlicher Sicht gutgemeinten Bestrebungen haben in Japan zu einer weitgehenden Zerstörung des Berufsethos in der Lehrerschaft geführt.

In den späten vierziger Jahren war gemäß der neuen Verfassung das Schulsystem vollständig neu geordnet worden. Es ging darum, in Erweiterung der Pflichtschuljahre alle bisher bestehenden Mittel-, Real-, Berufs- und Fachschulen in das einheitliche System der Gesamtschulen zu überführen, von dem man sich eine größere Chancengleichheit versprach. Dieses neue System mußte erst anlaufen.

Gleichzeitig wurde die Zahl der Universitäten von vorher etwa fünfzig auf fast siebenhundert erhöht, denn die akademische Bildung sollte ihren elitären Beigeschmack verlieren. Zahllose Schulen der mittleren und höheren Ausbildung, wie pädagogische Hochschulen, Fachoberschulen, Haushaltsfachschulen, Ingenieurschulen, Kunstakademien, Musik- und Ikebanaschulen, wurden zu Universitäten erklärt. Viele Neugründungen kamen in den fünfziger, sechziger und siebziger Jahren hinzu, so daß die Zahl der Lehrinstitute in Japan, die den Namen Universität tragen, inzwischen auf etwa eintausend angestiegen ist. Die Qualität des Lehrangebots leidet natürlich darunter.

Eine unvermeidbare, von den Initiatoren dieser Entwicklung nicht vorausgesehene und wohl auch nicht angestrebte Konsequenz war die fast vollständige Bürokratisierung des japanischen Bildungswesens.

Es begann damit, daß der Staat der gewerkschaftlich so stark organisierten Lehrerschaft an den öffentlichen Schulen ein festes Korsett von Reglements verpaßte, um die ständigen Streiks zu unterbinden, die in den fünfziger und frühen sechziger Jahren den Schulbetrieb so oft lahmgelegt hatten. Die Lehrerschaft war dadurch in das Kreuzfeuer der öffentlichen Kritik geraten. Deshalb hatte es die Regierung recht leicht, auf dem Verordnungswege die Lehrer zu knebeln. Unter dem Schlagwort, daß der Lehrerberuf – wie auch alle anderen Berufe im Staatsdienst – eine Grundlage zur objektiven Leistungsbewertung brauche, wurden Fluten von Formularen in Bewegung gesetzt, auf denen alle Lehrer Stunde um Stunde Rechenschaft über ihren Arbeitstag und über den Erfolg ihrer Arbeit ablegen mußten.

Die Erfolgsbemessung führte in den Schulklassen dazu, daß sich der Unterricht auf die Vermittlung abzufragender Sachinhalte reduzierte. Der Staat schrieb eine bestimmte Anzahl von

Klassentests vor. Jeder Lehrer mußte jede Woche, jeden Monat, jedes Semester, jedes Jahr die Noten aller Schülerinnen und Schüler aufzeichnen, am schwarzen Brett in der Klasse anschlagen und der Schulleitung zur Weitervermittlung an die übergeordnete Schulbehörde übergeben. So kam das Elitedenken, das man überwunden glaubte, durch die Hintertür ins Schulsystem zurück.

Der Staat selbst nahm als Anwärter für den gehobenen Staatsdienst, insbesondere für den Eintritt in die drei wichtigsten Ministerien – Wirtschafts-, Finanz- und Außenministerium –, nur Absolventen der am höchsten angesehenen sogenannten Elite-Universitäten auf. Als solche gelten heute fast nur mehr die beiden ehemaligen Kaiserlichen Universitäten von Tokyo und Kyoto, die «Todai» und «Kyodai», wie sie von vielen Japanern mit weihevoller Betonung genannt werden.

Auch die öffentlich-rechtliche Rundfunk- und Fernsehanstalt NHK füllt ihre Reihen bevorzugt mit Absolventen der Todai und Kyodai. Die großen Konzerne, Handelshäuser und Banken, die ein sehr hohes Prestige genießen und ihrerseits sehr prestigebewußt sind, folgten den staatlichen Vorbildern und ließen eine unverhüllte Vorliebe für Todai- und Kyodai-Absolventen erkennen.

Das führte zu einem ungeheuren Andrang an diese beiden und einige wenige andere angesehene Universitäten, denn das Berufsleben für fast alle Japaner wird in dem Augenblick entschieden, in dem sie nach dem vierjährigen Studium in eine Firma eintreten. Um in den richtigen Startlöchern zu stehen, muß man die «richtige» Universität besucht haben. Um in die «richtige» Universität hineinzukommen, muß man die Hürde der Aufnahmeprüfung nehmen. Die Aufnahmeprüfungen aber dienen hauptsächlich zur Begrenzung der Studentenzahl.

Um die Aufnahmeprüfungen bestehen zu können, muß man die geeignete Oberschule besuchen, die ihren Lehrbetrieb darauf ausgerichtet hat, daß ein möglichst hoher Prozentsatz ihrer

Absolventen beim ersten Anlauf den Sprung an eine Elite-Universität schafft. Solche Oberschulen genießen ein hohes Prestige und müssen sich ihrerseits durch harte Aufnahmeprüfungen gegen den Ansturm der zwölf- bis dreizehnjährigen Oberschulanfänger wehren.

Wer nach dem Abitur den gewünschten Sprung an die Elite-Universität nicht schafft, kann nach ein- bis mehrjähriger Vorbereitungszeit in einer Vorbereitungsschule zur Aufnahme an eine Elite-Universität einen neuen Anlauf unternehmen. Solche Vorbereitungsschulen sind inzwischen zahlreich geworden und werden durch Nebenschulen ergänzt, die die Schülerinnen und Schüler schon neben der laufenden Schule auf spätere Leistungsprüfungen vorbereiten. Diese Nebenschulen bestehen bereits als Ergänzungsschulen für Volksschulkinder, denn eine im Alter von zwölf bis dreizehn Jahren gutgenommene Hürde – eine bestandene Aufnahmeprüfung in eine «richtige» Oberschule – bringt zukünftige Eliteaspiranten auf die «richtige» Bahn.

Was ich noch aus meiner Schulzeit kenne – der Mut zum eigenen Denken, der zugleich das Risiko zur Subjektivität einschließt – ist aus der heutigen Schulszene Japans fast völlig verschwunden. Auch die Privatschulen werden vom Sog der großen Masse mitgerissen. Da sie hohe, zum Teil sehr hohe Gebühren für den Unterricht erheben müssen, um sich zu erhalten, unterliegen sie im besonderen Maße dem Wettbewerbsdruck. Um Schüler anziehen zu können, müssen sie eine hohe Erfolgsrate ihrer Schulabgänger beim Sprung in die renommierten Universitäten vorweisen können.

Was heute unter dem Überbegriff «Objektivität und Sachlichkeit» an den japanischen Schulen gelehrt wird, ist eine Akkumulation von Sachinhalten, Daten, Fakten. Kritische Stellungnahme dazu ist nicht gefragt, denn sie ist nicht objektiv bewertbar. Bewertbar sind Fragen, auf die die Antworten ja oder nein lauten, falsch oder richtig. Bewertbar sind korrekte Namensangaben, Ortsangaben, Höhen und Breitengrade bei geographischen Themen. Bewertbar ist die grammatikalisch richtige Übersetzung eines Fremdsprachentextes. Bewertbar ist die richtige Lösung einer mathematischen Aufgabe.

Die Geschichte gerinnt zu einer dürren Faktensammlung. Man lernt, daß es einmal die Großen Wirren gegeben hat, daß dann Oda Nobunaga kam, der sie beendete. Man lernt, daß er die mächtige Tempelanlage des buddhistischen Tendai-Ordens auf dem Berg Hiei verbrannte. Man lernt, daß nach ihm Hideyoshi kam, der einen Krieg in Korea führte. Man lernt, daß mit Ieyasu die Zeit der Tokugawa-Shogune begann und daß sie das Land in Isolation hielten. Als Randerscheinungen im Strom der japanischen Geschichte tauchen die Silhouetten einiger christlicher Patres auf, die die damalige europäische Kultur nach Japan brachten, dann aber wieder weggejagt wurden.

Nichts darüber, warum dies alles geschah, welche Zwangsläufigkeiten dahinter standen, welche Querverbindungen es zwischen der japanischen und der europäischen Geschichte gibt, welche Kontraste, welche Konflikte, welche Gemeinsamkeiten. Nichts über Erfahrungen, Erinnerungen und daraus zu gewinnende Erkenntnisse.

Was als Leistungskriterium gilt, ist die Schnelligkeit, mit der die richtige Lösung gefunden wird. Es geht um Sekunden und Sekundenbruchteile. Das läßt sich trainieren wie beim Leistungssport. Je früher das Gehirn das Training beginnt, um so besser sind die Chancen einer guten Plazierung bei der Endausscheidung. Sieger wird, wer die blitzschnelle Abrufbarkeit seines Sachwissens am besten geübt hat. Die Konkurrenz ist messerscharf. Inzwischen absolvieren in Japan in jedem Jahrgang rund neunzig Prozent der Schulabgänger ihr Abitur und fast die Hälfte von ihnen besucht anschließend für zwei oder vier Jahre eine der fast tausend Universitäten. Dann drängen sie ins Berufsleben.

Wer von einer der Elite-Universitäten kommt, hat es leicht, eine gute Stelle zu finden, in der sich Prestige mit Sicherheit verbindet. Die anderen müssen versuchen, sich so gut zu plazieren wie es nur geht. Ein späterer Wechsel der Firma ist zwar nicht unmöglich, bedeutet aber immer eine Zurückstufung, denn in keiner Firma kann man als Neuankömmling in einer mittleren oder gar höheren Position anfangen. Jeder muß auf der untersten Stufe beginnen und sich stetig hocharbeiten.

Es ist charakteristisch für die Japaner, daß sie sich gegenseitig nie fragen: «Was für einen Beruf haben Sie?» Ihre Frage ist immer: «Wo sind Sie angestellt?» Das individuelle Gesicht verschmilzt mit dem Gruppenbild. Der Wert des einzelnen mißt sich am Prestige der Gruppe. Umgekehrt leuchtet das Prestige der Gruppe über alle, die ihr zugehören, und umgibt sie mit einer Art Glorienschein.

Das ist aber nichts spezifisch Japanisches. Man findet es auch anderswo. Frankreich besitzt seine Grandes Écoles, England hat Oxford und Cambridge, Amerika seine prestigeträchtigen Universitäten der Ivy League. Wer aus solchen Hohen Schulen kommt, findet viele offene Türen, wenn es um Berufswahl, um Aufstieg und Fortkommen geht.

In Japan ist alles nur extremer. Das Konkurrenzempfinden ist jedoch keine Begleiterscheinung der neuen Zeit und keine Folge der Technisierung des Lebens. Schon in den frühen Berichten der Jesuiten aus der Mitte des 16. Jahrhunderts heißt es ja: «Überall herrscht rege Betriebsamkeit, ein ständiges Eilen und Hasten, ein Gewimmel in allen Straßen und Gassen von früh bis spät. Alle arbeiten und möchten eifrig lernen. Alle versuchen, die anderen an Leistung, an Geschicklichkeit und an Wissen zu übertreffen ...»

Manchmal setze ich mich, wenn ich zu Hause in Kyoto bin, in mein altes Zimmer an die Stelle, wo früher mein Schreibtisch stand. Dort habe ich meine Schulaufgaben gemacht und zwischendurch bisweilen zum Fenster hinausgeträumt. Ich schiebe die Shoji einen Spaltweit auf – so wie früher, wenn die Sonne schien und von draußen Wärme ins Zimmer drang.

Ich blicke in die Zweige der Bäume, die unser Haus umstehen. Dahinter liegt in der Tiefe die Stadt. Sie füllt das Tal. Der Dunst, der von ihr aufsteigt, verwischt die klaren Farben und Konturen. Die Stunden, Jahre und Jahrhunderte scheinen hier nach einem anderen Zeitmaß abzulaufen. Manches ändert sich schnell. Anderes ändert sich so langsam, daß es unveränderlich zu sein scheint.

Ich sehe den Schatten der vom Luftzug leicht bewegten Ahornblätter zu, die sich auf dem durchscheinenden Papier der Shoji abzeichnen. Die Schatten wandern, verblassen und lösen sich schließlich auf. Die Sonne hat sich geneigt und aus dem Tal zurückgezogen. Die Stadt fängt den Schimmer des Himmels ein. Bald wird sie sich mit violetten Tönungen überziehen. Dann wird sie eigene helle Lichtpunkte hinzusetzen, während drüben auf den grünen Hängen der östlichen Berge das Sonnenlicht noch glimmt. Dann wird das Grau des Abends in die Taleinschnitte sickern. Als letztes glüht im Nordosten der Stadt die Spitze des Berges Hiei auf, wie von innen heraus brennend.

An stillen Abendstunden hört man bisweilen die tiefen, klangvollen Schläge der großen Gongs aus den buddhistischen Tempeln. Ihr Klang trägt weit und verhallt nur zögernd. Seine Erinnerung bleibt im Gedächtnis haften. Wieviele Tempel gibt es in der Stadt und wieviele Shinto-Schreine? Es sind Hunderte – ich habe sie nie gezählt. Ich denke an die zartgliedrigen fünfstöckigen Pagoden, die in den Tempelarealen stehen. Ich denke an die schlichten, der Natur verbundenen Shinto-Schreine. Ich denke an die Menschen, die dorthin gehen.

Was war der Preis, den die Japaner im Verlaufe der Geschichte für die Erhaltung ihrer kulturellen Identität zahlen mußten? Es gibt sicher keine einfache Antwort auf diese Frage, und ich habe in diesem Buch auch nicht versucht, eine einfache Antwort zu geben.

Wenn ich abends dem Klang der schwermütig stimmenden Gongschläge nachlausche, haften die Fragen und drängen sich vor. Wie sähe Kyoto, wie sähe ganz Japan heute aus, wenn das Land und seine Menschen sich nicht fast ein Viertel Jahrtausend lang von der Außenwelt abgeschlossen hätten? Wie lange werden die Gongs noch klingen?

Über den Berg Hiei breitet der Mond sein silbernes Licht. Früher als Kind träumte ich oft davon, auf die hohe Bergspitze zu steigen. Ich fragte einmal meinen Vater: «Wie weit ist es bis dort hinauf?»

«Du müßtest sehr früh aufstehen», sagte er, «und den ganzen Tag über laufen. Wahrscheinlich würdest du vor Müdigkeit unterwegs einschlafen.»

«Dann kannst du mich doch tragen», sagte ich.

Er lächelte und nahm mich hoch. Er trug mich über steinige Wege. Ich hörte den Kies unter seinen Schritten knirschen. Baumschatten und Kiefernduft wehten vorbei. Ich träumte, wir wären schon auf der Spitze des Berges Hiei angelangt. Kyoto versteckte sich im Taldunst, aber am Horizont glänzte ein heller Schein. Ich dachte, dies müßte ein großes Stück der Welt sein, das ich von dort oben sah. Ich träumte, ich könnte über alle Meere hinwegsehen bis zu den Küsten ferner Länder.